noções preliminares de **direito administrativo** e **direito tributário**

O selo DIALÓGICA da Editora InterSaberes faz referência às publicações que privilegiam uma linguagem na qual o autor dialoga com o leitor por meio de recursos textuais e visuais, o que torna o conteúdo muito mais dinâmico. São livros que criam um ambiente de interação com o leitor – seu universo cultural, social e de elaboração de conhecimentos –, possibilitando um real processo de interlocução para que a comunicação se efetive.

noções preliminares de **direito administrativo** e **direito tributário**

Érico Hack

2ª edição revista, atualizada e ampliada

EDITORA intersaberes

Rua Clara Vendramin, 58
Mossunguê . CEP 81200-170
Curitiba . PR . Brasil
Fone: (41) 2106-4170
www.intersaberes.com
editora@editoraintersaberes.com.br

■ Conselho editorial
Dr. Ivo José Both (presidente)
Drª. Elena Godoy
Dr. Nelson Luís Dias
Dr. Neri dos Santos
Dr. Ulf Gregor Baranow

■ Editora-chefe
Lindsay Azambuja

■ Supervisora editorial
Ariadne Nunes Wenger

■ Analista editorial
Ariel Martins

■ Projeto gráfico
Raphael Bernadelli

■ Capa
Denis Kaio Tanaami (*design*)
Comstock (imagem)

■ Diagramação
LAB Prodigital

■ Iconografia
Palavra Arteira

Dados Internacionais de Catalogação na Publicação (CIP)
(Câmara Brasileira do Livro, SP, Brasil)

Hack, Érico
  Noções preliminares de direito administrativo e direito tributário/Érico Hack. 2. ed. rev., atual. e ampl. Curitiba: InterSaberes, 2017.

  ISBN 978-85-5972-580-3

  1. Direito administrativo – Brasil 2. Direito público – Brasil 3. Direito tributário – Brasil I. Título.

17-10053   CDU-342 (81)

Índices para catálogo sistemático:
1. Brasil: Direito público 342 (81)

EDITORA AFILIADA

1ª edição, 2013.
2ª edição, revista, atualizada e ampliada, 2017.

Foi feito o depósito legal.

Informamos que é de inteira responsabilidade do autor a emissão de conceitos.

Nenhuma parte desta publicação poderá ser reproduzida por qualquer meio sem a prévia autorização da Editora InterSaberes.

A violação dos direitos autorais é crime estabelecido na Lei n. 9.610/1998 e punido pelo art. 184 do Código Penal.

apresentação à segunda edição 11

apresentação à primeira edição 13

como aproveitar ao máximo este livro 15

Parte um **Direito administrativo - 19**

introdução 21

Capítulo 1 **Funções do Estado (ou públicas) e conceitos de direito administrativo - 25**

1.1 Funções do Estado (ou públicas): adminisrativa, legislativa, jurisdicional e política - 25

1.2 Conceito de direito administrativo - 29

Capítulo 2 **Regime jurídico da Administração Pública e princípios do direito administrativo - 35**

- 2.1 Regime de direito privado - 35
- 2.2 Regime jurídico-administrativo - 37
- 2.3 Princípios do direito administrativo - 40

Capítulo 3 **Administração Pública direta e indireta - 57**

- 3.1 Administração Pública direta e órgãos públicos - 60
- 3.2 Administração Pública indireta - 62

Capítulo 4 **Atividades administrativas - 75**

- 4.1 Serviço público - 76
- 4.2 Poder de polícia - 82
- 4.3 Intervenção do Estado no domínio econômico - 87
- 4.4 Intervenção do Estado no direito de propriedade - 89

Capítulo 5 **Atos administrativos - 97**

- 5.1 Atos e fatos jurídicos: considerações gerais - 97
- 5.2 Fatos e atos da Administração: conceito de ato administrativo - 100
- 5.3 Atos administrativos em espécie - 102

- 5.4 Elementos do ato administrativo - 103
- 5.5 Atributos do ato administrativo - 106
- 5.6 Discricionariedade e vinculação - 109
- 5.7 Extinção dos atos administrativos - 113

Capítulo 6 — Licitações - 117

- 6.1 Princípios da licitação - 120
- 6.2 Obrigatoriedade - 126
- 6.3 Modalidades e procedimentos - 130

Capítulo 7 — Contratos administrativos - 155

- 7.1 Características dos contratos administrativos - 159
- 7.2 Rescisão - 167
- 7.3 Contratos em espécie - 167

Capítulo 8 — Agentes públicos - 187

- 8.1 Espécies de agentes públicos - 188
- 8.2 Cargo, emprego e função - 190
- 8.3 Regime jurídico estatutário - 191

Capítulo 9 — Processo administrativo - 203

- 9.1 Modalidades - 204
- 9.2 Princípios - 206
- 9.3 Fases - 211

Capítulo 10 **Controle da Administração Pública - 215**

10.1 Controle interno - 216
10.2 Controle externo - 217

Capítulo 11 **Responsabilidade do Estado por danos - 233**

11.1 Evolução - 234
11.2 Responsabilidade do Estado no direito brasileiro - 235
11.3 Exclusão e atenuação da responsabilidade - 238

referências 241

Parte dois **Direito tributário - 245**

introdução 247

Capítulo 12 **Conceito de tributo, princípios tributários e limitações ao poder de tributar - 251**

12.1 Conceito de tribuo - 251
12.2 Finalidades do tributo - 257
12.3 Princípios tributários e limitações ao poder de tributar - 260

Capítulo 13 **Obrigação tributária e crédito tributário - 279**

- 13.1 Hipótese de incidência e fato jurídico tributário - 280
- 13.2 Questão de terminologia - 282
- 13.3 Consequente: sujeitos, base de cálculo e alíquota - 284
- 13.4 Obrigação tributária principal e acessória - 288
- 13.5 Crédito tributário, lançamento e suas modalidades - 289
- 13.6 Extinção, exclusão e suspensão do crédito tributário: hipóteses - 294

Capítulo 14 **Modalidades tributárias: imposto, taxa, contribuição de melhoria, empréstimo compulsório e contribuição - 325**

- 14.1 Imposto - 326
- 14.2 Taxa - 327
- 14.3 Contribuição de melhoria - 329
- 14.4 Empréstimo compulsório - 331
- 14.5 Contribuição - 332

Capítulo 15 **Competência tributária da União, estados, municípios e Distrito Federal - 339**

15.1 Impostos de competência da União Federal - 342

15.2 Impostos de competência dos estados - 345

15.3 Impostos de competência dos municípios - 347

15.4 Impostos de competência do Distrito Federal - 348

referências 351

para concluir... 353

lista de siglas 355

respostas 357

sobre o autor 365

No ano em que esta obra completa dez anos do seu lançamento, recebemos da Editora InterSaberes a incumbência de revisar e atualizar a obra para nova edição.

Desde o início, o escopo deste livro foi trazer ensinamentos fundamentais dos ramos do direito administrativo e do direito tributário. Nesse sentido, sua elaboração foi pensada na colocação das questões mais perenes destes ramos. Por isso, verificamos que a obra envelheceu bem e continua atual após algumas revisões já feitas em edições anteriores.

É claro que o direito sempre muda, assim como mudam a sociedade e os seres humanos. É próprio do direito mudar e evoluir, acompanhando a sociedade, uma vez que ele só existe por criação e para servir à sociedade em que está inserido. Não se trata de lei da natureza ou de elemento que independe da vontade humana, visto que é dela diretamente dependente e só existe porque o ser humano entendeu que era necessário um conjunto de normas que regesse e regulamentasse a vida em sociedade.

Por esse motivo, algumas atualizações foram introduzidas na obra, especialmente quanto aos textos legais que foram alterados ou acrescidos nos últimos anos.

apresentação à segunda edição

Há na nossa sociedade e, por consequência, no nosso direito um interesse crescente na regulamentação do Estado e nas funções por ele desempenhadas. É de interesse do grande público, hoje, as decisões das Cortes Superioras, em especial o Supremo Tribunal Federal (STF), assim como a carga tributária e o peso do Estado para a economia. Todas essas questões estão diretamente relacionadas com os assuntos tratados neste livro, razão por que entendemos que sua utilidade não é meramente didática, mas também uma fonte de informação e formação do cidadão consciente do papel do Estado.

Com satisfação procedemos a esta revisão, esperando que o livro continue sendo usado no futuro como foi até agora. Agradecemos aos alunos que o utilizam, que sempre estão atentos a alterações que podem aprimorá-lo. Agradecemos ainda à Editora InterSaberes pela confiança depositada.

apresentação à primeira edição

É com satisfação que trazemos esta nova edição da obra *Noções preliminares de direito administrativo e direito tributário*.

A proposta da obra é trazer ao leitor sem conhecimento jurídico prévio e ao estudante de cursos não jurídicos conhecimentos básicos, mas sólidos, dessas matérias tão importantes na atualidade.

O texto utiliza-se de autores consagrados de ambas as matérias e transmite os conhecimentos fundamentais das disciplinas, sem polemizar os assuntos estudados. A crítica mais profunda ou a exposição de correntes doutrinárias menos conhecidas são deixadas de lado, privilegiando-se os conceitos mais pacíficos e aceitos de ambas as matérias.

A intenção é sempre passar o conteúdo de maneira simples, objetiva e direta, possibilitando a compreensão do direito administrativo e do direito tributário por qualquer pessoa que deseje conhecer os fundamentos desses ramos do direito, os quais são de vital importância na atualidade, pois são dos mais destacados do grande ramo denominado *direito público*.

A abrangência das atividades do Estado, a grande quantidade de serviços públicos e as funções modernas estatais acabam por conceder ao direito administrativo um campo de atuação bastante vasto, interessando seu estudo a todo e qualquer cidadão que queira conhecer melhor o funcionamento do Estado e suas atividades.

O mesmo ocorre com o direito tributário, que, com o aumento da carga tributária experimentado em nosso país nos últimos anos, ganhou grande importância, tornando-se fundamental para a compreensão das finanças públicas e do chamado *custo Brasil*.

Esta edição mantém o conteúdo básico e o espírito das edições anteriores. Todavia, há alguns importantes acréscimos e alterações que aprimoram o texto. Tais melhorias se devem, em grande parte, às observações dos leitores, que nos forneceram ricos comentários e sugestões que foram incorporados a esta nova versão.

Este livro traz alguns recursos que visam enriquecer o seu aprendizado, facilitar a compreensão dos conteúdos e tornar a leitura mais dinâmica. São ferramentas projetadas de acordo com a natureza dos temas que vamos examinar. Veja a seguir como esses recursos se encontram distribuídos no projeto gráfico da obra.

Conteúdos do capítulo:

Logo na abertura do capítulo, você fica conhecendo os conteúdos que serão nele abordados.

Síntese

Você dispõe, ao final do capítulo, de uma síntese que traz os principais conceitos nele abordados.

como aproveitar ao máximo este livro

Questão para revisão

Com estas atividades, você tem a possibilidade de rever os principais conceitos analisados. Ao final do livro, o autor disponibiliza as respostas às questões, a fim de que você possa verificar como está sua aprendizagem.

Questão para revisão

» O poder do Estado tributar é ilimitado? Justifique.

Questão para reflexão

» É justificável que o Estado viole a propriedade particular a fim de obter recursos? Mesmo que estes recursos se destinem a financiar obras e serviços que trarão um grande bem à sociedade? Reflita sobre essas questões e faça suas observações sobre o assunto.

Questão para reflexão

» No Brasil, critica-se a exagerada adoção de medidas provisórias, quando o chefe do Poder Executivo pratica atos que seriam privativos do Poder Legislativo.
Reflita sobre tais críticas, posicionando-se quanto ao fato de um poder da República atuar nas funções de outro poder.

Questões para reflexão

Nesta seção, a proposta é levá-lo a refletir criticamente sobre alguns assuntos e a trocar ideias e experiências com seus pares.

Pública como Poder Público, valendo-se de suas prerrogativas e sujeitando-se às limitações da lei. Não vige nesses contratos a igualdade entre as partes, sendo suas características previstas em lei. São contratos em que as partes não dispõem livremente do conteúdo, estabelecendo obrigações e direitos diferentes daqueles inicialmente pactuados. Ainda, tais contratos, em regra, são precedidos de um procedimento de licitação para escolha do contratante.

Consultando a legislação

a) Constituição Federal

> Art. 23. É competência comum da União, dos Estados, do Distrito Federal e dos Municípios:
> I – zelar pela guarda da Constituição, das leis e das instituições democráticas e conservar o patrimônio público;
> II – cuidar da saúde e assistência pública, da proteção e garantia das pessoas portadoras de deficiência;
> III – proteger os documentos, as obras e outros bens de valor histórico, artístico e cultural, os monumentos, as paisagens naturais notáveis e os sítios arqueológicos;
> IV – impedir a evasão, a destruição e a descaracterização de obras de arte e de outros bens de valor histórico, artístico ou cultural;
> V – proporcionar os meios de acesso à cultura, à educação à ciência, à tecnologia, à pesquisa e à inovação;
> VI – proteger o meio ambiente e combater a poluição em qualquer de suas formas;
> VII – preservar as florestas, a fauna e a flora;
> VIII – fomentar a produção agropecuária e organizar o abastecimento alimentar;
> IX – promover programas de construção de moradias e a melhoria das condições habitacionais e de saneamento básico;

Consultando a legislação

Você pode verificar aqui a relação das leis consultadas pelo autor para examinar os assuntos enfocados no livro.

Direito administrativo – parte 1

O Conceito de Direito Administrativo Brasileiro, para nós, sintetiza-se no conjunto harmônico de princípios jurídicos que regem os órgãos, os agentes e as atividades públicas tendentes a realizar, concreta, direta e imediatamente, os fins desejados pelo Estado.

Hely Lopes Meirelles (2005)

Nesta primeira parte, trataremos do direito administrativo. Esse ramo do direito notabiliza-se por cuidar das questões relacionadas à Administração Pública e suas relações jurídicas. Dessa forma, quando nos deparamos com uma questão relativa a direitos e deveres do servidor público, licitações e contratos administrativos, ou mesmo questões relativas ao pedágio ou ao serviço de telefonia, estamos diante de questões tratadas pelo direito administrativo.

À primeira vista, este estudo aparenta interessar apenas àqueles que estão intimamente ligados à Administração Pública, seja como servidores públicos, seja como particulares com negócios relacionados ao setor público. Claro que o direito administrativo interessa mais a essas pessoas, que dependem profissionalmente desses assuntos; todavia, é voltado também a todos os cidadãos que desejam compreender o funcionamento do Estado e as regras que o regem.

Atualmente, é ele que regulamenta e fiscaliza muitos setores da economia privada. Isso se deve ao Estado atual ser aquele que busca o bem comum e o bem-estar social e econômico, assegurando direitos e garantias e prestando serviços públicos (educação, saúde etc.). No passado, o Estado era denominado *liberal*, em que havia preocupação apenas com a manutenção da ordem (exercício do poder de polícia). Todavia, apenas manter a ordem demonstrou-se

introdução

insuficiente, e, no início do século XX, surgiu o Estado social, que adiciona ao exercício do poder de polícia a prestação de serviços públicos, a intervenção na atividade econômica privada e o fomento da atividade econômica.

Essa alteração no Estado significou o aumento de suas responsabilidades. Antes, quando liberal, tinha uma estrutura mínima, pois deixava para o mercado a tarefa de se autorregulamentar e não se comprometia com o bem-estar da população; logo, não era sua tarefa fornecer educação, saúde e moradia. Já o Estado social toma para si as tarefas de regulamentar a economia, coibindo abusos, e também de prover serviços públicos à população como forma de promover o desenvolvimento social. Isso acarreta um aumento da estrutura do Estado e também de suas despesas, pois torna-se necessário financiar educação, saúde e outros serviços públicos que antes não eram de sua responsabilidade.

Assim, a importância do direito administrativo demonstra-se pelo grande número de serviços e atividades públicas sob a tutela do Estado. Temos a telefonia fixa e móvel, o transporte aéreo e terrestre, a radiodifusão e o ensino como exemplos de serviços públicos que podem ser prestados por particulares, sendo que sua regulamentação e a forma como podem ser prestados são questões que interessam diretamente ao direito administrativo. Tais serviços também podem ser prestados diretamente pelo Estado em sua estrutura, como é o caso das escolas e universidades públicas e o Sistema Único de Saúde (SUS). Isso sem falar naquelas atividades típicas do Estado, tal como os Poderes Legislativo e Judiciário, o exercício do poder de polícia mediante atividades de fiscalização e os atos que competem apenas ao Estado.

Dessa forma, pretendemos demonstrar a abrangência do direito administrativo, apontando claramente sua importância não só para os agentes que participam da Administração Pública, mas também para todo o cidadão que pretenda conhecer o Estado e suas funções.

A seção que tratamos do direito administrativo encontra-se organizada da seguinte maneira: na primeira parte, abordaremos inicialmente o conceito de direito administrativo, delimitando o seu ramo de atuação. Após isso, trataremos do regime jurídico-administrativo e dos princípios que regem o direito administrativo.

A seguir, veremos como se divide a Administração Pública, assim como a conceituação e as características do ato administrativo. Enfocaremos, então, as atividades administrativas, o serviço público e o poder de polícia. A disciplina das licitações e suas modalidades serão estudadas para, depois, analisarmos os contratos administrativos, delimitando suas modalidades principais, como as concessões, as permissões, os convênios, os consórcios e as parcerias público-privadas (PPP).

Faremos, também, considerações a respeito dos servidores públicos e seu regime jurídico, assim como sobre o processo administrativo e suas garantias. Por último, traremos uma breve noção sobre a responsabilidade do Estado por danos a terceiros.

Com a abordagem de tais assuntos, entendemos que será possível a você, leitor, acumular um bom conhecimento sobre o direito administrativo e seus institutos mais importantes.

I

Conteúdos do capítulo:

» Funções do Estado: administrativa, legislativa, judiciária e política.
» Atuações do Estado para a realização de suas tarefas.
» Conceito de direito administrativo.

1.1 Funções do Estado (ou públicas): administrativa, legislativa, jurisdicional e política

Segundo Celso Antônio Bandeira de Mello (2006, p. 29), *função pública* (ou do Estado) "é a atividade exercida no cumprimento do dever de alcançar o interesse público, mediante o uso dos poderes instrumentalmente necessários conferidos pela ordem jurídica".

Então, verificamos que o exercício da função do Estado corresponde a um dever de alcançar o interesse público. Não se trata de direito ou poder, mas do dever do Estado de buscar esse interesse. Para alcançá-lo, deve o Estado usar poderes conferidos pela norma jurídica. Logo, verificamos que o Estado, na busca de seus fins, deve agir sempre dentro da legalidade, pois os instrumentos necessários para realizar tal ação se encontram nas normas jurídicas.

A função de Estado é o gênero, tendo como espécies as funções legislativa, administrativa e jurisdicional. Cada uma delas caracteriza um dos três poderes: Executivo, Legislativo e Judiciário. Há ainda a função política, que, pelas suas características próprias, engloba atividades que não se enquadram nas demais funções.

Assim, a *função legislativa* corresponde à tarefa de inovar a ordem jurídica com fundamento na Constituição Federal (CF), por meio de normas gerais e usualmente abstratas (Mello, 2006). A função legislativa cria novas normas jurídicas, e o poder para criá-las não deriva de outras normas de mesma hierarquia ou de hierarquia inferior, mas diretamente da Constituição. Ou seja, quando o Congresso Nacional cria uma nova lei, ele o faz porque a Constituição Federal lhe dá poderes. Além disso, a função legislativa é de exercício exclusivo do Estado.

Já a *função jurisdicional* é aquela exercida somente pelo Estado com o dever de resolver as controvérsias que lhe são colocadas, sendo que a decisão proferida tem força de coisa julgada quando contra ela não couber mais recurso (Mello, 2006). Aqui, vemos que as controvérsias colocadas para solução pelo Poder Judiciário são resolvidas em definitivo, não cabendo revisão por nenhum outro órgão, o que não ocorre, por exemplo, com as decisões do Conselho Administrativo de Recursos Fiscais (Carf) e do Conselho

Administrativo de Defesa Econômica (Cade)*, que podem ser imperativas para a Administração Pública, mas sempre são possíveis de ser revistas pelo Poder Judiciário.

A *função administrativa*, a mais importante para o nosso estudo,

> *é a função que o Estado, ou quem lhe faça às vezes, exerce na intimidade de uma estrutura e regime hierárquicos e que no sistema constitucional brasileiro se caracteriza pelo fato de ser desempenhada mediante comportamentos infralegais ou, excepcionalmente, infraconstitucionais, submissos todos a controle de legalidade do Poder Judiciário.* (Mello, 2006, p. 36)

Esse conceito nos apresenta alguns elementos. A função administrativa é desempenhada em uma estrutura e um regime de hierarquia entre as instâncias e tem seus comportamentos regulados por normas infralegais (decretos, regulamentos e outras normas administrativas) ou infraconstitucionais (leis, leis complementares, medidas provisórias). Os ditos **comportamentos infraconstitucionais** são aqueles praticados de acordo com uma norma constitucional, ou seja, estão sob a disciplina direta da Constituição. O mesmo raciocínio aplica-se às chamadas *normas infraconstitucionais*, que são aquelas abaixo da Constituição, a ela submetidas. Já os

---

* O Cade é uma autarquia vinculada ao Ministério da Justiça que tem como função regular a concorrência e coibir o abuso do poder econômico. Julga administrativamente casos de monopólio, trustes e outras práticas lesivas à concorrência. Por exemplo, se duas grandes empresas de um mesmo setor resolvem fazer uma fusão, tal operação deve ser submetida ao Cade, para que este avalie se a operação não irá causar danos à concorrência, pois a nova companhia pode deter, por exemplo, 80% do mercado de um determinado produto, controlando seus preços. Para mais informações, acesse: BRASIL. Cade – Conselho Administrativo de Defesa Econômica. Disponível em: <http://www.cade.gov.br>. Acesso em: 25 out. 2017.

comportamentos infralegais são aqueles derivados de decretos, regulamentos e outras normas administrativas expedidas como forma de regulamentação de uma lei. Não podem, entretanto, extrapolar a lei, devendo se limitar apenas a dispor sobre como esta deve ser cumprida. Um regulamento infralegal que extrapole a lei estará inovando o direito e praticando irregularmente a função legislativa, que é privativa do parlamento.

Todos os comportamentos da função administrativa, no nosso direito, podem ser controlados pelo Poder Judiciário. É a marca do direito administrativo, pois não se admitem comportamentos ilegais por parte da Administração Pública. Conforme veremos, a legalidade desempenha um papel de grande relevância para esse ramo do direito.

A função administrativa é exercida primordialmente pelo Poder Executivo. Entretanto, os outros poderes praticam também atos de administração que são regidos pelo direito administrativo.

Por exemplo, quando os Poderes Judiciário e Legislativo praticam atos para admissão de novos servidores, realizam licitações para compras de materiais e execução de obras ou celebram contratos administrativos, estão praticando atos da função administrativa, que são regulados pelo direito administrativo.

Os atos próprios desses poderes, decorrentes de suas funções, não se regulam por esse ramo do direito, a exemplo de quando o Judiciário prolata uma sentença ou acórdão que decide uma causa ou o Legislativo vota uma nova lei. Esses atos próprios são regulados pela Constituição e outras leis que os regem especificamente.

Existe ainda a função de Estado chamada ***função política***, entendida como a que abriga alguns atos que não se enquadram em nenhuma das outras funções. Por exemplo, a sanção, o veto e a iniciativa de leis pelo chefe do Poder Executivo, o afastamento por crime de responsabilidade (*impeachment*), os estados de sítio e de defesa, a declaração de guerra, entre outros, não se enquadram nas definições das funções vistas aqui. São chamadas *políticas* porque são de decisões que têm como pressupostos e justificativa questões que não estão relacionadas diretamente com o direito. Ligam-se mais à vontade da sociedade e às suas escolhas, o que lhes dá um caráter político mais forte que o jurídico.

1.2 Conceito de direito administrativo

A função administrativa descrita anteriormente serve ao conceito de direito administrativo de Celso Antônio Bandeira de Mello (2006, p. 37): "direito administrativo é o ramo do direito público que disciplina a função administrativa e os órgãos que a exercem". O conceito demonstra que o direito administrativo tem como objeto a função administrativa, cujo objetivo é a função pública, que é a atividade do Estado para o cumprimento do dever de buscar o interesse público.

Outros autores também propõem definições para o direito administrativo. Para melhor compreensão desse conceito, vejamos o que expõem alguns deles.

Para Maria Sylvia Zanella Di Pietro (2006, p. 66), o direito administrativo é "o ramo do direito público que tem por objeto os órgãos, agentes e pessoas jurídicas administrativas que integram a Administração Pública, a atividade jurídica não contenciosa que exerce e os bens que utiliza para a consecução de seus fins, de natureza pública".

Vemos que, nesse conceito, a autora aponta como elementos do objeto do direito administrativo os órgãos, os agentes e as pessoas jurídicas e acrescenta, ainda, a atividade jurídica não contenciosa e os bens que utiliza. Cada um desses elementos será estudado mais especificamente adiante, sendo que os órgãos e as pessoas jurídicas são os componentes da Administração Pública direta e indireta – os agentes, os servidores públicos e outras pessoas físicas que se relacionam de alguma maneira com a Administração.

Hely Lopes Meirelles (2005, p. 40) tem o direito administrativo como o "conjunto harmônico de princípios jurídicos que regem os órgãos, os agentes e as atividades públicas tendentes a realizar concreta, direta e imediatamente os fins desejados pelo Estado".

Analiticamente, o autor explica que o conjunto harmônico de princípios jurídicos significa um sistema de normas jurídicas de direito, e não de política ou de ação social. A existência de princípios próprios é requisito para a autonomia do direito administrativo como ramo do direito. A atuação sobre órgãos e agentes é a regulamentação do direito sobre esses indivíduos.

A parte final do conceito traz mais interesse, pois indica que o direito administrativo tende a realizar os fins do Estado concreta, direta e imediatamente. Segundo o autor, a atuação concreta se contrapõe à atuação abstrata, que é considerada a atuação legislativa. O legislador cria as normas jurídicas gerais e abstratas, que são, depois, concretamente aplicadas. A atuação direta contrapõe-se à atuação indireta, que, para o autor, é a atividade do Poder Judiciário, e a atividade imediata se contrapõe à atividade mediata, que o autor aponta como a ação social do Estado (Meirelles, 2005).

O conceito ainda indica que não cabe ao direito administrativo decidir quais são os fins do Estado, ou seja, o que o Estado quer alcançar. Os fins do Estado são decididos pelo povo e expressos na Constituição. A tarefa do direito administrativo resume-se, então, em regulamentar como os órgãos da Administração atuarão para alcançar os fins desejados pelo Estado de acordo com os princípios estabelecidos.

Marçal Justen Filho (2013) propõe um conceito mais abrangente, pois entende que a função do Estado não se resume à função administrativa, da mesma maneira que o direito administrativo terá como objeto de estudo situações que não necessariamente correspondem à função administrativa. Para esse autor, "O Direito administrativo é o conjunto das normas jurídicas de direito público que disciplinam as atividades administrativas necessárias à realização dos direitos fundamentais e a organização e o funcionamento das estruturas estatais e não estatais encarregadas do seu desempenho" (Justen Filho, 2013, p. 90). Destaca-se, em tal conceito, a inclusão da finalidade de realização dos direitos fundamentais e a relevância da atuação do Direito Administrativo junto à entidades não governamentais, do terceiro setor. Por tal conceito, a abrangência do estudo proposto é maior, mas o próprio autor alerta que qualquer conceito que se proponha pode ser incompleto e precário.

Pelos conceitos colocados, fica claro que o direito administrativo é o ramo do direito que visa à regulamentação da atividade do Estado para a busca do interesse público. No Brasil, a Constituição Federal de 1988 (Brasil, 1988), no seu preâmbulo e em diversos artigos (especialmente os arts. 1º e 3º), informa quais os fins que o Estado almeja alcançar. Estes são os fins do Estado brasileiro que a Administração Pública deve buscar. Uma atuação do Estado que contrarie esses fins não tem fundamento na Constituição e não tem lugar na nossa ordem jurídica atual.

Vejamos um exemplo: imaginemos que um órgão da Administração Pública limita seu horário de atendimento a apenas uma hora por dia. As senhas se esgotam em questão de minutos e, para garantir o atendimento, o cidadão precisa entrar na fila no dia anterior, várias horas antes do início da distribuição. A direção do órgão, mesmo sabendo dessa situação, nada faz para contorná-la. Tal atuação está em claro desacordo com o princípio da dignidade da pessoa humana, que deve ser buscado por norma constitucional explícita.

A atuação dos agentes administrativos não pode ser no sentido de criar uma situação que contrarie os fins almejados pelo Estado, ainda que seja a melhor medida do ponto de vista da eficiência.

Síntese

Estes são os principais conceitos tratados neste primeiro capítulo:
» Função pública – Tarefas desenvolvidas pelo Estado para a busca do interesse público.
» Função legislativa – O Estado inova o ordenamento jurídico por meio da edição de normas jurídicas de cumprimento obrigatório.
» Função jurisdicional – O Estado resolve definitivamente controvérsias com base na legislação.
» Função administrativa – O Estado pratica atos com base na lei para buscar o interesse público.
» Função política – Tarefas do Estado que não se enquadram nas demais funções, relacionadas com questões políticas, de escolha de finalidade pela população.
» Conceito de direito administrativo – Ramo do direito que se dedica ao estudo da função administrativa, regulamentando o funcionamento da Administração Pública e seus agentes.

Consultando a legislação

Veja a seguir um trecho inicial da Constituição Federal de 1988:

> **PREÂMBULO**
> Nós, representantes do povo brasileiro, reunidos em Assembleia Nacional Constituinte para instituir um Estado Democrático, destinado a assegurar o exercício dos direitos sociais e individuais, a liberdade, a segurança, o bem-estar, o desenvolvimento, a igualdade e a justiça como valores supremos de uma sociedade fraterna, pluralista e sem preconceitos, fundada na harmonia social e comprometida, na ordem interna e internacional, com a solução pacífica das controvérsias, promulgamos, sob a proteção de Deus, a seguinte

> CONSTITUIÇÃO DA REPÚBLICA FEDERATIVA DO BRASIL.
>
> **Título I**
> DOS PRINCÍPIOS FUNDAMENTAIS
> Art. 1º A República Federativa do Brasil, formada pela união indissolúvel dos Estados e Municípios e do Distrito Federal, constitui-se em Estado Democrático de Direito e tem como fundamentos:
> I – a soberania;
> II – a cidadania;
> III – a dignidade da pessoa humana;
> IV – os valores sociais do trabalho e da livre iniciativa;
> V – o pluralismo político.
> Parágrafo único. Todo o poder emana do povo, que o exerce por meio de representantes eleitos ou diretamente, nos termos desta Constituição.
> [...]
> Art. 3º Constituem objetivos fundamentais da República Federativa do Brasil:
> I – construir uma sociedade livre, justa e solidária;
> II – garantir o desenvolvimento nacional;
> III – erradicar a pobreza e a marginalização e reduzir as desigualdades sociais e regionais;
> IV – promover o bem de todos, sem preconceitos de origem, raça, sexo, cor, idade e quaisquer outras formas de discriminação. (Brasil, 1988)

Questão para revisão

1. Relacione as funções do Estado com cada um dos poderes, indicando sua principal tarefa.

Questão para reflexão

1. No Brasil, critica-se a exagerada adoção de medidas provisórias, quando o chefe do Poder Executivo pratica atos que seriam privativos do Poder Legislativo.
Reflita sobre tais críticas, posicionando-se quanto ao fato de um poder da República atuar nas funções de outro poder.

II

Regime jurídico da Administração Pública e princípios do direito administrativo

Conteúdos do capítulo:

» Regimes jurídicos da Administração Pública – os campos de atuação jurídicos do Poder Público.
» Princípios do Direito Administrativo – normas genéricas que norteiam a interpretação do direito administrativo.

2.1 Regime de direito privado

A Administração Pública pode atuar no campo do direito privado, quando exerce funções próprias de pessoas privadas, atuando com estas em "pé" de igualdade. Em alguns casos, a Constituição Federal (CF) de 1988 expressamente estipula em qual regime a Administração Pública deve atuar:

> Art. 173. Ressalvados os casos previstos nesta Constituição, a exploração direta de atividade econômica pelo Estado só será permitida quando necessária aos imperativos da segurança nacional ou a relevante interesse coletivo, conforme definidos em lei.

> §1º A lei estabelecerá o estatuto jurídico da empresa pública, da sociedade de economia mista e de suas subsidiárias que explorem atividade econômica de produção ou comercialização de bens ou de prestação de serviços, dispondo sobre:
> [...]
> II – a sujeição ao regime jurídico próprio das empresas privadas, inclusive quanto aos direitos e obrigações civis, comerciais, trabalhistas e tributários; [...]. (Brasil, 1988)

Conforme o artigo citado, a Constituição permite que o Estado explore diretamente a atividade econômica em determinadas hipóteses extraordinárias. Entretanto, para proceder a tal exploração, deve se sujeitar a um regime próprio de empresa privada, não podendo valer-se das prerrogativas de Estado. Nesse caso, o Estado atua como mais um dos participantes do mercado econômico, competindo em igualdade com os demais.

Devemos observar, contudo, que o Estado, mesmo em regime de direito privado, sofre atuação de regras de direito público. Por exemplo, quando o Estado constitui uma empresa para explorar diretamente a atividade econômica, deve realizar licitação e contratações de acordo com os princípios da Administração Pública (art. 173, §1º, III, CF).

Essa restrição não se aplica às empresas privadas, que podem livremente contratar. Isso demonstra que, quando o Estado atua em regime de direito privado, não é puramente privado; deve, assim, se sujeitar a algumas normas de direito público como forma de controle e limitação de sua atuação.

2.2 Regime jurídico-administrativo

O regime jurídico-administrativo é o regime próprio do direito administrativo, que caracteriza o Estado e sua atuação. Por tal regime, o Estado ganha posição superior às demais pessoas, apresentando prerrogativas que só ele tem.

A vantagem que se dá ao Estado pelo regime jurídico-administrativo se justifica pelo fato de que é seu dever realizar o interesse público e o bem comum. Por meio de regras de direito administrativo, regulam-se situações em que o Estado pode, por exemplo, fazer uso da força e executar suas próprias decisões sem a necessidade de ordem judicial.

Os seres humanos, para viver em sociedade, precisaram renunciar à liberdade total que tinham, conferindo poderes ao Estado. No início, quando este não existia, valia a lei do mais forte. Se, por um lado, as pessoas poderiam fazer o que quisessem, por outro lado, poderiam ser mortas, roubadas ou escravizadas por outras pessoas que fossem de alguma forma mais fortes. Como meio de acabar com essa situação, os homens concordaram em ceder parte de sua liberdade e de seus direitos em favor do Estado. Então, os homens não podiam mais fazer o que bem entendiam, mas tinham proteção dos seus direitos pelo Estado, porque este é legitimado para pôr ordem na sociedade e realizar políticas que visem ao bem comum. Essa também é a justificativa dos tributos, que são pagos por todos os cidadãos ao Estado, a fim de que este tenha recursos para realizar suas atividades.

Vejamos o seguinte exemplo: um pai tem a guarda do filho menor e entrega a criança à mãe para uma visita durante o fim de semana. Na segunda-feira, a mãe não devolve a criança no horário combinado. O pai requer a devolução do filho, mas a mãe se recusa a entregá-lo,

mesmo sabendo que existe uma decisão judicial que a obriga a isso. Diante dessa situação, imaginemos dois comportamentos:
1. O pai, por conta própria, munido de uma arma, invade a casa da mãe e resgata o filho. Enquanto realiza tal ato, ameaça a mãe e parentes dela com a arma, além de arrombar a porta da casa.
2. O pai procura seu advogado, entra com uma medida judicial de urgência e obtém uma liminar que determina a entrega da criança. O oficial de justiça vai com o pai à casa da mãe intimá-la da decisão e requerer a devolução da criança. A mãe se recusa novamente a entregá-la. O oficial de justiça, então, solicita reforço policial. Os policiais, armados, invadem a casa arrombando a porta e, diante da resistência da mãe e parentes dela, ameaçam utilizar as armas.

Vemos que há semelhanças entre ambos os casos, pois a mãe desrespeita uma decisão judicial, que é cumprida mediante o uso da força, obtendo-se o mesmo resultado. Entretanto, o pai, na primeira situação, será preso por diversos crimes (porte ilegal de arma, ameaça, invasão de domicílio, exercício arbitrário das próprias razões etc.), enquanto que, na segunda situação, a criança retorna a ele como era de direito. Qual a diferença entre as duas situações? Na segunda, o uso da força foi realizado por agentes do Estado, que, amparados por uma decisão judicial, estão autorizados a assim proceder se necessário. Já o pai, na primeira situação, ainda que tivesse o direito de ficar com a criança, usou a força por conta própria, não tendo poder para assim agir. Como extrapolou o direito que possui, é obrigado a responder pela sua conduta.

O exemplo demonstra que o Estado, para realizar seus objetivos, pode, inclusive, utilizar a força em algumas situações, sem que haja qualquer responsabilidade penal ou civil pela atuação dentro dos limites legais. Se fosse permitido o comportamento do pai na primeira situação, não haveria necessidade de Estado, porque cada um agiria pela força, retornando à era anterior à existência do Estado.

Observemos que falamos no uso da força dentro de limites legais. Aqui vemos outra face do regime jurídico-administrativo: as prerrogativas do Estado, que lhe dão a vantagem sobre os demais, devem ser exercidas dentro de limites da lei. As prerrogativas não lhe dão o poder de atuar como bem entender, pois existem restrições a elas, de forma a preservar os direitos dos particulares.

No exemplo citado, na segunda situação, em que a polícia resgata a criança cumprindo uma decisão judicial, a força deve ser utilizada à medida que é necessária. Não seria possível, por exemplo, que os policiais entrassem atirando na casa da mãe e matassem os moradores. Isso representaria o uso da força, prerrogativa do Estado, mas extrapolado, ou seja, a força seria usada fora da medida necessária, causando lesão aos direitos dos cidadãos. O Estado não tem poderes ilimitados para realizar o bem comum, devendo sempre exercer suas prerrogativas dentro dos contornos que a lei lhe confere.

Como bem coloca Maria Sylvia Zanella Di Pietro (2006), o regime jurídico-administrativo resume-se a duas palavras: prerrogativas e sujeições. As **prerrogativas** são os poderes especiais que a Administração Pública possui para que realize seus objetivos. As **sujeições** são as restrições que a lei lhe impõe, limitando as prerrogativas e o seu exercício. As prerrogativas exercidas em desacordo com as sujeições ensejam a nulidade do ato e até mesmo a responsabilidade do Estado e do agente pelos danos causados. A autora, então, define o regime jurídico-administrativo como "o conjunto das prerrogativas e restrições a que está sujeita a Administração e que não se encontram nas relações entre particulares" (Di Pietro, 2006, p. 80). O regime jurídico-administrativo é, pois, o regime próprio da Administração Pública. Quando no exercício desse regime, esta possui prerrogativas especiais e sujeições legais que não se encontram no âmbito privado. Esse regime, assim, não se confunde com o regime de direito privado, em que o Estado atua como se fosse mais um dos particulares, sem prerrogativas especiais.

2.3 Princípios do direito administrativo

Do regime jurídico-administrativo decorrem diversos princípios que devem ser observados pelo direito administrativo e pela Administração Pública no exercício de suas atividades. Esses princípios delimitam os contornos próprios das atividades administrativas, estabelecendo as prerrogativas e as sujeições que devem ser observadas.

Eles estão, em geral, explícitos no texto constitucional, conforme veremos a seguir.

2.3.1 Princípio da supremacia do interesse público sobre o privado e princípio da indisponibilidade do interesse público

Celso Antônio Bandeira de Mello (2006) entende o princípio da supremacia do interesse público sobre o privado e o princípio da indisponibilidade do interesse público como sendo o conteúdo do regime jurídico-administrativo. Isso significa que deles decorrem os demais princípios que o regem.

O princípio da supremacia do interesse público é também conhecido como *princípio da finalidade pública* ou simplesmente *princípio do interesse público*. Ele afirma a superioridade do interesse público com relação aos interesses privados, como forma de proteção dos direitos da coletividade em detrimento dos interesses particulares.

O interesse público deve necessariamente pautar a atividade da Administração Pública.

Não se admitiria, por exemplo, que uma pequena rua fosse asfaltada só porque nela mora o servidor público que autoriza a obra, quando vias de maior movimento não têm a pavimentação adequada. O interesse público (da coletividade), nesse caso, é o de pavimentar a via mais utilizada. A pavimentação da rua menos movimentada beneficiaria apenas uma pequena parcela de particulares, em especial o servidor que promoveu a obra.

A supremacia do interesse público também se manifesta, por exemplo, com a faculdade que a Administração Pública tem de, unilateralmente, rescindir contratos ou modificá-los. Se a Administração Pública entende que um contrato ofende o interesse público, pode rescindi-lo unilateralmente, mediante indenização aos prejudicados. Assim feito, o particular pode apenas discutir a indenização, mas não exigir que a Administração o cumpra até o final.

O mesmo ocorre com as desapropriações, quando a Administração Pública determina que um imóvel é de interesse público e deve ser desapropriado, passando ao patrimônio do Estado. Novamente, ao particular cabe apenas discutir a indenização. Em ambas as situações vistas anteriormente, a atuação da Administração só se justifica pela existência do interesse público que deve ser por ela promovido. Um particular não poderia atuar dessa forma. Então, aí se encontra a supremacia do interesse público sobre o particular, ou seja, em nome do interesse público, a Administração tem prerrogativas especiais próprias que os particulares não têm, fazendo com que ela tenha superioridade em relação a eles.

Quanto à indisponibilidade do interesse público, analisemos o conceito de Mello (2006, p. 62):

> *A indisponibilidade dos interesses públicos significa que, sendo interesses qualificados como próprios da coletividade – internos ao setor público –, não se encontram à livre disposição de quem quer que seja, por inapropriáveis.*

> *O próprio órgão administrativo que os representa não tem disponibilidade sobre eles, no sentido de que lhe incumbe apenas curá-los – o que é também um dever – na estrita conformidade do que predispuser a intentio legis.*

Dessa forma, os poderes colocados em favor da Administração Pública são também deveres. Não pode ela dispor de sua atuação optando por não agir em alguns casos. Havendo uma imposição do interesse público, não é permitido à Administração escolher a sua atuação. O agir, nesse caso, é obrigatório.

Como exemplo, temos o caso dos tributos. Se um fiscal de tributos se depara com um fato que deve ser tributado, não pode escolher não tributar, pois o interesse público manda que ele arrecade o valor para o Erário, então ele deve proceder ao lançamento. O mesmo ocorreria, por exemplo, se um policial se deparasse com um ladrão que estivesse furtando um automóvel e, ao abordá-lo, verificasse que se tratava de amigo seu de longa data. Não poderia o policial libertar o ladrão só porque era seu amigo, pois, por dever de ofício, deveria ele proceder à prisão do indivíduo. Se ele deixasse o ladrão livre, estaria dispondo do interesse público, fazendo um juízo que não lhe cabe.

2.3.2 Princípio da legalidade

O princípio da legalidade é imposto à Administração Pública explicitamente pelo *caput* do art. 37 da Constituição Federal, sendo previsto genericamente no art. 5º, inciso II:

> Art. 37. A administração pública direta e indireta de qualquer dos Poderes da União, dos Estados, do Distrito Federal e dos Municípios obedecerá aos princípios de legalidade, impessoalidade, moralidade, publicidade e eficiência [...].

Da legalidade decorre que a Administração Pública só pode agir quando amparada por lei. É o princípio que submete o regime jurídico-administrativo ao Estado Democrático de Direito, sujeitando a atuação daquele à lei.

Necessariamente, a atividade administrativa deve ter origem na lei. As prerrogativas do regime jurídico-administrativo dela decorrem e devem ser exercidas dentro dos contornos por ela estabelecidos. O agir da Administração Pública não é livre, deve proceder de lei que possibilita tal atuação.

No âmbito privado, prevalece a autonomia da vontade, ou seja, para o privado, tudo o que a lei não lhe proibir é permitido, ou, ainda, se a lei não lhe disser como proceder, pode ele proceder livremente.

Por exemplo, a lei determina que a compra e a venda de bens imóveis só podem ser realizadas por escritura pública. Se a lei nada fala sobre a compra e a venda de bens móveis, então estas podem ser efetuadas com base em qualquer forma prevista para os negócios jurídicos.

Já o mesmo não ocorre no âmbito do público. A legalidade vincula a Administração Pública, só podendo esta agir se a lei possibilita tal atuação e lhe dá poderes para tanto. Assim, quando uma lei dá competência para a autoridade fiscalizar os tributos pagos por contribuintes de uma determinada área, não pode a autoridade fiscalizar também se a empresa cumpre com a legislação ambiental. Portanto, a autoridade não tem poder para fiscalizar contribuintes fora da área que a lei lhe estabeleceu. Vale a frase: "Ao privado, tudo que não é proibido é permitido, e, ao público, tudo que não é permitido é proibido".

> *Um modo de atuar contrário à lei atinge o Estado Democrático de Direito, contrariando o que o povo, através de seus representantes, entende ser o poder e os limites deste para o alcance do interesse público.*

O princípio da legalidade se justifica porque estamos em um Estado Democrático de Direito. Isso significa que o poder emana do povo e deve ser exercido pelos representantes eleitos. É através da lei, elaborada e votada pelos parlamentares, que a Administração Pública recebe o poder do povo e tem definido o seu âmbito de atuação. Um modo de atuar contrário à lei atinge o Estado Democrático de Direito, contrariando o que o povo, através de seus representantes, entende ser o poder e os limites deste para o alcance do interesse público. A legalidade estabelece, pois, as prerrogativas da Administração e é, ao mesmo tempo, seu limitador, pois elas só podem ser exercidas dentro dos contornos da lei que as instituiu.

2.3.3 Princípio da impessoalidade

O princípio da impessoalidade determina que a Administração Pública deve tratar a todos igualmente, sem privilégios ou perseguições. A amizade ou a inimizade da autoridade administrativa não pode favorecer ou prejudicar pessoas, que devem ser tratadas em igualdade de condições. Fundamenta-se no art. 37, *caput*, da Constituição Federal, que o prevê explicitamente.

> *O princípio da impessoalidade determina que a Administração Pública deve tratar a todos igualmente, sem privilégios ou perseguições.*

Para a Administração Pública, o cidadão deve ser um cidadão, e nada mais. Não pode ser o Sr. Tício, amigo do chefe e que por isso goza de privilégios, ou o Sr. Mévio, inimigo que é prejudicado sempre que tenta obter algo da Administração. A atuação deve ser impessoal, de maneira que todos sejam igualmente bem tratados, sendo as condições de prestação de serviço ou o atendimento iguais para qualquer cidadão que precise deles.

Mello (2006) explica que esse princípio se aplica concretamente na exigência de concurso público para ingresso no quadro efetivo do serviço público (art. 37, II, CF) e na exigência de licitação para as contratações (art. 37, XXI, CF). A impessoalidade do concurso se manifesta com a possibilidade de que qualquer pessoa que satisfaça os requisitos possa ingressar no serviço público. Afastam-se, portanto, favoritismos e amizades para a contratação do pessoal, havendo o critério objetivo de que se devem contratar os melhores colocados nas provas do concurso. O mesmo ocorre com a licitação, em que a contratação deve ter como critério a melhor proposta para a Administração, independente de quem seja a empresa contratada.

O princípio da impessoalidade realiza em grande parte o princípio genérico da igualdade para o direito administrativo. Pela atuação impessoal da Administração Pública, obtém-se um tratamento igualitário para todos os cidadãos, de forma a criar uma igualdade entre eles.

2.3.4 Princípio da moralidade

O princípio da moralidade é um dos mais complexos de nosso ordenamento. Determinar qual o seu conteúdo é bastante difícil, pois a moralidade é um juízo interno de cada pessoa. O que é imoral para um pode ser perfeitamente possível para outro, então não é fácil encontrar um critério objetivo para se determinar a observância ou não desse princípio.

Naturalmente que, se fôssemos considerar como moralidade apenas o juízo interno de cada pessoa, o princípio perderia eficácia, pois é impossível determinar o que as pessoas realmente estão pensando. Geralmente, o direito se baseia naquilo que os indivíduos externalizam, ou seja, nos atos que praticam. O que a pessoa pensa ou qual o seu objetivo com a prática do ato é impossível de se aferir, a não ser que ela própria confesse suas intenções. Porém, a confissão das intenções é frágil, pois a pessoa pode confessar outras intenções falsas que lhe sejam mais vantajosas.

O princípio da moralidade, entretanto, encontra-se explicitamente disposto no *caput* do art. 37 da Constituição. Se o constituinte o colocou lá, é porque queria que fosse observado, não devendo, então, ser entendido como mera recomendação. O princípio é também mencionado no art. 5º, LXXIII, da Constituição, sendo protegido pela ação popular.

Assim, o princípio da moralidade exige que a Administração Pública aja dentro de padrões éticos. Por meio de sua atuação, não pode a Administração tentar enganar alguém ou praticar ato com finalidade diversa da que transparece, como forma de encobrir conduta. O agir da Administração deve ser de boa-fé, não havendo espaço para atuação desleal.

Geralmente se faz uma distinção entre **moral** e **legal**. Uma determinada atuação de uma pessoa pode ser legal, mas imoral. A lei pode possibilitar uma certa ação, entretanto, a sua prática é tida como imoral pelos padrões da moralidade comum. Ao particular, só é obrigatória a atuação dentro da lei, ou seja, legal; a moralidade do ato geralmente não precisa ser observada.

Isso, no entanto, não ocorre com a administração; sua atuação precisa ser legal e moral.

É como ocorria, por exemplo, quando um tributo era aumentado ou criado. A Constituição só permitia que o aumento ou a cobrança fosse exigido a partir do exercício seguinte

> *O princípio da moralidade exige que a Administração Pública aja dentro de padrões éticos. Por meio de sua atuação, não pode a Administração tentar enganar alguém ou praticar ato com finalidade diversa da que transparece, como forma de encobrir conduta. O agir da Administração deve ser de boa-fé, não havendo espaço para atuação desleal.*

à publicação da lei. Ou seja, um novo tributo criado por uma lei, publicada em julho de 2010, só poderia ser exigido a partir de 1º de janeiro de 2011. O que fazia, então, a administração: publicava a nova lei no dia 31 de dezembro de 2010, em edição extraordinária do *Diário Oficial* – era a chamada *publicação do dia 32 de dezembro*. Dessa forma, o tributo era exigido já no dia seguinte, pegando o contribuinte de surpresa. Essa atuação, apesar de legal, parece ser imoral, pois é desleal com o contribuinte, fazendo com que ele seja surpreendido*.

O princípio da moralidade, ainda que de difícil definição, deve ser observado, impondo à Administração Pública uma atuação de boa-fé e lealdade para com o cidadão. A sua inobservância enseja a inconstitucionalidade da lei criada contrariamente a ele ou a invalidade do ato que não o observe.

2.3.5 Princípio da publicidade

Impondo à Administração Pública a transparência de sua atuação, o princípio da publicidade exige a ampla divulgação de todos os seus atos.

A Administração Pública deve fundamentar todos os seus atos, decisões e julgamentos. Além disso, os atos e seus demais elementos devem ser divulgados, informando-se ao cidadão as ações da Administração e possibilitando-se que as pessoas atingidas pelos atos possam deles se defender ou a eles se opor.

Além da divulgação dos atos, a Administração deve dar ao cidadão acesso às informações públicas, especialmente com relação à utilização de dinheiro público e sua arrecadação. Logo, **o princípio**

---

* Em razão desses problemas, a regra foi alterada, devendo-se também observar um período de noventa dias antes do início da exigência do tributo (art. 150, III, *b* e *c*, CF).

da publicidade permite que a população fiscalize a Administração Pública.

Por esse princípio, por exemplo, não se podem admitir as decisões sigilosas tomadas por Tribunais de Justiça quanto à promoção de juízes e outras matérias relativas aos magistrados. Decisões como aposentadoria compulsória, considerada a pena mais grave cominada pelo tribunal a um magistrado, eram tomadas em reuniões das quais só se conhecia o resultado, sem se revelar sequer o que as motivava. Nesses casos, não há fundamento para o sigilo, pois o Supremo Tribunal Federal (STF) tem uma função administrativa, na gestão de seu pessoal, e deve dar publicidade de todos os seus atos. Essa prática só foi impedida pela chamada *reforma do Judiciário* – por meio da Emenda Constitucional (EC) n. 45, de 30 de dezembro de 2004 (Brasil, 2004a) –, que exige a publicidade dos atos do Judiciário.

As informações também devem ser fornecidas às pessoas interessadas ou prejudicadas. A Constituição Federal de 1988 visou corrigir diversas distorções criadas pelo regime militar, quando várias pessoas eram presas ou investigadas sem ter acesso aos processos, às provas e às decisões relativas ao seu caso. Dessa forma, a Constituição consagrou o direito à informação no art. 5º, incisos XXXIII, XXXIV e LXXII, concedendo proteção a esse direito através de ação própria, denominada *habeas data*. Outrossim, por ter legitimado esse direito como garantia individual e direito fundamental, trata-se de cláusula pétrea, que não pode ser abolida da Constituição.

Existem casos em que o princípio da publicidade se manifesta de maneira pouco expressiva, como no segredo de Justiça que se aplica a alguns processos. O sigilo só pode ser decretado quando houver possível prejuízo à intimidade ou ao interesse social (art. 5º, LX, CF).

É o caso, por exemplo, dos processos de investigação de paternidade, que correm sob segredo de justiça para preservar a intimidade do pretenso filho e do suposto pai.

2.3.6 Princípio da eficiência

Assim como o da moralidade, o princípio da eficiência é de difícil conceituação e aplicação.

Parece-nos um tanto quanto óbvio que a Administração Pública deve ser eficiente; não haveria, então, a necessidade de se escrever tal princípio para que ele devesse ser observado. Da mesma maneira, a Administração Pública agir de boa-fé e com lealdade parece ser um comportamento que não precisaria ser explicitado no princípio da moralidade.

A Constituição, entretanto, traz esse princípio expressamente, razão por que deve ser estudado e verificado seu alcance, determinando-se como se aplica e se manifesta.

A eficiência impõe que não só se preste o serviço público, mas também que este seja prestado da melhor maneira possível, com o menor custo e no menor tempo possível. É "o mais pelo menos", ou seja, a Administração deve funcionar satisfatoriamente sem que, para isso, seja muito custosa ou muito demorada.

A eficiência não se confunde com a mera legalidade, assim como não se confunde com a moralidade. O agir da Administração Pública deve obedecer à lei, ser de boa fé e ser eficiente, conforme afirmamos. Um agir dentro da lei que seja de má-fé é inaceitável, da mesma maneira que um agir dentro da lei que se mostre ineficiente também não atende ao que pede a Constituiçao.

O princípio da eficiência impõe como um dever da Administração buscar sempre o seu aperfeiçoamento, melhorando seus processos, diminuindo custos e reduzindo o tempo dos serviços prestados.

2.3.7 Princípio da razoabilidade e princípio da proporcionalidade

O **princípio da razoabilidade** refere-se ao fato de que a atuação da Administração Pública deve se dar dentro dos limites daquilo que é racional e razoável, sob pena de nulidade.

Atuações bizarras, que contrariem a lógica e o senso comum, são vetadas à Administração. São exigidos comportamentos prudentes, sensatos e de acordo com a finalidade da lei que se cumpre.

O administrador público, em situações determinadas, tem a possibilidade de agir discricionariamente, ou seja, ele tem certa margem de liberdade para agir, podendo escolher entre dois ou mais comportamentos possíveis para a situação. A lei não atribui um agir específico, que é obrigatório (atuação vinculada), mas lhe possibilita que atue com liberdade, observando alguns parâmetros, dentre os quais se encontra a racionalidade da atuação. Em outras palavras, a liberdade que ele tem não é plena. Deve atuar de acordo com o que é racional, sensato, sob pena de anulação do ato.

O princípio da proporcionalidade, segundo Mello (2006), é uma faceta do princípio da razoabilidade. Exige que a atuação da Administração seja proporcional ao fim almejado. Para que se atinja um determinado fim desejado, é necessário que haja um meio pelo qual o fim possa ser atingido. É o caminho que se percorre para se chegar ao fim.

Por exemplo, para se caçar patos, existem espingardas próprias para caça, mas pode-se também utilizar um míssil militar. Em ambos os casos, o fim desejado, que é abater o pato, será alcançado, mas o míssil militar é um meio desproporcional para se alcançar o fim, sendo o meio proporcional a espingarda apropriada. O princípio exige, então, que a Administração Pública utilize a espingarda para caçar os patos, e não o míssil, ou seja, exige que o meio escolhido seja proporcional e adequado ao fim pretendido.

Um agir desproporcional é vedado por esse princípio, sendo entendido como a atuação desnecessária, que excede a atuação suficiente. Retornemos ao exemplo em que o oficial de justiça e os policiais, para cumprir um mandado de busca e apreensão de uma criança, invadem a residência em que esta se encontra, atiram e matam os moradores sem que estes lhes houvessem oposto resistência compatível. A desproporcionalidade da ação ocorre muitas vezes no uso da força pelo Estado, em que o agente público acaba por utilizar força demais para a realização da finalidade pretendida.

Retomando o exemplo: o oficial de Justiça tenta amigavelmente cumprir o mandado, mas não tem êxito. Retorna com força policial, que novamente solicita, sem sucesso, a devolução amigável da criança. Os policiais, então, arrombam a porta e invadem a residência, arrebatando a criança à força sob os olhares aterrorizados dos moradores. O uso da força, até esse ponto, está justificado pela finalidade de cumprir o mandado de busca e apreensão emitido pela Justiça e restituir a criança ao pai. Entretanto, um dos moradores esboça um gesto que parece ser de resistência à ação, e os policiais abrem fogo, matando todos os que se encontram no recinto.

Parece claro, pelo exemplo, que a atuação é desproporcional à finalidade. Se ninguém na casa opôs resistência com arma de fogo, não se justifica o uso desse tipo de força para o cumprimento da finalidade. Entretanto, a não observância da proporcionalidade nem sempre é tão evidente como no exemplo. Existe uma perene discussão de quais meios são proporcionais aos fins almejados.

2.3.8 Princípio da motivação

O princípio da motivação indica que todas as atuações da Administração Pública devem ter os motivos explicitados. A Administração não pode simplesmente mandar fazer algo sem maiores explicações; deve, sim, expor os motivos para tal ato e o seu amparo legal, mencionando a lei que possibilita aquele ato e que indica que o agir da Administração deve se realizar daquela forma.

A motivação é necessária para que se tome conhecimento dos fundamentos do ato, como forma de controlá-los. Um ato que atinja direitos de um cidadão, por exemplo, deve conter a explicação de por que foi assim realizado e qual o seu fundamento legal. Conhecendo esses elementos, é possível ao prejudicado se insurgir judicialmente contra o ato, apontando a desconformidade dos motivos ou da fundamentação legal com o direito atingido. Também deve ser possível verificar se o ato tem uma finalidade de interesse público.

2.3.9 Princípio da ampla defesa e do devido processo legal

Sempre que a Administração Pública tomar uma decisão que implique restrição à propriedade ou à liberdade do indivíduo, deve ser oportunizado a este o direito de ampla defesa e contraditório (art. 5º, LV, CF).

Deve ser facultado ao prejudicado que se defenda do ato, possibilitando-lhe o contraditório, ou seja, que responda contrariamente à pretensão da Administração Pública, além do direito de interpor recursos contra a decisão administrativa.

É o caso, por exemplo, da imposição de multas de trânsito. Lavrado o auto de infração, antes da imposição da penalidade, é oportunizada ao infrator a defesa prévia. Se esta for insubsistente, aí sim é que se impõe a penalidade, contra a qual pode o infrator recorrer às instâncias administrativas competentes.

O mesmo ocorre com o direito ao devido processo legal (art. 5º, LIV, CF). Principalmente nos casos de imposição de penalidade, deve a Administração obedecer ao processo previsto em lei. Esta descreve quais os procedimentos que a Administração Pública deve obedecer para que possa impor a penalidade ou praticar o ato. Um ato que não obedeça ao processo legal é inválido.

2.3.10 Princípio do controle judicial dos atos administrativos

Todos os atos administrativos estão sujeitos a controle pelo Poder Judiciário. Os atos que se entendam ilegais, imorais ou contrários a princípios podem ser questionados em processo judicial.

Mesmo as decisões administrativas definitivas podem ser revistas pelo Poder Judiciário, já que, em questões de direito, só este pode dar a palavra final, com o trânsito em julgado das suas sentenças.

Tal princípio deriva do mandamento do art. 5º, XXXV, da Constituição Federal, o qual impossibilita que qualquer lesão ou ameaça a direito seja afastada do controle do Judiciário.

Síntese

Neste capítulo, destacamos, entre outros, os seguintes temas:
- » Regime de direito privado – Administração Pública atua em igualdade com os particulares, praticando atos regidos por normas de direito privado.
- » Regime jurídico-administrativo – Regime de Direito Público típico da Administração Pública, em que esta atua com prerrogativas e sujeições que lhe conferem superioridade sobre os particulares.
- » Princípio da supremacia do interesse público – Princípio que determina que o interesse público prevalece sobre o particular, devendo a atuação da Administração ser pautada pelas necessidades do coletivo, evitando preferências a particulares.

» Princípio da indisponibilidade do interesse público – A tarefa de busca do interesse público pela Administração é indisponível, ou seja, não pode ela deixar de buscá-lo. Desse princípio decorre a restrição de atuação dos agentes públicos àquilo que determina a lei, sendo esta expressão do interesse público.
» Princípio da legalidade – Determina que toda a atuação da Administração Pública deve ser dentro do que determina a lei.

Consultando a legislação

Observe, a seguir, um trecho de nossa Carta Magna que diz respeito ao conteúdo tratado neste capítulo:

> Art. 5º Todos são iguais perante a lei, sem distinção de qualquer natureza, garantindo-se aos brasileiros e aos estrangeiros residentes no País a inviolabilidade do direito à vida, à liberdade, à igualdade, à segurança e à propriedade, nos termos seguintes:
> [...]
> II – ninguém será obrigado a fazer ou deixar de fazer alguma coisa senão em virtude de lei;
> [...]
> XXXIII – todos têm direito a receber dos órgãos públicos informações de seu interesse particular, ou de interesse coletivo ou geral, que serão prestadas no prazo da lei, sob pena de responsabilidade, ressalvadas aquelas cujo sigilo seja imprescindível à segurança da sociedade e do Estado;
> XXXIV – são a todos assegurados, independentemente do pagamento de taxas:
> a) o direito de petição aos Poderes Públicos em defesa de direitos ou contra ilegalidade ou abuso de poder;

b) a obtenção de certidões em repartições públicas, para defesa de direitos e esclarecimento de situações de interesse pessoal;

XXXV – a lei não excluirá da apreciação do Poder Judiciário lesão ou ameaça a direito;

[...]

LIV – ninguém será privado da liberdade ou de seus bens sem o devido processo legal;

LV – aos litigantes, em processo judicial ou administrativo, e aos acusados em geral são assegurados o contraditório e ampla defesa, com os meios e recursos a ela inerentes;

[...]

LX – a lei só poderá restringir a publicidade dos atos processuais quando a defesa da intimidade ou o interesse social o exigirem;

[...]

LXXII – conceder-se-á *habeas-data*:

a) para assegurar o conhecimento de informações relativas à pessoa do impetrante, constantes de registros ou bancos de dados de entidades governamentais ou de caráter público;

b) para a retificação de dados, quando não se prefira fazê-lo por processo sigiloso, judicial ou administrativo;

LXXIII qualquer cidadão é parte legítima para propor ação popular que vise a anular ato lesivo ao patrimônio público ou de entidade de que o Estado participe, à moralidade administrativa, ao meio ambiente e ao patrimônio histórico e cultural, ficando o autor, salvo comprovada má-fé, isento de custas judiciais e do ônus da sucumbência;

[...]

Art. 37. A administração pública direta e indireta de qualquer dos Poderes da União, dos Estados, do Distrito Federal e dos Municípios obedecerá aos princípios de legalidade, impessoalidade, moralidade, publicidade e eficiência e, também, ao seguinte:

> [...]
> II – a investidura em cargo ou emprego público depende de aprovação prévia em concurso público de provas ou de provas e títulos, de acordo com a natureza e a complexidade do cargo ou emprego, na forma prevista em lei, ressalvadas as nomeações para cargo em comissão declarado em lei de livre nomeação e exoneração;
> [...]
> XXI – ressalvados os casos especificados na legislação, as obras, serviços, compras e alienações serão contratados mediante processo de licitação pública que assegure igualdade de condições a todos os concorrentes, com cláusulas que estabeleçam obrigações de pagamento, mantidas as condições efetivas da proposta, nos termos da lei, o qual somente permitirá as exigências de qualificação técnica e econômica indispensáveis à garantia do cumprimento das obrigações.
> (Brasil, 1988)

Questão para revisão

1. Qual a principal característica do regime jurídico-administrativo?

Questão para reflexão

1. Reflita e faça suas observações sobre a seguinte questão: É correto que o Estado tenha superioridade sobre os particulares?

III

Administração Pública direta e indireta

Conteúdos do capítulo:

» O que é a Administração Pública.
» Divisões da Administração Pública (direta e indireta).

Administração Pública é o nome genérico que se dá aos órgãos e entes administrativos que têm como objetivo desempenhar a função administrativa do Estado, realizando atividades e políticas que concretizem os seus objetivos. É um conjunto de órgãos e entes que podem ou não ter personalidade jurídica própria e ser constituídos sob regime de direito público ou privado.

Esses elementos da Administração Pública são necessários porque o Estado é uma pessoa jurídica de direito público. As pessoas jurídicas são abstratas, existem apenas no mundo das ideias. Não se encontra uma pessoa jurídica andando na rua. Elas são criadas a partir de leis que lhes atribuem personalidade (chamada de *jurídica*), a qual se constitui em um conjunto de direitos e deveres próprios. A diferença entre as pessoas jurídicas e as físicas é o fato de que estas têm sua personalidade reconhecida pelo direito. A pessoa nasce e existe realmente no mundo dos fatos. Logo, se uma pessoa nasce com vida, inicia a sua personalidade. A lei não cria essa personalidade, ela apenas a reconhece. Uma pessoa física não precisa da lei para existir no mundo dos fatos, enquanto que uma pessoa jurídica só existe a partir do momento em que uma lei diga que ela existe, pois é uma ficção jurídica.

A pessoa jurídica, para ser criada, deve obedecer às formalidades e aos requisitos exigidos pela lei; ela não nasce sozinha, sempre depende da vontade humana. As pessoas físicas decidem pela sua criação, seus objetivos, sua duração etc. Obedecido ao que a lei determina, inicia sua existência. Os direitos e os deveres que a lei estabelece a uma pessoa jurídica não são os mesmos que se referem a uma pessoa física.

Por exemplo, uma pessoa real tem o direito à integridade física, o que é inaplicável à pessoa jurídica. Entretanto, ambas têm direito a patrimônio, podendo possuir bens e ter direitos de negociá-los.

Como o Estado é uma pessoa jurídica, não tem existência real no mundo dos fatos, logo, só existe no mundo das ideias, criado pelo direito. Para tomar decisões e praticar atos, precisa agir através de pessoas físicas que recebem poderes para tanto – os agentes públicos, que serão vistos mais adiante. Ocorre também que não basta ao Estado contar com vários servidores trabalhando para ele sem que haja uma organização estrutural determinando quem faz o quê.

Dessa forma, o Estado se estrutura em diversos órgãos denominados *Administração Pública direta*. Ele também pode criar outras pessoas jurídicas que com ele não se confundem, mas que a ele de algum modo se conectam, também realizando funções da Administração. Esses entes são chamados de *Administração Pública indireta*. O traço de distinção básico entre a Administração Pública direta e a indireta é a personalidade jurídica própria ou não das entidades que compõem cada uma delas.

Vale lembrar que no Brasil o Estado é organizado em forma federativa, existindo diversos entes da federação. A Constituição Federal assim determina tais entes:

> Art. 18. A organização político-administrativa da República Federativa do Brasil compreende a União, os Estados, o Distrito Federal e os Municípios, todos autônomos, nos termos desta Constituição. (Brasil, 1988)

Desse modo, existe um ente denominado *República Federativa do Brasil*, que é uma pessoa jurídica de direito público externo, ou seja, ela tem personalidade jurídica pública voltada para o exterior, é a personalidade jurídica do Brasil vista internacionalmente, identificando-a como país.

Dentro da República Federativa do Brasil existem entes com personalidade jurídica pública interna, ou seja, eles têm personalidade dentro do país. Esses entes são a União Federal, os estados da federação, os municípios e o Distrito Federal (art. 41, CC).

Cada um desses entes tem personalidade jurídica própria e autônoma, cabendo a cada qual determinadas competências que devem ser exercidas sem interferência de um no outro. Não há hierarquia entre a União e os estados, por exemplo. Há diferenças de competência, ou seja, uma atividade que é atribuída ao estado é só por ele exercida e regulamentada, não havendo uma relação de hierarquia que permita à União interferir na atividade. Existem alguns casos previstos na Constituição em que é possível a interferência de um ente no outro, mas a regra é a autonomia dos entes da federação, que exercem suas competências próprias.

Esses entes, para o desempenho de suas funções, podem criar órgãos internos ou entes externos, verificando-se aí a divisão entre a Administração Pública Direta e a indireta, que serão analisadas a seguir.

3.1 Administração Pública direta e órgãos públicos

A Administração Pública direta é conceituada pelo Decreto-Lei n. 200, de 25 de fevereiro de 1967:

> Art. 4º A Administração Federal compreende:
> I – A Administração Direta, que se constitui dos serviços integrados na estrutura administrativa da Presidência da República e dos Ministérios. (Brasil, 1967)

Esse Decreto-Lei trata da organização da Administração Federal. Entretanto, o conceito é utilizado também para os estados, os municípios e o Distrito Federal, já que todos eles têm uma chefia de Poder Executivo e secretarias, entidades análogas aos ministérios.

Assim, a Administração Pública direta da União são os órgãos da presidência da República e dos ministérios. Por consequência, nos estados e no Distrito Federal são os órgãos ligados ao governador e às secretarias de estado e, nos municípios, os órgãos ligados ao prefeito e às secretarias municipais.

Notemos que os ministérios, as secretarias de estado e do município não têm personalidade jurídica própria.

Vejamos o exemplo de um município. Quem tem personalidade jurídica é o município, as secretarias são apenas órgãos que desempenham atividades de acordo com a competência. O mesmo ocorre com a União e os estados.

Os entes da federação têm atribuições e serviços que devem prestar, por exemplo, saúde pública, educação, obras públicas etc. Podem, então, atribuir competência para a realização de tais atividades a um órgão público. A Secretaria de Saúde do município, por exemplo, é um órgão que deve promover a saúde pública no município. Trata-se de uma desconcentração das atribuições, como leciona

Celso Antônio Bandeira de Mello (2006), as quais são conferidas em conjunto ao ente e depois distribuídas por este aos diversos órgãos.

Ainda no exemplo do município, poderia este não ter nenhuma secretaria, com o prefeito acumulando todas as funções administrativas de competência do ente. Entretanto, o que ocorre, como forma de melhorar o serviço e a atuação do Estado, é a desconcentração da Administração com a criação de órgãos públicos especializados nos assuntos de que o município deve tratar. Existe, assim, uma delegação de competências do município que são atribuídas a um órgão específico com a função de desempenhar essas atribuições decorrentes da competência recebida.

Odete Medauar (2006, p. 53) afirma que os *órgãos públicos* "são unidades de atuação, que englobam um conjunto de pessoas e meios materiais ordenados para realizar uma atuação predeterminada". Já Maria Sylvia Zanella Di Pietro (2006, p. 494) define *órgão público* como "uma unidade que congrega atribuições exercidas pelos agentes públicos que o integram com o objetivo de expressar a vontade do Estado".

Essas atribuições dos órgãos públicos nada mais são do que as competências atribuídas a eles pelo ente. Mello (2006, p. 132) conceitua as *competências* como "o círculo compreensivo de um plexo de deveres públicos a serem satisfeitos mediante o exercício de correlatos e demarcados poderes instrumentais, legalmente conferidos para a satisfação de interesses públicos". Observamos que a competência compreende o cumprimento de determinados deveres públicos, que são realizados através da utilização de poderes conferidos em lei. Então, o exercício de poderes pelas autoridades públicas nada mais é que as atitudes permitidas pela lei para que possam ser cumpridos determinados deveres impostos por ela.

Os órgãos públicos têm deveres que o ente deve cumprir e também poderes para realizá-los. A Secretaria Municipal de Saúde tem o poder de realizar licitações para a compra de medicamentos porque tem o dever de fornecê-los aos moradores do município.

A doutrina compara os órgãos públicos aos órgãos do corpo humano. Todos eles reunidos compõem o corpo, mas individualmente não têm existência própria. É o que ocorre com os órgãos públicos. A Secretaria Municipal de Saúde não existe sem o município, é parte integrante dele e tem uma função específica, assim como o corpo humano, em que, se um órgão para, atrapalha o funcionamento dos demais. Dentro do corpo, cada órgão tem uma função específica, concorrendo para a manutenção da vida corporal.

Imaginemos um exemplo: uma pessoa é internada no hospital municipal para um procedimento simples. O hospital é subordinado à Secretaria Municipal de Saúde, ou seja, é um órgão do município. Por um erro médico, a pessoa falece durante o procedimento. Se a família propuser uma ação de indenização, terá como réu o município, e não a secretaria ou o hospital. Como são órgãos da administração municipal, não têm personalidade jurídica. Quem tem personalidade e é responsável pelo erro médico praticado no hospital é o município, pois quem tem o dever de prestar saúde é o ente da federação, e não o seu órgão público. Ainda que a atribuição de saúde seja exercida pela secretaria respectiva, a competência continua sendo do município. O mesmo não ocorre com entidades da Administração Pública indireta, conforme veremos adiante.

3.2 Administração Pública indireta

Conforme já expusemos, a diferença básica entre a Administração Pública direta e a indireta, explicitada pelo Decreto-Lei n. 200/1967, é que as entidades desta têm personalidade jurídica própria, independente do ente da federação que as criou. Ao contrário, os órgãos públicos, que compõem a Administração direta, não têm personalidade jurídica autônoma do ente que os criou.

Na Administração direta, ocorre uma desconcentração das atribuições, ou seja, as atribuições concentradas em um único ente da federação são divididas entre os órgãos que o compõem. No interior da mesma pessoa jurídica, desconcentram-se as suas finalidades de forma a se criarem vários órgãos internos, que exercerão cada uma de suas atividades.

Vejamos o exemplo de uma grande loja de departamentos que vende roupas, brinquedos, eletrônicos e mantimentos. Para melhor atender os consumidores, a loja, internamente, divide-se em setores, um para cada tipo de mercadoria que está vendendo. Apesar de os setores venderem coisas diferentes, estão subordinados à pessoa da loja de departamentos. O setor de roupas, então, não tem existência própria; os valores por ele arrecadados vão para o caixa da loja de departamentos, e o chefe da loja pode intervir no setor, reorganizá-lo ou, até mesmo, extingui-lo, sem que isso interfira na existência da loja de departamentos.

Essa situação, como podemos perceber, exemplifica a Administração Pública direta, em que a loja de departamentos é o ente da federação e os setores são os seus órgãos.

O exemplo da loja de departamentos serve para demonstrar a diferença entre a Administração direta e a indireta.

Imaginemos que a mesma loja de departamentos decida vender também carros. Entretanto, a estrutura existente não é adequada para essa atividade, pois na loja não há local para exposição de carros, a forma de venda desse produto é diferente e exige a presença de bancos para financiar a compra e despachantes para providenciar a documentação.

Para que seja possível desempenhar a nova atividade, o dirigente da loja de departamentos decide, então, constituir uma nova empresa, com personalidade jurídica própria, que será adequada apenas para a venda de automóveis. Terá sede própria, empregados treinados, administração e contabilidade de acordo com a atividade específica de venda de automóveis. A loja de carros será subordinada à loja de departamentos, que é sua proprietária, mas terá uma existência própria que lhe possibilitará desempenhar a tarefa de vender carros com maior eficiência.

Nesse exemplo, vemos o fundamento da Administração Pública indireta – a **descentralização** das competências do ente da federação –, ao contrário do que ocorre na Administração Pública direta, em que há uma desconcentração das competências. A descentralização pressupõe a transferência de competências de uma pessoa jurídica para outra, enquanto que na **desconcentração** ocorre apenas uma divisão das competências de uma mesma pessoa jurídica entre seus vários órgãos internos.

As entidades da Administração Pública indireta podem ser autarquias, fundações constituídas pelo Poder Público, sociedades de economia mista, empresas públicas e consórcios públicos. A não ser por estes últimos, as demais entidades são explicitadas pelo Decreto-Lei 200/1967:

> Art. 4º A Administração Federal compreende:
> [...]
> II – A Administração Indireta, que compreende as seguintes categorias de entidades, dotadas de personalidade jurídica própria:
> a) Autarquias;
> b) Empresas Públicas;
> c) Sociedades de Economia Mista;
> d) fundações públicas.
> Parágrafo único. As entidades compreendidas na Administração Indireta vinculam-se ao Ministério em cuja área de competência estiver enquadrada sua principal atividade. (Brasil, 1967)

Todas as entidades mencionadas têm personalidade jurídica própria: as autarquias têm personalidade jurídica de direito público; as fundações podem ter personalidade jurídica de direito público ou privado; a empresa pública e a sociedade de economia mista têm personalidade de direito privado. O art. 37, inciso XIX, da Constituição Federal de 1988 (Brasil, 1988), exige que todas sejam criadas por lei específica. Por consequência, só podem ser extintas por lei. Ainda que tenham personalidade jurídica própria em relação ao ente que as criou, permanecem com finalidade pública e são por ele controladas. As entidades que têm personalidade de direito privado não se submetem integralmente ao regime de direito privado, devendo observar algumas imposições do regime jurídico-administrativo. Caracterizam-se, pois, pela não submissão total ao regime de prerrogativas e sujeições próprias do regime jurídico-administrativo, conforme visto anteriormente.

Passaremos à conceituação de cada uma dessas entidades da Administração Pública indireta. Os consórcios públicos, apesar de serem considerados entidades da Administração indireta, são derivados de contratos entre os entes da federação, portanto serão estudados mais adiante, quando abordarmos os contratos administrativos e as licitações.

3.2.1 Autarquia

Di Pietro (2006, p. 243) assim conceitua a *autarquia*: "pessoa jurídica de direito público, criada por lei, com capacidade de autoadministração, para o desempenho de serviço público descentralizado, mediante controle administrativo exercido nos limites da lei".

O Decreto-Lei n. 200/1967 também define a autarquia:

> Art. 5º Para os fins desta lei, considera-se:
> I – Autarquia – o serviço autônomo, criado por lei, com personalidade jurídica, patrimônio e receita próprios, para executar atividades típicas da Administração Pública, que requeiram, para seu melhor funcionamento, gestão administrativa e financeira descentralizada. (Brasil, 1967)

As autarquias são pessoas jurídicas de direito público e têm patrimônio e pessoal próprios. Estão sujeitas integralmente às prerrogativas e às sujeições do regime jurídico-administrativo, sendo "entidades criadas à imagem e semelhança do Estado", como esclarece Romeu Felipe Bacellar Filho (2005, p. 23). Seus funcionários são servidores públicos submetidos ao regime estatutário, que só podem ingressar no serviço por concurso público. Além disso, para realizarem compras e contratos, devem se submeter à licitação.

A autarquia exerce a atividade definida pela lei que a criou, não podendo executar atividades diversas. Tem poder de autoadministração, com dirigente próprio nomeado pelo ente da federação responsável por sua criação.

Como exemplo de autarquia, temos o Instituto Nacional do Seguro Social (INSS). A seguridade social, entendida como o sistema de previdência social (aposentadorias, pensões etc.), a saúde pública e a assistência social (benefício a carentes), é conferida ao Poder Público por força do art. 194 da Constituição. Entretanto, como forma de melhor desempenhar essa atividade, a União criou uma autarquia, o INSS, que tem um corpo de funcionários, orçamento e receita próprios, não se confundindo com a União Federal. Esta controla o INSS, mas delegou a ele a tarefa de administração da seguridade social no Brasil.

Quando um aposentado decide contestar judicialmente a concessão do seu benefício que é pago pelo INSS, ingressa contra este, e não contra a União Federal. Por ter personalidade jurídica própria, a autarquia responde pelos seus atos, participando ela mesma do processo como ré.

3.2.2 Fundações

A fundação é um patrimônio que tem personalidade jurídica própria. A pessoa (física ou jurídica) instituidora da fundação destaca parte do seu patrimônio e atribui-lhe uma personalidade jurídica distinta, passando a ter existência independente do seu instituidor.

No caso da fundação pública, o Estado destaca parte do seu patrimônio e concede-lhe personalidade jurídica, sendo que parte do patrimônio da fundação pode ser privada. Tem capacidade de autoadministração, sujeita-se a controle administrativo do ente que a instituiu e só pode ser criada por lei específica.

Há polêmica na doutrina sobre a natureza da fundação, se é de direito público ou privado. O Decreto-Lei n. 200/1967 estipula que é de direito privado, mas, segundo a doutrina, pode ser instituída tanto em regime de direito privado quanto de direito público, cabendo a escolha ao legislador quando cria a lei que institui a fundação. Se instituída em regime de direito público, é equiparada à autarquia.

3.2.3 Empresas públicas

São entidades com personalidade jurídica de direito privado, assim conceituadas pelo Decreto-Lei n. 200/1967:

> Art. 5º Para os fins desta lei, considera-se:
> [...]
> II – Empresa Pública – a entidade dotada de personalidade jurídica de direito privado, com patrimônio próprio e capital exclusivo da União, criado por lei para a exploração de atividade econômica que o Governo seja levado a exercer por força de contingência ou de conveniência administrativa podendo revestir-se de qualquer das formas admitidas em direito. (Brasil, 1967)

Trata-se de empresas cujo capital social pertence *inteiramente* ao ente da federação. Enquanto as empresas privadas exigem dois ou mais sócios, que se reúnem com capital, bens e trabalho para desempenhar uma determinada atividade econômica com o objetivo de lucro, as públicas têm apenas um sócio – o Estado – e a atividade econômica por ele desempenhada deve ser necessária para a Administração Pública, não visando obrigatoriamente ao lucro, já que a finalidade primordial é atender ao interesse público.

Devemos lembrar que, no nosso sistema, a regra é o Estado não exercer atividade econômica diretamente. Isso só pode ocorrer quando surgem as exceções previstas na Constituição que autorizam a medida (art. 173, CF).

As empresas públicas podem ser constituídas por qualquer forma admitida na lei, ou seja, podem ser sociedade anônima, limitada etc., e devem ser criadas por lei.

Como exemplo, citamos os Correios, uma empresa cujo capital pertence inteiramente à União Federal para exploração dos serviços postais e telegráficos.

3.2.4 Sociedade de economia mista

A sociedade de economia mista assemelha-se à empresa pública, pois também tem personalidade jurídica de direito privado. Entretanto, nela o ente da federação é o detentor da maioria do capital votante, podendo o restante ser de propriedade de particulares.

Há, então, a participação do capital de particulares em entidades criadas pelo Poder Público. Essas sociedades também devem ser criadas por lei, porém exige-se que sejam constituídas somente sob natureza de sociedade anônima. O Decreto-Lei n. 200/1967 assim as conceitua:

> Art. 5º [...]
> III – Sociedade de Economia Mista – a entidade dotada de personalidade jurídica de direito privado, criada por lei para a exploração de atividade econômica, sob a forma de sociedade anônima, cujas ações com direito a voto pertençam em sua maioria à União ou à entidade da Administração Indireta. (Brasil, 1967)

Como exemplo, podemos citar o Banco do Brasil S.A., que é um banco com personalidade jurídica de direito privado controlado pela União Federal. Qualquer pessoa pode comprar ações do Banco do Brasil na bolsa de valores, tornando-se sua sócia.

Síntese

Neste capítulo, tratamos dos seguintes temas:
» Administração Pública – É o nome que se dá à estrutura do Estado, aos órgãos e entes que compõem o Estado e que têm função de cumprir com as finalidades do Estado.

» Administração Pública direta – São os chamados *órgãos públicos*, e caracterizam-se por serem contidos pela pessoa jurídica de direito público, sendo integrante dessa pessoa. Não têm autonomia de personalidade com relação à pessoa a que são subordinadas (União Federal, estados, Distrito Federal e municípios).

» Administração Pública indireta – Caracteriza-se por constituir pessoas jurídicas diferentes da pessoa de direito público a que estão vinculadas. Pode ter a forma de autarquia, empresa pública, sociedade de economia mista e fundação.

Consultando a legislação

a) Constituição Federal

> Art. 37. A administração pública direta e indireta de qualquer dos Poderes da União, dos Estados, do Distrito Federal e dos Municípios obedecerá aos princípios de legalidade, impessoalidade, moralidade, publicidade e eficiência e, também, ao seguinte:
> [...]
> XIX – somente por lei específica poderá ser criada autarquia e autorizada a instituição de empresa pública, de sociedade de economia mista e de fundação, cabendo à lei complementar, neste último caso, definir as áreas de sua atuação;
> [...]
> Art. 173. Ressalvados os casos previstos nesta Constituição, a exploração direta de atividade econômica pelo Estado só será permitida quando necessária aos imperativos da segurança nacional ou a relevante interesse coletivo, conforme definidos em lei.

§1º A lei estabelecerá o estatuto jurídico da empresa pública, da sociedade de economia mista e de suas subsidiárias que explorem atividade econômica de produção ou comercialização de bens ou de prestação de serviços, dispondo sobre:

I – sua função social e formas de fiscalização pelo Estado e pela sociedade;

II – a sujeição ao regime jurídico próprio das empresas privadas, inclusive quanto aos direitos e obrigações civis, comerciais, trabalhistas e tributários;

III – licitação e contratação de obras, serviços, compras e alienações, observados os princípios da administração pública;

IV – a constituição e o funcionamento dos conselhos de administração e fiscal, com a participação de acionistas minoritários;

V – os mandatos, a avaliação de desempenho e a responsabilidade dos administradores.

§2º As empresas públicas e as sociedades de economia mista não poderão gozar de privilégios fiscais não extensivos às do setor privado.

§3º A lei regulamentará as relações da empresa pública com o Estado e a sociedade. (Brasil, 1988)

b) Código Civil – Lei n. 10.406, de 10 de janeiro de 2002

Art. 41. São pessoas jurídicas de direito público interno:

I – a União;

II – os Estados, o Distrito Federal e os Territórios;

III – os Municípios;

IV – as autarquias, inclusive as associações públicas;

V – as demais entidades de caráter público criadas por lei.

Parágrafo único. Salvo disposição em contrário, as pessoas jurídicas de direito público, a que se tenha dado estrutura de direito privado, regem-se, no que couber, quanto ao seu funcionamento, pelas normas deste Código. (Brasil, 2002a)

c) Decreto-Lei n. 200/1967

Art. 4º A Administração Federal compreende:
I – A Administração Direta, que se constitui dos serviços integrados na estrutura administrativa da Presidência da República e dos Ministérios.
II – A Administração Indireta, que compreende as seguintes categorias de entidades, dotadas de personalidade jurídica própria:
a) Autarquias;
b) Empresas Públicas;
c) Sociedades de Economia Mista;
d) fundações públicas.
Parágrafo único. As entidades compreendidas na Administração Indireta vinculam-se ao Ministério em cuja área de competência estiver enquadrada sua principal atividade.
Art. 5º Para os fins desta lei, considera-se:
I – Autarquia – o serviço autônomo, criado por lei, com personalidade jurídica, patrimônio e receita próprios, para executar atividades típicas da Administração Pública, que requeiram, para seu melhor funcionamento, gestão administrativa e financeira descentralizada.
II – Empresa Pública – a entidade dotada de personalidade jurídica de direito privado, com patrimônio próprio e capital exclusivo da União, criado por lei para a exploração de atividade econômica que o Governo seja levado a exercer por força de contingência ou de conveniência administrativa podendo revestir-se de qualquer das formas admitidas em direito.
III – Sociedade de Economia Mista – a entidade dotada de personalidade jurídica de direito privado, criada por lei para a exploração de atividade econômica, sob a forma de sociedade anônima, cujas ações com direito a voto pertençam em sua maioria à União ou à entidade da Administração Indireta.

> IV – Fundação Pública – a entidade dotada de personalidade jurídica de direito privado, sem fins lucrativos, criada em virtude de autorização legislativa, para o desenvolvimento de atividades que não exijam execução por órgãos ou entidades de direito público, com autonomia administrativa, patrimônio próprio gerido pelos respectivos órgãos de direção, e funcionamento custeado por recursos da União e de outras fontes. (Brasil, 1967)

Questão para revisão

1. Qual a diferença entre a Administração Pública direta e a indireta?

Questão para reflexão

1. Um Estado, para desempenhar bem suas funções, precisa de uma estrutura com muitos órgãos e entes da Administração Pública direta? Reflita sobre essa questão e faça suas observações sobre o assunto.

IV

Atividades administrativas

Conteúdos do capítulo:

» O que são as atividades administrativas.
» O poder de polícia.
» O serviço público.
» A intervenção do Estado no domínio econômico e na propriedade.

A Administração Pública, para a concretização de seus objetivos, desempenha diversas atividades, as quais ocorrem de várias maneiras e podem ser agrupadas de forma que possamos identificar-lhes traços em comum, a fim de facilitar seu estudo e classificação.

Essas atuações da Administração Pública são chamadas de *atividades administrativas*, sendo que as tradicionais – o poder de polícia e o serviço público – vêm agora acompanhadas pela intervenção do Estado no domínio econômico e na propriedade.

4.1 Serviço público

Em nossa vida cotidiana encontramos diversas atividades que são utilidades ou comodidades prestadas por profissionais habilitados. Alguns serviços, entretanto, pela sua natureza ou relevância, são delimitados pela lei, que lhes confere contornos para que o Estado os preste, escolha quem preste ou fiscalize diretamente sua prestação. Esses serviços são chamados de *serviços públicos*, pois são submetidos, total ou parcialmente, a um regime de direito público, incluindo-os em um regime mais restrito para a sua prestação.

Analisemos, como exemplo, o serviço de um eletricista. Ele não está submetido a um regime de direito público, logo, pode trabalhar da maneira que quiser, cobrando a quantia que achar conveniente e que for aceita pela pessoa que requer o serviço. Não havendo uma regulamentação rígida para a prestação, o eletricista pode prestar seu serviço de forma livre, sujeito apenas às regras de mercado (por exemplo, oferta e procura). Além disso, qualquer pessoa pode oferecer o serviço de eletricista, não sendo necessária uma autorização especial do Poder Público.

O mesmo não ocorre, por exemplo, com as empresas de telefonia, atividade que está submetida a um regime de direito público. Uma empresa qualquer não pode começar a vender telefones e instalar fiação nos postes da cidade. É preciso que tenha uma autorização para funcionamento (**concessão**) e que se submeta às regras do setor, impostas por lei e pelo órgão administrativo competente (no caso, a Agência de Telecomunicações – Anatel). Uma empresa de telefonia não pode aumentar seus preços conforme sua conveniência nem pode prestar o serviço da maneira que quiser. O Poder Público deve regulamentar a forma e o valor do serviço e depois fiscalizar sua qualidade e observância. Nesse caso, em que o serviço submete-se a um regime de direito público, temos um verdadeiro serviço público.

Dessa forma, Maria Sylvia Zanella Di Pietro (2006, p. 114) conceitua *serviço público* como "toda atividade material que a lei atribui ao Estado para que a exerça diretamente ou por meio de seus delegados, com o objetivo de satisfazer concretamente às necessidades coletivas, sob regime jurídico total ou parcialmente público".

4.1.1 Elementos do serviço público

Podemos identificar, no conceito citado, alguns elementos que caracterizam o serviço público.

Quanto ao elemento subjetivo, verificamos que o serviço público pertence ao Estado e apenas a ele, não sendo possível sua privatização. O serviço pode ser prestado pelo Estado, diretamente, ou por pessoas a quem este delegar, indiretamente. A delegação se dá por concessão ou permissão, não havendo uma "venda" do serviço público ao privado que irá explorá-lo, mas apenas a possibilidade de exploração do serviço por um privado.

Os regimes de concessão ou permissão se justificam pela eficiência que o serviço público ganha com a exploração por privados, especialmente quando há grande concorrência. É o exemplo, novamente, do serviço de telefonia, que até 1998 era prestado pelo Estado, com monopólio. Nesse caso, o serviço público era prestado diretamente, por meio do sistema Telebrás (Telecomunicações Brasileiras S. A.). Em 1998, privatizaram-se as companhias de telefonia, outorgando-se aos compradores a concessão do serviço, e o monopólio foi quebrado, permitindo-se que outras empresas também prestassem o serviço. O serviço continua público, mas agora é prestado por privados. A concorrência entre

> *Quanto ao elemento subjetivo, verificamos que o serviço público pertence ao Estado e apenas a ele, não sendo possível sua privatização.*

os prestadores melhorou sensivelmente a prestação do serviço, pois antes havia um quadro de mercado paralelo de terminais telefônicos pela inexistência de linhas disponíveis, enquanto hoje temos ampla oferta de telefones fixos e celulares. O Estado, nesse caso, vendeu os ativos das empresas de telefonia estatais para empresas privadas, dando-lhes concessão para a exploração do serviço. Criou, então, uma agência reguladora (Anatel) para fiscalizar o mercado e regular a atividade. Observamos que não foi privatizado o serviço público de telefonia; foram vendidas apenas as empresas que pertenciam ao Estado, com a infraestrutura e os clientes, sendo que estas submetem-se ao regime de concessão do serviço público.

Identificamos, ainda, um elemento formal, que é o regime jurídico do serviço público. Esse regime é de direito público, em razão do conceito desse tipo de atividade. Não seria admissível um serviço público totalmente sujeito ao regime de direito privado, já que essa situação o descaracterizaria como tal. O que pode ser diferente aqui é o regime do executor do serviço. Se é o próprio Estado que presta o serviço, submete-se totalmente ao regime jurídico-administrativo, com as prerrogativas e as sujeições que lhe são inerentes. Se o serviço é prestado por particular, mediante concessão ou permissão, a natureza jurídica do prestador é de direito privado, mas ele se submete a várias regras de direito público que lhe são fixadas por imposição da própria concessão ou permissão.

O serviço público e sua regulamentação estão sempre sujeitos ao regime de direito público. A lei que o regulamenta pode escolher se o prestador será o próprio Estado ou se será delegado a particulares. Nesse último caso, a lei estabelecerá de que forma o prestador se submeterá ao regime de direito público, sendo que sempre haverá elementos desse regime quando houver serviço público.

No conceito que destacamos, de Di Pietro (2006), verificamos ainda um elemento material, que é o objeto do serviço público – uma atividade de interesse público a qual a lei estabeleceu como sendo objetivo do Estado. Uma atividade pode ser caracterizada como de interesse público, mas só isso não basta para que seja serviço público. É necessário que a lei aponte ao Estado que tal atividade é relevante e deve ser considerada serviço público.

4.1.2 Princípios do serviço público

Existem alguns princípios que regem o serviço público. Romeu Felipe Bacellar Filho (2005) os enumera: continuidade, generalidade, eficiência, modicidade das tarifas e cortesia. Vejamos cada um deles brevemente.

O **princípio da continuidade** estabelece que os serviços públicos devem ser ininterruptos. Como se tratam de atividades de interesse público, sua interrupção pode ocasionar prejuízos, já que são imprescindíveis ao bom funcionamento do país, pois geralmente estão ligados à infraestrutura básica necessária ao funcionamento da economia. Esse princípio impõe, inclusive, limites ao direito de greve dos empregados de algumas empresas prestadoras de serviço público. Se eles desejam fazer greve, não podem parar completamente o serviço, devendo providenciar um funcionamento mínimo. É o que ocorre quando há greve do transporte público coletivo, em que é exigida dos sindicatos a manutenção de um mínimo do serviço, sob pena de se declarar a greve ilegal.

Nos casos de interrupção prolongada do serviço ou no caso de a empresa delegada deixar de prestá-lo, cabe ao Estado providenciar sua continuidade, já que os serviços não podem ser interrompidos.

A **generalidade** impõe ao serviço público que este seja ofertado a todos em igualdade de condições. Não é permitido que seja disponibilizado a apenas algumas pessoas, a critério do prestador.

A **eficiência** determina que o serviço deve ser prestado com rapidez, qualidade e de forma hábil, ou seja, deve obedecer a critérios mínimos de qualidade, de modo a atender a necessidade coletiva que deve suprir.

A **modicidade das tarifas** aponta para a exigência de que as tarifas cobradas pelo serviço sejam adequadas e módicas, de forma que o lucro do prestador não seja excessivo e que se torne possível o acesso ao serviço pelo maior número de pessoas. O valor da tarifa deve possibilitar a boa prestação do serviço público, o acesso a ele e o lucro razoável do prestador. Em alguns casos, quando se trata de serviços essenciais, pode haver, inclusive, o subsídio ou a isenção das tarifas a usuários de baixa renda que deles necessitem e não possam por eles pagar sem que coloquem em risco a própria subsistência.

Por último, a **cortesia** determina que cabe ao prestador do serviço o bom atendimento ao usuário, que merece tratamento cortês e adequado.

4.1.3 Classificação dos serviços públicos

Existem diversas classificações para os serviços públicos. Comentaremos aqui algumas delas como forma de esclarecer melhor o conceito e o alcance desse tipo de atividade.

Quanto à **titularidade**, os serviços públicos podem ser prestados pela União, pelos estados, pelos municípios e pelo Distrito Federal, podendo ser agrupados de acordo com o ente da federação que tem a competência para instituí-los e executá-los.

Por exemplo, a Constituição Federal de 1988 (Brasil, 1988) determina que o serviço postal e o de telecomunicações são de competência da União Federal (art. 21, X e XI). Os estados têm competência para os serviços de gás encanado e os de interesse comum das regiões metropolitanas – transporte coletivo entre as cidades dessas regiões, por exemplo (art. 25, §2º e §3º). Já os municípios têm competência para os serviços de interesse público local (art. 30, V). Assim, como todos esses serviços são de titularidade de entes específicos, podemos entender que um estado não tem a permissão para criar uma empresa postal porque essa atividade cabe à União.

Quanto ao **destinatário**, o serviço pode ser classificado em *uti singuli*, quando tiver destinatário determinado e individualizado, e em *uti universi*, quando o destinatário for indeterminado. Como exemplo da primeira categoria, temos o serviço de telefonia, o qual é prestado diretamente ao usuário, que é conhecido e determinado. Ele próprio usufrui do serviço que recebe diretamente do prestador. Já na segunda categoria temos como exemplo as pesquisas científicas e os serviços diplomáticos, em que o benefício é de toda a coletividade, sendo prestado para ela. Não há benefício individualizado, e o serviço não é prestado diretamente a uma pessoa.

A classificação quanto à **execução** divide os serviços entre exclusivos e não exclusivos. Os exclusivos são aqueles que só podem ser prestados pelo Estado, sendo de sua competência exclusiva. Este pode prestá-los diretamente ou não, tendo a possibilidade de delegar a execução para empresa estatal ou para privados, mediante permissão ou concessão. São, pois, serviços que pertencem ao Estado, que só pode delegá-los a terceiros. É o caso, por exemplo, dos serviços de telefonia, postais e nucleares, além dos demais tidos como de competência dos entes da federação (arts. 21, 205 e 208, CF).

Já os serviços não exclusivos são aqueles que não são privativos do Estado, podendo ser prestados por particulares, independentemente de concessão ou permissão. Por exemplo, a saúde e a educação (arts. 199 e 209, CF) são serviços públicos que podem ser prestados por particulares.

4.2 Poder de polícia

O Estado, na busca pelo interesse público, não se limita apenas a atividades de prestação positiva, como o serviço público, em que desempenha uma atividade com aquele fim e que pode ser delegada a terceiros ou realizada por ele próprio, conforme vimos anteriormente.

Há outra atividade que também cabe ao Estado. Trata-se do exercício do poder de polícia, que visa limitar os direitos individuais através de fiscalização, prevenção e repressão de eventuais transgressões. É o Estado utilizando um poder que só a ele é concedido, fiscalizando e reprimindo condutas ilícitas que ponham em risco o bem comum.

O Código Tributário Nacional (CTN) – Lei n. 5.172, de 25 de outubro de 1966 – conceitua o poder de polícia no seu art. 78:

> Art. 78. Considera-se poder de polícia atividade da administração pública que, limitando ou disciplinando direito, interesse ou liberdade, regula a prática de ato ou abstenção de fato, em razão de interesse público concernente à segurança, à higiene, à ordem, aos costumes, à disciplina da produção e do mercado, ao exercício de atividades econômicas dependentes de concessão ou autorização do Poder Público, à tranquilidade pública ou ao respeito à propriedade e aos direitos individuais ou coletivos. (Brasil, 1966)

Celso Antônio Bandeira de Mello (2006, p. 768) assim o define:

> *a atividade da Administração Pública, expressa em atos normativos ou concretos, de condicionar, com fundamento em sua supremacia geral e na forma da lei, a liberdade e a propriedade dos indivíduos, mediante ação ora fiscalizadora, ora preventiva, ora repressiva, impondo coercitivamente aos particulares um dever de abstenção ("non facere") a fim de conformar-lhes os comportamentos aos interesses sociais consagrados no sistema normativo.*

Atentemos para o fato de que o poder de polícia sempre é exercido em função do interesse público e deve ser empregado conforme determina a lei. O seu fundamento é a supremacia do Estado, já que este busca o interesse público, que se sobrepõe ao privado. Entre a liberdade do indivíduo e o interesse da coletividade, é este que prevalece.

Vejamos exemplos do poder de polícia: quando fiscais de um município realizam uma fiscalização em uma obra, estão exercendo o poder de polícia de fiscalização, verificando se a obra está de acordo com a legislação e as normativas locais de zoneamento, se está sendo construída com segurança, se segue a planta aprovada etc. Também se exerce o poder de polícia quando um motorista é multado por um agente de trânsito; há um ilícito administrativo e o Estado, verificando a conformidade dos comportamentos com a lei, tem o poder de autuar os transgressores.

Nesses exemplos, vimos que o Estado usa sua supremacia sobre os privados como forma de regular sua conduta para que seja conforme a lei. No caso da obra, a fiscalização destina-se a evitar que a construção seja realizada, por exemplo, com falta de segurança por inobservância da planta ou com o prejuízo do zoneamento, no caso de ser de um prédio de dez andares em uma região em que só se permitem residências térreas. O poder de polícia é então exercido como forma de manter os comportamentos de acordo com a lei e assegurando o interesse público.

4.2.1 Formas de atuação do poder de polícia

O poder de polícia do Estado pode se manifestar de duas maneiras: através de **atos normativos** ou através de **atos administrativos materiais de aplicação da lei** no caso concreto.

Na primeira hipótese, o Estado utiliza o seu poder normativo, produzindo regulamentos e normas que disciplinem as condutas de acordo com o interesse público. É o caso de regulamentações administrativas quanto a locais de estacionamento nas vias urbanas, regulamentos de segurança etc. O Estado emite uma norma genérica, que deve ser por todos observada e que regulamenta ou limita o exercício de um direito de maneira a preservar o interesse público. No caso, por exemplo, da regulamentação de estacionamento, o Estado delimita um determinado tempo no qual os veículos podem ficar estacionados em um local como forma de permitir a rotatividade de vagas nas vias mais movimentadas. É a regulamentação do uso dessas vagas que deve ser observada pelos motoristas, os quais, no caso de transgressão, ficam sujeitos à multa.

A outra forma de o poder de polícia se manifestar é pela aplicação das normas ao caso concreto. São medidas preventivas (fiscalização, alvará, autorização etc.) ou repressivas (aplicação de multa, apreensão de veículo ou mercadorias, fechamento de estabelecimento que contrarie normas de saúde pública etc.). Na primeira hipótese, existe uma norma que regulamenta um comportamento. O Estado, diante de um caso concreto, fiscaliza esse comportamento e verifica se ele está de acordo com a norma abstrata cabível à situação de fato.

É o que acontece, por exemplo, nas vistorias dos bombeiros ou dos fiscais de obra, que verificam uma situação de fato (obra ou estabelecimento) e atestam sua adequação ou não à norma de segurança.

Na hipótese de atuação repressiva, o Estado se depara com uma situação de fato contrária à lei e exerce uma atuação para reprimir aquele comportamento, evitando que o dano por ele causado aumente ou se manifeste. Assim, o agente do Estado, diante de um caso concreto, verifica que este é contrário ao que a norma cabível determina. Identificando a ilicitude, aplica uma determinada consequência, que pode ser uma multa, a interdição do estabelecimento, a apreensão de mercadorias etc.

É o caso, por exemplo, do fiscal da vigilância sanitária que constata que um restaurante não atende aos requisitos mínimos de higiene e determina seu fechamento até que seja regularizado; ou, ainda, quando um policial verifica que um carro está estacionado em desacordo com a sinalização e lhe aplica uma multa.

4.2.2 Características do poder de polícia

O poder de polícia apresenta algumas características que devemos analisar para melhor entender sua extensão.

Geralmente, o poder de polícia é **discricionário**, ou seja, pode ser exercido pela autoridade administrativa com certa margem de liberdade quanto à forma como será empregado, à sanção a ser imposta ou ao momento em que será aplicado. Em alguns casos, entretanto, o poder de polícia pode ser uma atividade vinculada, ou seja, diante da situação concreta, deve ser exercido de determinada maneira que está estabelecida na lei, não deixando ao agente margem de escolha.

Entre suas características está também a **autoexecutoriedade** dos seus atos, isto é, diante de um caso real, o Estado toma uma decisão com base no poder de polícia e a executa sem a necessidade de recorrer ao Poder Judiciário.

É o que ocorre, por exemplo, na fiscalização de uma obra em que se constata uma irregularidade. A obra pode imediatamente ser interditada, sem a necessidade de que o ente fiscalizador recorra ao Judiciário para que este determine a interdição.

A **coercibilidade** é uma característica ligada diretamente à autoexecutoriedade. Para exercer o poder de polícia, pode o Estado utilizar até a força para obrigar o transgressor a observar a lei. O Estado, então, toma uma decisão, executa-a imediatamente e pode eliminar a oposição à sua execução.

É o caso, por exemplo, de um estabelecimento de venda de alimentos que contraria as normas de higiene e é interditado pela fiscalização. A interdição do local não precisa ser solicitada ao Judiciário, o ato da atividade competente que a determina por si só a possibilita. Se o proprietário se opuser, pode a fiscalização requerer homens da polícia para efetivá-la à força.

Outra característica do poder de polícia é que ele sempre enseja uma **atividade negativa do Estado**, ou seja, pratica os atos como forma de evitar lesões ao interesse público, logo, é uma atuação negativa, impedindo ou limitando um direito. Aí reside a diferença entre poder de polícia e o serviço público, pois neste a atuação do Estado é positiva, isto é, a atividade desenvolvida promove um melhoramento, um acréscimo aos cidadãos, enquanto que naquele o Estado apenas restringe os seus direitos.

4.2.3 Limite do poder de polícia

Para ser exercido, o poder de polícia deve obedecer a algumas limitações. Primeiramente, ele sempre deve ter como finalidade o interesse público. Se assim não for, é ilegítimo e padece do vício do desvio de poder.

Além disso, o agente que exerce o poder de polícia deve ter competência para fazê-lo, ou seja, deve ser desempenhado por servidor que tenha poderes para realizar a atividade de fiscalização ou repressão.

O procedimento previsto nas normas que regulamentam as atividades também deve ser observado, pois o poder de polícia, especialmente pelo fato de limitar direitos, deve ser exercido na forma que determina a lei.

Quanto ao objeto, há limitações à autoridade referentes aos meios empregados para o fim desejado. Os meios devem ser suficientes para que se alcance o propósito almejado e se atenda ao interesse público. Ainda que seja possível à autoridade ter várias atuações diferentes, não pode agir com excesso em relação ao fim pretendido.

4.3 Intervenção do Estado no domínio econômico

A regra, como visto anteriormente, é que o Estado não participe da atividade econômica diretamente. Em algumas hipóteses, tal participação é possível, mas geralmente limitada a casos de segurança nacional ou relevante interesse público.

Com o desenvolvimento da sociedade, solicitou-se do Estado uma atuação mais ampla que a prestação dos serviços públicos e o exercício do poder de polícia. No primeiro, o Estado exerce atividades positivas voltadas a uma determinada necessidade ou utilidade de interesse público. No poder de polícia, o Estado fiscaliza o exercício de direito e reprime os abusos que possam ocorrer. Já essa atuação maior do Estado revelou-se através de atividades de incentivo ou intervenção na economia, algumas vezes normatizando-a e obrigando os particulares a determinados comportamentos e, em outras situações, induzindo os particulares a praticarem ou não certas condutas que o Estado entendia relevantes. Notemos que não se trata de obrigar o particular a fazer ou não algo, mas sim de indicar o caminho a ser seguido, beneficiando quem o adota de alguma forma.

> *Sempre deve-se ter em mente que a intervenção é no âmbito privado, pois naquilo que já é público não cabe intervenção.*

A intervenção no domínio econômico se justifica, por exemplo, quando ocorre ofensa à livre concorrência ou práticas comerciais abusivas. Cabe ao Estado intervir em tais situações como forma de manter a ordem econômica e impedir excessos.

Inicialmente, *intervenção* é a atuação em área de outrem, ou seja, em área que não seja a sua própria. Domínio econômico refere-se à área de atuação do privado. Logo, a intervenção no domínio econômico é a atuação do Estado no processo econômico, influindo na produção da riqueza ou na sua distribuição. Sempre deve-se ter em mente que a intervenção é no âmbito privado, pois naquilo que já é público não cabe intervenção. Ou seja, não é possível intervir naquilo que já é seu, logo, cabe ao Estado intervir naquilo que lhe é externo, ou seja, o privado.

Normalmente, divide-se a intervenção do Estado no domínio econômico em duas espécies, de acordo com a forma como ocorre: intervenção no domínio econômico e intervenção sobre o domínio econômico (Grau, 2003).

Na **intervenção no domínio econômico**, o Estado participa como sujeito da relação econômica, isto é, ele mesmo desempenha atividade econômica, agindo diretamente, como sujeito ativo do processo. Essa forma de intervenção pode ocorrer por absorção ou por participação.

A atuação por **absorção** ocorre quando o Estado participa com monopólio sobre o setor de atuação, sendo que só ele pode praticar aquela atividade econômica. Quando atua por **participação**, figura como mais um dos participantes do setor, concorrendo com os privados que também exercem a atividade.

Como exemplo de absorção, temos o monopólio que a União exerce sobre os correios, só cabendo a ela o exercício de tal atividade através da Empresa Brasileira de Correio e Telégrafos (ECT), a qual absorve a atividade de correios em favor da União, como forma de monopólio. Já na participação, temos o exemplo da Caixa Econômica Federal (CEF), que é uma empresa pública da União Federal, mas que não detém o monopólio da atividade bancária. Ou seja, ela tem que concorrer com os demais bancos privados ou públicos, apenas participando da atividade bancária, permitindo que outros a explorem.

Já na **intervenção sobre o domínio econômico**, o Estado intervém utilizando suas prerrogativas, ou seja, age como regulador da atividade econômica sem dela participar diretamente. Essa forma de intervenção pode se dar por **direção**, quando o Estado intervém através de normas de comportamento obrigatório, exigindo um comportamento do particular sobre aquele assunto, com a possibilidade de sancionar quem desrespeitar a norma, pela aplicação de uma multa ou outra pena cabível.

É o que acontece, por exemplo, quando o Estado determina aos bancos quais tarifas bancárias podem ser cobradas ou qual forma deve ser a taxa de juros dos empréstimos divulgadas. Tais normas são emitidas pelos órgãos competentes e são de observância obrigatória, havendo uma sanção pelo descumprimento.

Também pode ocorrer por **indução**, com o Estado intervindo de modo a estimular ou desestimular determinados comportamentos conforme sua pretensão. O estímulo pode vir com um incentivo fiscal ou um subsídio, enquanto que o desestímulo pode ocorrer sob forma de um regime tributário mais gravoso. De qualquer sorte, o comportamento desejado ou indesejado pelo Estado não é obrigatório nem proibido. Ele apenas gera para quem o pratica um benefício ou um ônus maior como meio de ser estimulado ou desestimulado. Não há, pois, sanção para quem não pratica o comportamento visado pelo Estado.

A indução ocorre, por exemplo, com a alta alíquota de IPI (Imposto sobre Produtos Industrializados) aplicada na comercialização de cigarros. Mediante a maior carga tributária sobre o produto, pretende-se que o preço dele suba, desestimulando as pessoas a fumarem. Dessa forma, não é proibido fumar, mas quem praticar tal conduta terá que arcar com valores altos de tributos.

4.4 Intervenção do Estado no direito de propriedade

O direito de propriedade dá ao seu titular vários poderes sobre a coisa possuída, como os de usar, gozar e dispor. O proprietário pode usar a coisa como bem lhe aprouver, já que esta lhe pertence. Entretanto, esse direito não é ilimitado, ou seja, o proprietário não pode fazer tudo o que quiser com ela, existindo algumas limitações que disciplinam o exercício de tal direito.

O direito administrativo tem uma série de restrições ao direito de propriedade fundamentadas no interesse público. Com base nele, é possível até o Estado tomar o bem do proprietário, observados o processo devido e a indenização correspondente.

A regulamentação administrativa do direito à propriedade é necessária como forma de manutenção da ordem pública e de interesses públicos relevantes.

É o caso, por exemplo, da legislação de zoneamento urbano, que determina qual tipo de imóvel pode ser construído em cada zona da cidade. Se o direito de propriedade fosse absoluto, o proprietário do terreno poderia construir o que quisesse da maneira que melhor lhe servisse. Haveria, porém, uma desordem, pois existiria mistura de residências com comércio, prédios com casas, atividades industriais com outras.

Há também a chamada *função social da propriedade*, preconizada pela Constituição Federal (art. 5º, XXIII), que exige do proprietário o correto uso (sem abusos) da propriedade.

Exemplos de contrariedade a essa função seriam um terreno adquirido que permanece desocupado tão somente para especulação imobiliária ou uma fazenda comprovadamente improdutiva.

> *A regulamentação administrativa do direito à propriedade é necessária como forma de manutenção da ordem pública e de interesses públicos relevantes.*

Há grande discussão a respeito dessa função, entretanto entendemos que ela limita os direitos da propriedade contra abusos que desvirtuem a finalidade do imóvel.

As restrições administrativas ao direito à propriedade são várias. Vejamos brevemente cada uma delas.

As **limitações administrativas** são obrigações gerais a todos os proprietários que se encontrem naquela situação, como no caso da Lei de Zoneamento Urbano, que impõe restrições ao uso do terreno a todos os proprietários. São imposições quanto ao tamanho, à área, à altura etc. das edificações, assim como quanto ao uso que se dará ao imóvel (comercial, residencial ou industrial).

A **ocupação temporária** é o uso, pela Administração Pública, de um bem de particular por determinado período de tempo, podendo ser remunerado ou não. Ocorre, por exemplo, quando o Estado realiza uma obra pública e ocupa um terreno vizinho para guardar os materiais e os equipamentos utilizados. Acontece também nas concessões administrativas, que, quando extintas, possibilitam ao Estado ocupar as instalações e as utilizar. Isso se justifica pela continuidade que precisa haver nos serviços públicos, devendo o Estado assumir o trabalho da concessionária.

A **requisição administrativa** incide sobre bens móveis ou imóveis, podendo se assemelhar ou à ocupação temporária ou à desapropriação. Ocorre quando a Administração, por ato unilateral, imediato e autoexecutório, utiliza bens de particulares para necessidades coletivas em tempo de guerra ou quando há perigo público iminente.

O **tombamento** é o ato pelo qual o Estado estabelece restrições parciais ao direito de propriedade de bens de qualquer natureza, como forma de preservação cultural, histórica, arqueológica ou artística. Sucede, por exemplo, quando determinado prédio é tombado pelo patrimônio histórico, estabelecendo-se que ele não poderá ser demolido ou ter suas características alteradas. O direito de propriedade permanece, contudo, deverão ser observadas algumas limitações. É possível vender o imóvel e usá-lo, respeitando-se as restrições impostas pelo tombamento.

A **servidão administrativa** "é o direito real de gozo, de natureza pública, instituído sobre imóvel de propriedade alheia, com base em lei, por entidade pública ou por seus delegados, em favor de um serviço público ou de um bem afetado a fim de utilidade pública" (Di Pietro, 2006, p. 162). Assemelha-se à servidão do direito civil, identificada quando, por exemplo, o proprietário de um terreno que não tenha acesso à via pública (é cercado por outros terrenos) requer a servidão que possibilite sua passagem dentro do terreno do vizinho para acesso àquela via. A diferença é que, no caso da servidão administrativa, esse direito de passagem é para dar acesso a um bem ou a um serviço público. Neste último caso, temos o exemplo de uma tubulação de gás ou torres de alta tensão que têm de cruzar propriedades privadas no seu caminho até os consumidores.

A **desapropriação** é "o procedimento administrativo pelo qual o Poder Público ou seus delegados, mediante prévia declaração de necessidade pública, utilidade pública ou interesse social, impõe ao proprietário a perda de um bem, substituindo-o em seu patrimônio por justa indenização" (Di Pietro, 2006, p. 170). Trata-se da restrição mais radical ao direito de propriedade em decorrência do interesse público. É o perdimento de um bem para a Administração Pública, ou seja, esta toma o bem do proprietário após declarar sua utilidade pública e indenizar o valor do bem tomado. Entretanto, havendo a desapropriação, a perda do bem é definitiva, cabendo ao proprietário apenas a discussão do valor da indenização correspondente.

Síntese

Vimos, neste capítulo, os seguintes conceitos:
> » Serviço público – Atividade positiva prestada pelo Estado aos cidadãos. São serviços que, pela sua relevância e interesse

público, são qualificados como *públicos*, passando a ser de titularidade do Estado, que pode prestá-los diretamente ou através de particulares, mediante concessões.
» Poder de polícia – Atividade negativa do Estado que visa regulamentar a vida em sociedade e fiscalizar o cumprimento da lei, mantendo a ordem. Pode se manifestar através de atos normativos, com regras que regulamentam situações, e também aparecer como atos de aplicação da lei, como nas hipóteses de atos de permissão a determinadas atividades e na punição daqueles que transgredirem as normas.
» Intervenção do Estado no domínio econômico e na propriedade – Consiste na atuação do Estado na esfera do particular, com a finalidade de coibir abusos e regulamentar a atividade econômica, a fim de permitir um bom desenvolvimento da sociedade.

Consultando a legislação

a) Constituição Federal

> Art. 5º Todos são iguais perante a lei, sem distinção de qualquer natureza, garantindo-se aos brasileiros e aos estrangeiros residentes no País a inviolabilidade do direito à vida, à liberdade, à igualdade, à segurança e à propriedade, nos termos seguintes:
> [...]
> XXII – é garantido o direito de propriedade;
> XXIII – a propriedade atenderá a sua função social;
> [...]
> Art. 21. Compete à União:
> [...]
> X – manter o serviço postal e o correio aéreo nacional;

XI – explorar, diretamente ou mediante autorização, concessão ou permissão, os serviços de telecomunicações, nos termos da lei, que disporá sobre a organização dos serviços, a criação de um órgão regulador e outros aspectos institucionais;

XII – explorar, diretamente ou mediante autorização, concessão ou permissão:

a) os serviços de radiodifusão sonora, e de sons e imagens;

b) os serviços e instalações de energia elétrica e o aproveitamento energético dos cursos de água, em articulação com os Estados onde se situam os potenciais hidroenergéticos;

c) a navegação aérea, aeroespacial e a infraestrutura aeroportuária;

d) os serviços de transporte ferroviário e aquaviário entre portos brasileiros e fronteiras nacionais, ou que transponham os limites de Estado ou Território;

e) os serviços de transporte rodoviário interestadual e internacional de passageiros;

f) os portos marítimos, fluviais e lacustres;

[...]

Art. 25. Os Estados organizam-se e regem-se pelas Constituições e leis que adotarem, observados os princípios desta Constituição.

§1º São reservadas aos Estados as competências que não lhes sejam vedadas por esta Constituição.

§2º Cabe aos Estados explorar diretamente, ou mediante concessão, os serviços locais de gás canalizado, na forma da lei, vedada a edição de medida provisória para a sua regulamentação.

§3º Os Estados poderão, mediante lei complementar, instituir regiões metropolitanas, aglomerações urbanas e microrregiões, constituídas por agrupamentos de municípios limítrofes, para integrar a organização, o planejamento e a execução de funções públicas de interesse comum.

[...]

Art. 30. Compete aos Municípios:

[...]

V – organizar e prestar, diretamente ou sob regime de concessão ou permissão, os serviços públicos de interesse local, incluído o de transporte coletivo, que tem caráter essencial;
[...]
Art. 199. A assistência à saúde é livre à iniciativa privada.
[...]
Art. 205. A educação, direito de todos e dever do Estado e da família, será promovida e incentivada com a colaboração da sociedade, visando ao pleno desenvolvimento da pessoa, seu preparo para o exercício da cidadania e sua qualificação para o trabalho.
[...]
Art. 208. O dever do Estado com a educação será efetivado mediante a garantia de:
I – educação básica obrigatória e gratuita dos 4 (quatro) aos 17 (dezessete) anos de idade, assegurada inclusive sua oferta gratuita para todos os que a ela não tiveram acesso na idade própria;
II – progressiva universalização do ensino médio gratuito;
III – atendimento educacional especializado aos portadores de deficiência, preferencialmente na rede regular de ensino;
IV – educação infantil, em creche e pré-escola, às crianças até 5 (cinco) anos de idade;
V – acesso aos níveis mais elevados do ensino, da pesquisa e da criação artística, segundo a capacidade de cada um;
VI – oferta de ensino noturno regular, adequado às condições do educando;
VII – atendimento ao educando, em todas as etapas da educação básica, por meio de programas suplementares de material didáticoescolar, transporte, alimentação e assistência à saúde.
§1º O acesso ao ensino obrigatório e gratuito é direito público subjetivo.
§2º O não oferecimento do ensino obrigatório pelo Poder Público, ou sua oferta irregular, importa responsabilidade da autoridade competente.

> §3º Compete ao Poder Público recensear os educandos no ensino fundamental, fazer-lhes a chamada e zelar, junto aos pais ou responsáveis, pela frequência à escola.
> Art. 209. O ensino é livre à iniciativa privada, atendidas as seguintes condições:
> I – cumprimento das normas gerais da educação nacional;
> II – autorização e avaliação de qualidade pelo Poder Público.
> (Brasil, 1988)

b) Código Tributário Nacional – Lei n. 5.172/1966

> Art. 78. Considera-se poder de polícia atividade da administração pública que, limitando ou disciplinando direito, interesse ou liberdade, regula a prática de ato ou abstenção de fato, em razão de interesse público concernente à segurança, à higiene, à ordem, aos costumes, à disciplina da produção e do mercado, ao exercício de atividades econômicas dependentes de concessão ou autorização do Poder Público, à tranquilidade pública ou ao respeito à propriedade e aos direitos individuais ou coletivos. (Brasil, 1966)

Questão para revisão

1. É possível o poder de polícia atuar com função preventiva? Como isso ocorre?

Questão para reflexão

1. Faça uma reflexão e escreva suas considerações sobre as seguintes questões: Qual o papel do Estado na intervenção sobre o domínio econômico? Deve ele atuar diretamente a fim de conduzir a economia ou deve ser mais liberal, permitindo que o mercado se autorregule?

V

Conteúdos do capítulo:

» Atuação da Administração Pública.
» Regulamentação dos atos administrativos.

Passamos agora à análise dos atos administrativos, pelos quais a Administraçao Pública se manifesta e atua. Trata-se de um dos temas mais discutidos do direito administrativo, com muitos estudos a respeito. Não poderia ser diferente, pois o ato administrativo, como veremos, faz parte da própria essência desse ramo do direito, sendo sua conceituação de fundamental relevância para seu estudo.

5.1 Atos e fatos jurídicos: considerações gerais

Do direito civil, obtemos a distinção entre atos e fatos jurídicos, que servem para diversos ramos do direito.

Entende-se que *fato* é um acontecimento do mundo real que produz uma alteração da realidade, com consequências sensíveis. É o caso, por exemplo, da chuva que cai, de uma pessoa que anda ou do tempo que corre. Em todas essas situações, verificam-se fatos que alteram a realidade de um estado anterior para uma nova situação.

Entre todos os fatos que possamos imaginar, existem alguns que podem ser classificados como *fatos jurídicos*, assim denominados porque produzem efeitos jurídicos, tendo relevância para o direito.

Por exemplo, se uma pessoa morre, é um fato que determina a abertura de sua sucessão (por seus herdeiros), para citar uma das consequências jurídicas que advêm desse fato. Se duas pessoas assinam um contrato, cria-se entre elas um vínculo obrigacional em que se estabelecem direitos e deveres recíprocos antes não existentes.

Há vários fatos que não geram consequências jurídicas, como duas pessoas conhecidas que se encontram na rua e se cumprimentam. Trata-se de um fato que não tem relevância jurídica, pois é um fato comum, e não um fato jurídico. O fato se torna jurídico a partir do momento em que o direito lhe dê relevância, ou seja, o direito prevê abstratamente o fato e a ele atribui uma determinada consequência. Por exemplo, até um tempo atrás, derrubar árvores de determinadas espécies ou caçar aves não tinha relevância jurídica; eram fatos da vida cotidiana que não pareciam relevantes para o direito. Entretanto, o direito foi inovado, e tais fatos, em algumas situações, passaram a ser considerados crimes ambientais, o que significa que passaram a ter relevância jurídica, prevendo-se uma consequência penal para aqueles que os praticam.

> *O fato se torna jurídico a partir do momento em que o direito lhe dê relevância, ou seja, o direito prevê abstratamente o fato e a ele atribui uma determinada consequência.*

Os fatos jurídicos se dividem em fatos jurídicos em sentido estrito e atos jurídicos (fatos jurídicos em sentido lato). Os **fatos jurídicos em sentido estrito** são acontecimentos que sucedem independentemente da ação do homem e que têm relevância jurídica. Por exemplo, o passar do tempo é um fato jurídico, pois ele ocorre sem a interferência do homem e gera consequências jurídicas. Assim, quando um adolescente completa dezoito anos, atinge a maioridade, e, para que isso ocorra, inexiste vontade humana. O tempo passou, o adolescente envelheceu até atingir a idade determinada por lei em que se inicia a maioridade.

Os **atos jurídicos** são comportamentos humanos relevantes para o direito, que dependem da vontade humana para acontecer. É como no exemplo do contrato: se não houver a conjunção de vontades, o ato não ocorre, pois depende do homem. Eles também se subdividem em atos jurídicos em sentido estrito e em sentido lato (os negócios jurídicos).

Os **atos jurídicos em sentido estrito** são atos que dependem da vontade humana para acontecer, mas que têm suas consequências e sua forma previstas por lei. Não há espaço para que o praticante do ato disponha do seu conteúdo, ele apenas dá uma manifestação de vontade e ocorre o que está estabelecido em lei. É o caso, por exemplo, da emancipação concedida pelos pais ao filho relativamente incapaz. Eles apenas se dirigem ao cartório e declaram que querem emancipar o filho. As consequências de tal ato estão previstas na lei, não sendo possível que eles emancipem o filho parcialmente ou estabeleçam condições para isso.

Já nos **atos jurídicos em sentido lato**, ou negócios jurídicos, é permitido que o praticante disponha do conteúdo do ato, havendo mais liberdade; podem ser estabelecidas condições para o negócio, que são combinadas pelas partes. É o exemplo do contrato de compra e venda firmado entre duas pessoas, em que estas podem determinar o que está sendo vendido, qual a forma de pagamento, quais as multas pelo descumprimento etc.

Tais considerações são necessárias ao estudo do ato administrativo, que decorre do que acabamos de ver aplicado ao direito administrativo.

5.2 Fatos e atos da Administração: conceito de ato administrativo

A distinção que identificamos no item anterior ocorre de maneira semelhante no direito administrativo.

Existem os **fatos da Administração**, que são aqueles ligados à Administração Pública sem relevância para o direito administrativo, não gerando, portanto, consequências derivadas desse ramo.

Já os **fatos administrativos** são fatos jurídicos, que independem da vontade humana, mas geram efeitos administrativos. Por exemplo, a morte de um servidor público deixa seu cargo vago e dá à viúva e aos dependentes o direito à pensão.

Os **atos administrativos** incluem-se entre os atos jurídicos, ou seja, trata-se de atos que dependem da vontade humana. Entretanto, dentre os atos jurídicos praticados na Administração Pública, nem todos são atos administrativos.

Alguns atos são praticados pela Administração Pública, mas não se encaixam no conceito e na disciplina dos atos administrativos, sendo, por isso, chamados de *atos da Administração*. Celso Antônio Bandeira de Mello (2006) enumera os atos da administração:

a. **Atos regidos pelo direito privado** – São atos regulados pelo direito administrativo apenas quanto às condições para que sejam realizados, não lhes definindo o conteúdo, que é de direito privado. O aluguel de um imóvel para o funcionamento da repartição pública, por exemplo.

b. **Atos materiais** – Trata-se de atos que não são nem jurídicos, pois não têm relevância para o direito. Exemplos: o professor que dá uma aula na universidade pública, a pavimentação de uma rua etc.

c. **Atos políticos ou de governo** – São atos praticados no exercício de função política e regulamentados somente pela Constituição, como a iniciativa ou o veto a uma lei.

Vejamos, então, o que são os atos administrativos. O conceito varia entre os autores de direito administrativo, já que não existe uma definição na lei. Mello (2006, p. 358) conceitua os atos administrativos como

> *a declaração do Estado (ou de quem lhe faça às vezes – como, por exemplo, um concessionário de serviço público), no exercício de prerrogativas públicas, manifestada mediante providências jurídicas complementares da lei a título de lhe dar cumprimento, e sujeitas a controle de legitimidade por órgão jurisdicional.*

O mesmo autor (Mello, 2006) esclarece os elementos do conceito:

a. o ato administrativo é uma declaração jurídica que produz efeitos jurídicos com relevância para o direito;
b. é proveniente do Estado ou de quem tenha prerrogativas estatais;
c. é expedido fundamentando-se em prerrogativas públicas, regidas pelo direito público (excluem-se, assim, os atos regidos pelo direito privado);
d. é diferente da lei, pois é ato complementar para dar cumprimento a ela. É geralmente ato intralegal, que é previsto em lei, podendo excepcionalmente ser ato infraconstitucional;
e. está sujeito a exame pelo Poder Judiciário, não sendo, portanto, definitivo e imutável.

Então, verificamos que o ato administrativo é uma declaração de vontade do Estado, feita por seus agentes, em decorrência de uma lei e para lhe dar cumprimento, regida pelas regras de direito público, que decorre do regime de prerrogativas e sujeições próprias do Estado.

Aqui verificamos que o ato administrativo faz parte da essência do direito administrativo e é vital para a Administração Pública. Por meio dos atos administrativos é que a Administração funciona e desempenha suas atividades. A atuação dos servidores públicos é basicamente realizada por meio da prática de diversos atos administrativos. Por isso que a sua disciplina é tão importante para nosso estudo, pois sem tais atos a Administração não pode atuar, e os atos administrativos contrários à lei acabam por não gerar os efeitos pretendidos.

O ato administrativo, para surtir os efeitos desejados, deve ser perfeito, válido e eficaz. Diz-se que o ato é *perfeito* quando já foram cumpridas todas as fases necessárias para sua produção. Alguns atos podem demandar um processo para serem produzidos, percorrendo distintas fases, e só são considerados perfeitos quando essas fases são superadas e o ato está pronto.

O ato administrativo válido, por sua vez, é aquele expedido em conformidade com a legislação vigente, é o ato legal, lícito.

O ato é, ainda, considerado *eficaz* quando está pronto para desencadear os efeitos esperados, quando tais efeitos não dependem de outros eventos posteriores.

5.3 Atos administrativos em espécie

Maria Sylvia Zanella Di Pietrol (2006) enumera os atos administrativos em espécie, reunindo-os de acordo com alguns critérios.

1. Quanto ao **conteúdo**, entendido como o objetivo que o ato pretende realizar, existem a autorização, a licença, a admissão, a permissão, a aprovação, a homologação, o parecer e o visto.

2. Quanto à **forma**, entendida como a externalização do ato, ou seja, a forma como ele surge, temos o decreto, a resolução e portaria, a circular, o despacho e o alvará.

Assim, o ato é a conjunção da forma com o conteúdo, podendo ter a forma de alvará com conteúdo de licença ou autorização.

5.4 Elementos do ato administrativo

Segundo Di Pietro (2006), são elementos do ato administrativo o sujeito, o objeto, a forma, o motivo e a finalidade. Vejamos na sequência cada um deles.

5.4.1 Sujeito

O sujeito é aquele que **tem competência**, decorrente da lei, **para a prática do ato**. O sujeito que pratica o ato, além de ser capaz, deve ter o poder de praticá-lo, estipulado por lei.

Por exemplo, se cabe ao chefe de uma repartição pública nomear uma pessoa aprovada em concurso para cargo público, é porque a lei atribui a ele o poder de praticar tal ato. O ocupante do cargo de chefe tem, assim, a competência de nomear os novos servidores públicos. Se um outro funcionário qualquer nomeia um funcionário, tal ato é considerado inválido, porque o sujeito é incompetente para realizá-lo.

5.4.2 Objeto

É o **conteúdo do ato administrativo**, ou seja, o efeito jurídico que ele gera. Quando um ato é praticado, ele visa a determinados efeitos jurídicos, que são produzidos com sua prolação. Se não houver objeto no ato, este não existe, pois não pode haver um ato que não vise a qualquer efeito.

Retornando ao exemplo da nomeação do servidor público, o objeto de tal ato é nomear o novo servidor para o cargo. Esse é o efeito desejado, a nomeação – logo, é o objeto do ato.

5.4.3 Forma

É a **forma específica pela qual o ato deve ser externalizado**. O ato administrativo deve obedecer à forma específica que a lei lhe estabelece, observando as formalidades impostas para a sua prática.

Os atos geralmente têm forma escrita, no entanto, podem também ser verbais (ordens cotidianas do superior aos subordinados) ou até expressos por gestos (do guarda de trânsito).

A inobservância da forma adequada gera a invalidade do ato. Então, se um ato deveria ter sido praticado por escrito e acaba sendo praticado oralmente, torna-se inválido.

5.4.4 Finalidade

Finalidade é o **resultado que se quer alcançar com a prática do ato**. A cada finalidade pretendida pela Administração Pública existe um ato correspondente que deve ser utilizado. Deve haver, assim, uma pertinência entre a finalidade desejada e o ato praticado, não sendo possível a prática de um ato que se destina a uma finalidade como forma de alcançar outra.

Por exemplo, o chefe de uma repartição pratica o ato de transferência de um servidor público para uma cidade longínqua a fim de puni-lo por determinado comportamento. O ato de transferência não tem a finalidade de punição, logo, não há pertinência entre o ato utilizado e a finalidade pretendida. Se o chefe deseja punir o servidor, deve valer-se do ato apropriado, ainda que este seja mais tortuoso de ser praticado.

Por outro lado, para o ato administrativo, o fim não justifica os meios. Se um ato não destinado ao fim pretendido é praticado e este é alcançado, o ato continua sendo inválido.

Mesmo que o sujeito tenha competência para um ato, este só deve ser praticado se for destinado a alcançar a finalidade pretendida. Se o ato adequado for de competência de outro sujeito, não pode o ato ser praticado fora da finalidade pretendida, ainda que esta seja atingida.

5.4.5 Motivo

"Motivo é o pressuposto de fato que autoriza ou exige a prática do ato" (Mello, 2006, p. 369). É uma situação fática que leva a Administração a praticar o ato.

Em alguns casos, o motivo é uma situação fática prevista pela lei que, se ocorrer, obriga a Administração Pública a praticar o ato. Em outras hipóteses, os fatos permitem que a Administração pratique ou não o ato, sendo de sua escolha fazê-lo. Por exemplo, o motivo do ato de punição do servidor é uma infração por ele cometida. O motivo do ato de lançamento tributário é a ocorrência do fato jurídico tributário previsto em lei.

O motivo é diferente da motivação, que é a exposição dos motivos que levaram à prática do ato e que deve nele constar. Ou seja, a motivação é um elemento formal que deve constar do ato administrativo, ou seja, estar nele devidamente exposto. A motivação é a exposição do motivo do ato administrativo, ou seja, é a explicação da autoridade administrativa no próprio ato sobre as razões para sua prática.

Vejamos um exemplo: Vamos imaginar que o governador de um estado tem uma filha que namora um servidor público estadual. Ao governador, por algum motivo qualquer, desagrada tal relacionamento. Ele decide, então, prolatar um ato administrativo em que transfere o namorado da filha para a repartição mais longínqua do estado, na esperança de que isso faça o relacionamento acabar. Na motivação do ato, por escrito, o governador expõe tal motivo, afirmando que o ato era necessário para afastar o servidor de sua filha.

Nesse exemplo, vemos que o ato não apresenta um vício de motivação, afinal o ato está devidamente motivado. Ou seja, a autoridade explicita o porquê da prática do ato. O vício está no fato do motivo não ser de interesse público, ou seja, o governador não pode utilizar um ato administrativo de sua competência a fim de obter um resultado de seu interesse pessoal: afastar sua filha do namorado.

5.5 Atributos do ato administrativo

Vejamos agora os atributos do ato administrativo, ou seja, as características inerentes a esse tipo de ato.

5.5.1 Presunção de veracidade e presunção de legalidade

O ato administrativo apresenta duas presunções: a de legalidade e a de veracidade. A **presunção de legalidade** impõe que os atos administrativos regularmente praticados são presumidos legais, ou seja, estão de acordo com a lei. A **presunção de veracidade** estabelece que os fatos contidos, declarados ou certificados por um ato administrativo são verdadeiros.

Devemos observar que as presunções não são absolutas, podendo ser contrariadas mediante prova em contrário. Assim, se um policial aplica uma multa de trânsito, deve preencher o auto de infração de acordo com os dados do veículo (modelo, placa, cor etc.).

Essas informações presumem-se verdadeiras, o policial não precisa prová-las, sendo suficiente o auto de infração por ele lavrado. Entretanto, o proprietário do veículo pode provar, por exemplo, que a placa foi clonada ou que o policial anotou os dados incorretamente. A presunção inicial de veracidade do ato do policial foi então derrubada pela prova em contrário do motorista prejudicado. Caso tal prova não ocorra, os fatos do ato são tidos como verdadeiros.

A presunção de legalidade funciona da mesma forma. Por exemplo, quando um fiscal de tributos lavra um auto de infração afirmando que determinado contribuinte praticou atos que a lei determina que devem ser tributados, presume-se que o ato está de acordo com a legislação vigente. Ou seja, a forma, os termos, o objeto e os demais elementos do auto de infração presumem-se lícitos até prova em contrário. Caso o contribuinte consiga provar que algum dos elementos do ato administrativo é ilegal, pode anulá-lo. Todavia, enquanto isso não ocorrer, o ato é tido como legal.

Em decorrência das presunções, a prova necessária para derrubá-las incumbe a quem pretende contrariá-las. O ônus da prova não cabe à autoridade prolatora do ato (para provar os fatos constantes do auto), mas sim ao contribuinte ou motorista prejudicado (como nos exemplos anteriores), que deve provar a insubsistência do auto para desconstituí-lo. Assim, o conteúdo do ato administrativo, até prova em contrário, é tido como verdadeiro e de acordo com a lei (legal).

5.5.2 Imperatividade

Os atos administrativos devem ser observados por terceiros, independentemente de sua concordância. Assim, se um ato é emitido, ele deve ser cumprido pelo destinatário, ainda que este não concorde com o seu conteúdo.

O regime jurídico-administrativo dá ao Estado prerrogativas que lhe conferem vantagens sobre os particulares. Por essas prerrogativas, o ato administrativo pode estabelecer obrigações a terceiros sem que estes interfiram no ato.

Trata-se, pois, da possibilidade de o ato impor, unilateralmente, uma obrigação aos particulares. É diferente de um contrato, por exemplo, que é regido pelo direito privado, em que se exige a concordância de ambas as partes para que nasçam obrigações e direitos para cada uma delas.

Novamente trazemos o exemplo da multa de trânsito. Uma vez prolatada, gera unilateralmente o dever do condutor autuado de pagá-la. Não há um acordo de vontades, mas sim uma imposição da Administração Pública. Tal imposição é baseada em lei que permite à autoridade multar aqueles que a descumprirem.

5.5.3 Autoexecutoriedade

Os atos administrativos podem ser executados pela própria Administração Pública, sem a necessidade de recorrer ao Judiciário para que este determine a execução do ato.

Por exemplo, quando o Estado apreende mercadorias ilegais ou interdita estabelecimento comercial, não há necessidade de recorrer ao Judiciário para que esses atos sejam praticados, basta que a autoridade verifique a ocorrência de ilegalidade que permite o ato.

5.5.4 Tipicidade

O ato deve estar previsto em lei para ser praticado, ou seja, é necessário haver a previsão de uma situação fática que justifique o ato para que ele seja praticado.

Chama-se *tipo* essa previsão legal hipotética que supõe uma determinada consequência jurídica. O tipo é um enunciado que descreve uma situação que pode acontecer no mundo real. Se ocorrer um feito de acordo com o descrito no tipo, então há uma consequência jurídica que dele decorre.

No direito penal, os tipos são muito usados na previsão das penas dos crimes. Temos, então, o tipo "matar alguém", que é apenas hipotético, ou seja, ele descreve uma situação qualquer, e não uma situação específica. Assim, quando uma pessoa mata a outra, esse ato encaixa-se na definição do código penal "matar alguém", devendo ser aplicada uma consequência a quem praticou a conduta.

5.6 Discricionariedade e vinculação

Os poderes do Estado são limitados por lei em decorrência do princípio da legalidade. O agir de um agente administrativo deve estar previsto em lei, descrevendo sua atuação e restringindo seus poderes. Desse modo, a atuação do agente pode ser mais ou menos livre, de acordo com o que coloca a lei. É aqui que encontramos a diferença entre ato vinculado e ato discricionário.

5.6.1 Vinculação

O ato vinculado é um ato previsto pela lei em todos os seus elementos, que não deixa, portanto, liberdade de ação para a Administração. A lei estabelece que, diante de uma situação, a Administração deve agir de uma maneira determinada que a própria lei preveja. Não há espaço para o agente decidir se vai agir ou não nem espaço para que ele escolha como agir, uma vez que a lei já traz previstos os elementos, restando ao agente apenas o dever de cumprir o que esta lhe impõe. Há na lei a tipificação de uma situação de fato que, se ocorrer, ocasiona uma determinada consequência que não pode ser obstada ou escolhida pela Administração Pública.

> *Ato previsto pela lei em todos os seus elementos, que não deixa, portanto, liberdade de ação para a Administração. A lei estabelece que, diante de uma situação, a Administração deve agir de uma maneira determinada que a própria lei preveja.*

É o caso, por exemplo, da cobrança de tributos pela autoridade administrativa fazendária. O conceito de tributo do art. 3º do Código Tributário Nacional (CTN) – Lei n. 5.172, de 25 de outubro de 1966 (Brasil, 1966) – prevê que o tributo é cobrado mediante ato administrativo plenamente vinculado e, ainda, a conduta do agente, ou seja, a forma como deve ser cobrado, com a realização do lançamento. Desse modo, se a autoridade está diante de uma situação em que há a incidência de um tributo, ela deve efetuar o lançamento na forma e com os elementos que a lei estipula e cobrá-lo obrigatoriamente. Não há margem para que a autoridade deixe de efetuar o lançamento ou deixe de cobrar o tributo. Havendo a situação de existência do tributo, deve obrigatoriamente a autoridade proceder aos atos descritos pela lei.

O particular que espera um ato vinculado da autoridade administrativa tem um direito subjetivo de exigir a prática do ato, podendo recorrer ao Judiciário caso isso não ocorra.

Se, por exemplo, a lei informar que deve ser concedido alvará de funcionamento a todo estabelecimento que preencher determinados requisitos objetivos, o particular que pedir um alvará e cumprir os objetivos tem o direito de obtê-lo. A autoridade não pode, assim, negar o alvará se os requisitos foram obedecidos, posto que não há margem para que decida quem recebe o alvará ou não. É direito do particular a obtenção do documento, já que a emissão deste é uma consequência direta da lei para os casos em que forem obedecidos os requisitos legais.

Esses atos são chamados de *vinculados,* porque sua prática e seus efeitos estão vinculados à lei correspondente.

5.6.2 Discricionariedade

O ato discricionário confere mais liberdade para a atuação da Administração, estabelecendo limites dentro dos quais pode atuar a autoridade. Essa liberdade deve levar em conta a análise do chamado *mérito administrativo,* que corresponde a critérios de conveniência, oportunidade e atendimento do interesse público, os quais são utilizados pela autoridade para avaliar a sua atuação.

A liberdade, entretanto, não é absoluta. É limitada pela lei, que dá à autoridade os limites dentro dos quais pode atuar. Por exemplo, a autoridade pode aplicar uma multa que tem um valor mínimo e um máximo, de acordo com a gravidade da conduta. É a ela que cabe avaliar tal gravidade, entretanto, o valor estipulado deve estar dentro dos limites estabelecidos pela lei.

O agir da autoridade fora de tais limites chama-se *arbitrariedade,* sendo vedado pela lei, pois se trata da extrapolação da competência da autoridade administrativa para a prática do ato, do agir com excesso. Como já vimos, a Administração deve sempre obedecer à lei, em observância ao princípio da legalidade. A atuação fora das determinações legais deve ser impedida.

A discricionariedade, portanto, decorre da lei. Só ela pode estabelecer quando, quem e em que limites pode a autoridade atuar com discricionariedade. A lei pode determinar que a autoridade tem a possibilidade de escolher o momento para a prática do ato e também que decida pela prática ou não do ato.

> *A discricionariedade, portanto, decorre da lei. Só ela pode estabelecer quando, quem e em que limites pode a autoridade atuar com discricionariedade.*

Conforme visto, o agir discricionário deve analisar o mérito administrativo (Medauar, 2006), que engloba o atendimento do interesse público, a conveniência e a oportunidade da Administração. Todo agir administrativo deve ter uma finalidade de interesse público, logo, não se admite um ato administrativo que não observe esse requisito. A oportunidade se manifesta pelo momento que a autoridade julga adequado para a prática do ato, e a conveniência é o juízo de adequação que a autoridade faz para a prática do ato com relação à necessidade da Administração Pública.

Por exemplo, o ato de decidir pela abertura ou não de concurso público para contratação de novos servidores é discricionário. A autoridade responsável é quem decide se é necessária tal contratação e quando isso deve ocorrer. Pode ocorrer de o órgão não ter recursos suficientes para o salário do servidor novo ou não haver a necessidade de contratação, pois os servidores atuais conseguem atender ao serviço adequadamente. Assim, a abertura do concurso depende da conveniência e da oportunidade e fica a cargo da autoridade com competência para isso.

Um ponto de grande discussão é o controle judicial nos atos discricionários. Em relação aos atos vinculados não há muitas dúvidas, pois a lei é bem delimitada e a margem de escolha inexiste. Só se analisa a ocorrência da situação prevista na lei para que a consequência correspondente surta efeitos. Já quanto aos atos discricionários, fica mais difícil a discussão do ato, pois a lei concede limites à atuação da autoridade administrativa, tornando-se mais difícil estabelecer se é possível ao juiz o controle do conteúdo de tais atos.

É claro que um ato discricionário praticado por sujeito incompetente, fora da forma prevista ou com outro vício de validade pode ser invalidado pelo Judiciário. A dúvida está na possibilidade ou não de o Judiciário interferir na análise do mérito administrativo, ou seja, no juízo de conveniência e oportunidade.

Geralmente o Judiciário não pode controlar o mérito. Como o agir discricionário é concedido pela lei, a autoridade que pratica um ato discricionário atua dentro do que é permitido. Se o ato é praticado dentro desses limites, não cabe ao Judiciário reanalisar mérito.

5.7 Extinção dos atos administrativos

Os atos administrativos podem ser extintos por diversas formas, que decorrem de motivos diferentes. Vejamos agora os modos de extinção existentes, assim como a disciplina dos atos inválidos e inexistentes.

Mello (2006) explicita as formas como um ato administrativo pode ser extinto:

a. Pode se extinguir pelo cumprimento de seus efeitos, ou seja, quando o objetivo do ato é concretizado, sendo o seu conteúdo plenamente cumprido. Pode ocorrer:
   » pelo esgotamento do seu conteúdo jurídico, quando surte os efeitos previstos no prazo determinado;
   » pela execução material, ou seja, quando o ato dá uma ordem e esta é cumprida;
   » pelo implemento de condição resolutiva ou termo final. A condição é um evento futuro e incerto (não se sabe se vai acontecer no futuro), ao contrário do termo, que é um evento futuro e certo (ele vai ocorrer com certeza no futuro). Se o ato prevê um termo ou uma condição, ele se extingue quando o evento previsto ocorre.

b. A extinção pode ocorrer com o desaparecimento do sujeito ou do objeto da relação jurídica. Por exemplo, o falecimento do servidor público extingue a nomeação. Também quando desaparece o objeto, por exemplo, ao se conferir a concessão de um bem a um particular, caso o bem desapareça, extingue-se o ato da concessão.

c. Pode ocorrer, ainda, pela retirada do ato, isto é, o Poder Público emite um ato que extingue o anterior. Isso sucede nas seguintes hipóteses:

» **Revogação** – Quando o ato é retirado por razões de conveniência ou oportunidade. O ato é revogado pelo poder discricionário da autoridade quando não atende mais ao interesse público, sendo que os efeitos do ato antes da revogação permanecem inalterados. Exemplo: uma portaria que regulamenta o acesso a um prédio público e determina que pessoas vestidas de bermuda não possam entrar. Tal portaria pode ser revogada se houver o entendimento de que pessoas trajadas dessa forma podem assim ingressar no prédio.

» **Invalidação** – Retirada do ato porque este foi praticado em desconformidade com o ordenamento jurídico. Geralmente é retroativa, operando efeitos desde a data da prolação do ato. Exemplo: a nomeação para cargo público de uma pessoa que se descobre não ser brasileira. Tal ato deve ser invalidado, pois descumpre requisito exigido por lei.

Sobre os atos inválidos, convém uma distinção entre atos anuláveis, nulos e inexistentes. Os **atos anuláveis** são atos praticados em desconformidade com o direito, mas que podem ser posteriormente convalidados pela autoridade administrativa. Esses atos apresentam vícios sanáveis, e a convalidação seria a posterior correção do vício. É o caso, por exemplo, do ato praticado por sujeito incompetente, que posteriormente pode ser convalidado por quem detenha competência.

Já os **atos nulos** não comportam convalidação. São atos viciados que devem ser invalidados, pois, se forem repetidos, na tentativa de convalidação, repetir-se-ão os vícios. Por exemplo, um ato praticado contra o que dispõe a lei não pode ser convalidado. Pois, se o mesmo ato for novamente praticado, incorrerá no mesmo vício, já que contraria a lei.

O **ato inexistente**, quando praticado, não chega a se tornar ato administrativo, pois não alcança relevância jurídica. É assim denominado, portanto, porque não tem qualquer condição de produzir os efeitos pretendidos. Esse ato nunca pode ser convalidado e os efeitos que produziu não podem subsistir. É o caso, por exemplo, do ato praticado por um particular que deveria ter sido praticado por um servidor público.

» **Cassação** – Ocorre quando o ato traz condições que devem ser observadas pelo destinatário, e este não as cumpre. Exemplo: quando se concede alvará de funcionamento para um estabelecimento funcionar como loja e se descobre que está funcionando como restaurante. O ato é cassado porque a condição para o alvará era o funcionamento como loja.

» **Caducidade** – Ocorre quando o ato é retirado porque nova legislação não permite mais a prática do ato. Por exemplo: um ato que concede uma autorização para exploração de madeira em uma determinada área, porém, pela nova legislação, esse local torna-se de preservação permanente, logo, a atividade não pode mais ser exercida.

» **Contraposição** – Quando um ato anula os efeitos de outro, emitido em decorrência de motivo e competência diferentes do primeiro. Exemplo: exoneração do funcionário, com efeitos contrários à sua nomeação.

d. Pode ocorrer também a renúncia, isto é, quando o beneficiário do ato renuncia à situação jurídica favorável que o ato lhe conferia. Exemplo: renúncia de uma pessoa que ocupava o cargo de secretário de estado.

Os atos administrativos, então, apresentam diversas formas de extinção, cada uma adequada às situações encontradas no cotidiano da Administração.

Síntese

Neste capítulo, tratamos do ato administrativo, que é uma declaração do Estado, dada pelos seus agentes, a fim de gerar efeitos jurídicos que se destinem à busca pelo interesse público. É praticado com base no regime jurídico-administrativo, sujeitando-se às prerrogativas e sujeições do Estado.

Consultando a legislação

O artigo a seguir, do Código Tributário Nacional (CTN) – Lei n. 5.172/1966 –, traz o conceito de *tributo*:

> Art. 3º Tributo é toda prestação pecuniária compulsória, em moeda ou cujo valor nela se possa exprimir, que não constitua sanção de ato ilícito, instituída em lei e cobrada mediante atividade administrativa plenamente vinculada.

Questão para revisão

1. É necessário que o Estado recorra ao Judiciário para dar cumprimento a um ato administrativo?

Questão para reflexão

1. Reflita sobre a liberdade de atuação do agente público. Em alguns casos, deve ele ter total liberdade de ação? Ou ele não deve ter nenhuma liberdade, sendo todos os comportamentos previstos na lei? Qual a forma de agir que melhor atende ao interesse público?

VI

Conteúdos do capítulo:

» Licitações – contrato de serviços e obras a serem prestados por particulares.
» Licitações – obtenção do melhor negócio para o Estado.
» Licitações – transparência e impessoalidade nas atividades do Estado.

A regra na Administração Pública, explicitada pela Constituição Federal de 1988 (Brasil, 1988), é que toda contratação realizada com terceiros (compra e venda de bens, prestação de serviços e contratos em geral) seja precedida de licitação. É o que depreendemos do artigo a seguir:

Licitações

> Art. 37 [...]
> XXI – ressalvados os casos especificados na legislação, as obras, serviços, compras e alienações serão contratados mediante processo de licitação pública que assegure igualdade de condições a todos os concorrentes, com cláusulas que estabeleçam obrigações de pagamento, mantidas as condições efetivas da proposta, nos termos da lei, o qual somente permitirá as exigências de qualificação técnica e econômica indispensáveis à garantia do cumprimento das obrigações. (Brasil, 1988)

O mesmo dispõe a Lei n. 8.666, de 21 de junho de 1993 (Lei das Licitações), que regulamenta o dispositivo constitucional anteriormente citado:

> Art. 2º As obras, serviços, inclusive de publicidade, compras, alienações, concessões, permissões e locações da Administração Pública, quando contratadas com terceiros, serão necessariamente precedidas de licitação, ressalvadas as hipóteses previstas nesta Lei. (Brasil, 1993)

Observemos, então, que a regra é a licitação, e as exceções só são aquelas trazidas pela própria lei, conforme veremos adiante.

O procedimento licitatório destina-se a selecionar a proposta mais vantajosa para a Administração Pública. Marçal Justen Filho (2005) chama a finalidade da licitação de "vantajosidade"*, sendo esta a qualidade de vantajoso que algo representa. Para o autor, a licitação é considerada vantajosa quando o ônus para a Administração decorrente do contrato for o menor possível e a prestação contratada do

---

* O autor se escusa pelo uso da expressão *vantajosidade*, que é inexistente em nossa língua. Segundo ele, a mera menção de *vantagem* é insatisfatória, logo, ele utiliza o termo, ainda que incorreto, para se referir à finalidade da licitação.

particular for a maior possível. É uma verdadeira relação custo-benefício, na qual se procura, para a Administração, a melhor relação.

A vantagem buscada varia de acordo com cada contrato, não havendo um critério fixo. Todavia, para o processo licitatório, é necessário que a Administração fixe a vantagem que pretende obter, para, a partir daí, definir a forma e os critérios do procedimento. Geralmente a vantagem deriva da união entre a qualidade da prestação recebida e a onerosidade do que será devido ao prestador. Dependendo do objeto do contrato, um elemento preponderará sobre o outro, tornando-se mais importante para a avaliação do processo. Ambos estarão sempre presentes, mesmo nos casos de menor preço, pois nestes existem requisitos de qualidade mínima que devem ser observados.

Para Celso Antônio Bandeira de Mello (2006, p. 492), podemos conceituar *licitação* como "um certame que as entidades governamentais devem promover e no qual abrem disputa entre os interessados em com elas travar determinadas relações de conteúdo patrimonial, para escolher a proposta mais vantajosa às conveniências públicas". Segundo o autor, a licitação se baseia na ideia de competição, como forma de selecionar a proposta que traga a maior vantagem. Os particulares interessados competem entre si, de modo que seja contratado aquele que atender de maneira mais satisfatória aos critérios estabelecidos.

A licitação tem natureza instrumental, sendo um meio que deve ser utilizado para se alcançar um determinado fim, o qual corresponde à contratação com particulares de alguma prestação que será útil ao interesse público. Trata-se de um procedimento, logo, apresenta várias fases impostas pela lei, que devem, então, ser observadas. Existem modalidades de licitação, geralmente variando de acordo com o valor da contratação desejada. Diversos princípios regem o certame, os quais veremos especificamente a seguir.

6.1 Princípios da licitação

A licitação deve ser regida por diversos princípios. Alguns se confundem com os do direito administrativo, que se apresentam com peculiaridades próprias do procedimento. Já outros são mais específicos para a licitação.

6.1.1 Princípio da igualdade

Esse princípio é trazido pelo inciso XXI do art. 37 da Constituição Federal, citado anteriormente, sendo mais especificado na Lei n. 8.666/1993, como veremos a seguir:

> Art. 3º [...]
> §1º É vedado aos agentes públicos:
> I – admitir, prever, incluir ou tolerar, nos atos de convocação, cláusulas ou condições que comprometam, restrinjam ou frustrem o seu caráter competitivo, inclusive nos casos de sociedades cooperativas, e estabeleçam preferências ou distinções em razão da naturalidade, da sede ou domicílio dos licitantes ou de qualquer outra circunstância impertinente ou irrelevante para o específico objeto do contrato, ressalvado o disposto nos §§ 5º a 12 deste artigo e no art. 3º da Lei nº 8.248, de 23 de outubro de 1991;
> II – estabelecer tratamento diferenciado de natureza comercial, legal, trabalhista, previdenciária ou qualquer outra, entre empresas brasileiras e estrangeiras, inclusive no que se refere à moeda, modalidade e local de pagamentos, mesmo quando envolvidos financiamentos de agências internacionais, ressalvado o disposto no parágrafo seguinte e no art. 3º da Lei nº 8.248, de 23 de outubro de 1991. (Brasil, 1993)

O princípio da igualdade determina que seja assegurado a todos o direito de participar do certame, desde que atendam às condições mínimas colocadas pelo edital e possibilitadas pela lei. O princípio também impõe o tratamento isonômico aos participantes, sendo vedado que se dê preferência ou vantagem indevida a um deles.

Atentemos para o fato de que o princípio da igualdade não significa igualar totalmente todas as pessoas. Distinções entre uns e outros são permitidas pela lei, observados os valores constitucionais e os limites legais. Quando um edital dispõe que, para participar da licitação, o competidor deve ter determinada habilitação para o serviço que se quer contratar, não está ofendendo a igualdade, mas apenas distinguindo aqueles que têm a condição necessária para prestar o serviço objeto da licitação.

Quando, por exemplo, um edital, para licitar a realização de um projeto de uma obra de construção civil, prevê que a empresa deve ser cadastrada no órgão competente e ter profissionais habilitados atuando, trata-se de uma distinção válida que não ofende a igualdade.

O mesmo não ocorre, entretanto, se um edital dispuser que só podem participar empresas em que os sócios pertençam a determinada religião. Uma distinção desse tipo é vedada pela Constituição Federal e nada tem a ver com o objeto da licitação, pois não importa qual religião os diretores da empresa seguem para que o serviço seja prestado.

As distinções que o edital pode realizar devem ser compatíveis com o ordenamento constitucional e ter pertinência com o objeto da licitação. Se a maior vantagem da Administração só pode ser obtida pela prestação por um certo grupo de pessoas diferentes dos demais, então essa distinção é válida. A análise da observância ou não da igualdade deve se dar em cada caso, dependendo das particularidades do objeto e da distinção que se quer fazer.

Acrescentemos que do princípio da igualdade decorre o princípio da competitividade. É a garantia de que será assegurada aos participantes a possibilidade de competição de acordo com os critérios do edital. O eventual tratamento desigual que beneficiasse um dos participantes frustraria a competição entre eles, viciando o procedimento de escolha da proposta mais vantajosa.

Além de se garantir a isonomia para que todos que tenham condições possam participar, também se garante a quem participa a igualdade durante o procedimento.

Por exemplo, abre-se uma licitação para escolher uma empresa para realizar determinada obra pública. O edital faz exigências de caráter técnico em relação aos participantes. Uma vez que estes iniciem sua participação no processo, não é possível que se dê preferência a um deles porque se trata de amigo do presidente da comissão de licitação. Tal preferência frustra o próprio propósito da licitação, que é promover a competição entre os interessados de maneira que se escolha a proposta mais vantajosa para a Administração, com a identificação da melhor relação custo-benefício entre as propostas.

6.1.2 Princípio da legalidade

O princípio da legalidade para a Administração Pública aplica-se especialmente às licitações por expressa determinação legal. Vejamos o que prevê a Lei n. 8.666/1993:

> Art. 4º Todos quantos participem de licitação promovida pelos órgãos ou entidades a que se refere o art. 1º têm direito público subjetivo à fiel observância do pertinente procedimento estabelecido nesta lei, podendo qualquer cidadão acompanhar o seu desenvolvimento, desde que não interfira de modo a perturbar ou impedir a realização dos trabalhos.
> (Brasil, 1993)

O procedimento previsto nessa lei deve ser fielmente observado, havendo pouca ou nenhuma margem para a Administração Pública dispor do andamento e do conteúdo da licitação.

A lei faz ainda menção a que a observância do que dispõe a Lei n. 8.666/1993 é direito subjetivo dos participantes, logo, qualquer violação ao que coloca a lei pode ser contestada no Judiciário e enseja a invalidade do respectivo ato ou do procedimento inteiro. A classificação da observância da lei como direito subjetivo afasta qualquer possibilidade de disponibilidade sobre tal direito. Justen Filho (2005) explica que a licitação é atividade vinculada, não sendo a liberdade regra do procedimento. O mesmo autor ainda afirma que a liberdade só é exercida pela Administração no momento anterior ao edital, em que se escolhe o momento, o objeto e as condições gerais da licitação. Durante o procedimento, deve-se observar o que dispõem a lei e o edital.

Imaginemos que, durante uma licitação, a Administração reúne os participantes e sugere que uma fase do procedimento prevista na lei seja suprimida porque se entende ser desnecessária. Os participantes concordam com a sugestão e tal fase é afastada. Esse comportamento invalida a licitação, pois a observância ao que dispõe a lei é obrigatória, não há como a Administração e os participantes decidirem de que forma querem realizar a licitação. A forma é a que a lei prevê, e isso é incontestável, não há espaço para variações, ainda que estas pareçam ser mais convenientes.

6.1.3 Princípio da moralidade e da probidade

Os princípios se impõem por comando expresso da Lei n. 8.666/1993. Como vimos, a moralidade, ou probidade, na Administração Pública exige que os comportamentos e os atos não sejam só legais, mas também morais, isto é, a atuação da Administração deve ser honesta, com boa-fé em relação ao cidadão.

O mesmo ocorre com as licitações. Não basta que tenham aparência de legalidade, é preciso que sejam honestas, com o propósito de realmente selecionar a proposta mais vantajosa.

> *A moralidade, ou probidade, na Administração Pública exige que os comportamentos e os atos não sejam só legais, mas também morais, isto é, a atuação da Administração deve ser honesta, com boa-fé em relação ao cidadão.*

Por exemplo: realiza-se uma licitação para escolha de uma empresa para prestar serviço de limpeza. Todos os participantes fazem um acordo de forma que um deles apresentará a melhor proposta para que ganhe a licitação com o preço desejado. Os demais participantes serão os vencedores de outras licitações, de modo que o serviço seja dividido entre eles.

O procedimento, se analisado apenas sob o enfoque da lei, é lícito, pois observa as fases e as formalidades necessárias, porém implica imoralidade dos participantes, que frustram a competição.

A moralidade deve ser tanto dos participantes, como visto no exemplo anterior, quanto da Administração Pública. Um certame que seja organizado de forma a beneficiar um dos competidores, ainda que pareça legal, ofende a moralidade.

A ilegalidade ou a imoralidade, em diversas hipóteses, são chamadas de *improbidade* e punidas por crimes tipificados na própria Lei das Licitações (Lei n. 8.666/1993, arts. 89 a 99).

6.1.4 Princípio da impessoalidade e da objetividade de julgamento

Outro princípio da Administração Pública que deve ser observado nas licitações é a impessoalidade, que decorre da igualdade e impõe o tratamento igualitário aos participantes, sem que se dê preferência de caráter pessoal a eles.

Como o objetivo é selecionar a proposta mais vantajosa para a Administração, não é possível que o julgador leve em consideração preferências pessoais, amizades ou inimizades. A licitação deve ter critérios de julgamento que conduzam à escolha da melhor proposta, os quais devem ser objetivos, ou seja, fixos e facilmente aferíveis por qualquer pessoa. O critério **objetivo** é o contrário ao **subjetivo**, em que se depende muito da vontade do julgador para se obter o resultado, que poderia ser diferente se fosse realizado por outra pessoa.

Um exemplo de critério objetivo é verificado quando a licitação dispõe que o vencedor será quem apresentar o melhor preço. Então, se o participante A apresenta uma proposta de R$ 100,00, e o B uma de R$ 200,00, não há qualquer dúvida de que o melhor preço foi o oferecido pelo participante A.

Já um critério subjetivo seria identificado se o edital determinasse que a proposta vencedora era aquela da empresa que parecesse mais preparada ao avaliador escolhido. Enquanto um pode concluir que a mais apta é a empresa A, outro pode decidir que é a B. Não há como se verificar qual deles está correto, pois se trata de uma avaliação pessoal, com critérios diferentes para um e outro.

Na licitação, a regra é, pois, o julgamento objetivo, ou seja, o uso de critérios objetivos que sejam verificáveis por qualquer pessoa, que não deixem dúvidas quanto ao vencedor.

6.1.5 Princípio da publicidade

A publicidade determina que todos os atos, documentos e decisões das licitações sejam públicos. Deve ser dado acesso tanto aos participantes, para que possam competir em igualdade com os demais, quanto aos cidadãos, como forma de controle dos atos e das contratações do Poder Público.

Em alguns casos, admitem-se exceções à publicidade, quando os documentos ou o objeto da licitação forem de caráter sigiloso e a sua não divulgação é de interesse público.

6.1.6 Princípio da vinculação ao instrumento licitatório

Esse princípio obriga a Administração e os participantes a observarem o que dispõe o edital da licitação, o qual, uma vez elaborado, não pode mais ser alterado.

Segundo Justen Filho (2005), a discricionariedade na licitação se encerra com a prolação do edital. Antes da abertura da licitação, é possível à Administração Pública, de acordo com sua conveniência e oportunidade, escolher qual objeto será licitado e em qual momento. Esse é um exame discricionário. Depois de elaborado o edital, passa a licitação a ser totalmente vinculada a ele e à legislação cabível. Caso se deseje alterar as condições da licitação ou seu objeto após o seu início e a divulgação do edital, é necessário proceder à sua revogação e ao início de novo procedimento.

Os princípios da licitação têm a função de atingir o objetivo da licitação, que é obter para a Administração a proposta mais vantajosa. Os princípios em muito repetem os já vistos princípios da Administração Pública, devendo também a eles obediência, adaptando-se seu conteúdo às licitações e aos contratos.

6.2 Obrigatoriedade

A Constituição Federal e a Lei das Licitações obrigam algumas pessoas a licitar e também estabelecem o que deve ser objeto de licitação. Dessa forma, é preciso analisar quem está obrigado a licitar e o que deve licitar.

Quanto a quem deve licitar, primeiramente temos os entes políticos – União, estados, Distrito Federal e municípios – e seus respectivos poderes – Executivo e Legislativo para todos e Judiciário para União e estados. Simplificando, o dever é cabível a todos os órgãos da Administração Pública direta ligada ao Poder Executivo e aos Poderes Legislativo e Judiciário, que também desempenham atividade administrativa quando contratam com terceiros.

O art. 1º da Lei n. 8.666/1993 ainda impõe o dever às entidades da Administração Pública indireta:

> Art. 1º Esta Lei estabelece normas gerais sobre licitações e contratos administrativos pertinentes a obras, serviços, inclusive de publicidade, compras, alienações e locações no âmbito dos Poderes da União, dos Estados, do Distrito Federal e dos Municípios.
> Parágrafo único. Subordinam-se ao regime desta Lei, além dos órgãos da administração direta, os fundos especiais, as autarquias, as fundações públicas, as empresas públicas, as sociedades de economia mista e demais entidades controladas direta ou indiretamente pela União, Estados, Distrito Federal e Municípios.

Assim, via de regra, há o dever para autarquias, empresas públicas, sociedades de economia mista e fundações públicas. A grande dúvida nesse caso ocorre quanto às empresas públicas e às sociedades de economia mista que exploram atividade econômica. A questão surge quando se coloca que tais empresas sujeitam-se ao regime jurídico das empresas privadas, com elas competindo. Seria, então, incompatível a exigência de licitação dessas empresas, já que lhes tiraria a competitividade e a agilidade necessárias ao bom desempenho da atividade.

Imaginemos que uma distribuidora de gás, controlada pelo Estado, exigisse licitação para vender seu produto. Seria absolutamente incompatível. Por outro lado, a Constituição e a lei impõem o dever de licitar.

A questão resolve-se pela distinção entre a atividade fim da empresa estatal e outras atividades por ela desempenhadas (Justen

Filho, 2005). No caso da distribuidora de gás, ela estaria dispensada da licitação quando fosse vender seu produto, mas estaria obrigada a licitar quando fosse, por exemplo, construir sua sede administrativa. Assim, há obrigatoriedade da licitação em alguns casos em que ela é possível, sem inviabilizar a empresa.

Quanto aos objetos das licitações, são enumerados pela Lei n. 8.666/1993:

> Art. 2º As obras, serviços, inclusive de publicidade, compras, alienações, concessões, permissões e locações da Administração Pública, quando contratadas com terceiros, serão necessariamente precedidas de licitação, ressalvadas as hipóteses previstas nesta Lei. (Brasil, 1993)

A regra é a licitação. Às vezes, entretanto, a competição é inviável. Vejamos quando isso ocorre.

6.2.1 Dispensa e inexigibilidade

Como vimos, a regra dos contratos administrativos com terceiros é licitar, mas a própria Constituição Federal admite que existem casos em que não é possível ou conveniente realizar a licitação. São os casos de dispensa e inexigibilidade, disciplinados pela Lei n. 8.666/1993 e chamados de **contratações diretas**.

Inicialmente, devemos esclarecer que é incorreto o entendimento de que nestas o Poder Público fica livre de qualquer formalidade. Em ambas as situações de contratação direta ocorre procedimento administrativo que visa demonstrar os motivos e as justificativas que ensejam a não realização da licitação. A lei prevê quando isso pode ocorrer, então se deve demonstrar no caso concreto que este corresponde às hipóteses previstas na lei que possibilitam a exceção. A dispensa e a inexigibilidade estão sujeitas a controle e, por isso mesmo, demandam fundamentação e motivação para que se possa aferir posteriormente sua adequação com a lei.

A **inexigibilidade** ocorre quando não há a possibilidade de competição, pois só há uma pessoa ou objeto que supre o que se quer com a contratação. A licitação tem por fundamento a competição para a busca da melhor proposta, e, no caso da inexigibilidade, a competição não ocorre por impossibilidade absoluta. Tal situação é prevista pelo art. 25 da Lei n. 8.666/1993 e abrange:

a. aquisição de objeto produzido por fornecedor exclusivo;
b. realização de serviços por profissionais ou empresas de notória especialização;
c. contratação de artista consagrado.

A inexigibilidade ocorre, por exemplo, quando a prefeitura de uma cidade deseja contratar uma dupla sertaneja famosa para um *show* de comemoração do aniversário da cidade.

Já na **dispensa** há a possibilidade de competição, entretanto, a lei faculta à Administração que não realize a licitação, decidindo de maneira discricionária sobre o assunto. Por assim ser, deve se limitar às hipóteses de dispensa previstas na Lei n. 8.666/1993, art. 24 e art. 17, incisos I e II. Maria Sylvia Zanella Di Pietro (2006) divide as hipóteses em que a licitação é dispensada:

a. Em razão do pequeno valor, mesurado este por critérios objetivos da lei. Justifica-se quando o objeto a ser contratado tiver valor tão irrisório que o procedimento se torna desproporcional.
b. Em situações excepcionais, geralmente em situações de urgência em que não se pode esperar pelo procedimento.
c. Em razão do objeto, quando este apresenta peculiaridades específicas.
d. Em razão da pessoa, quando o sujeito a ser contratado apresentar características diante das quais a lei possibilita a dispensa.

Observemos nessas situações que a licitação pode ocorrer, mas existe a possibilidade da dispensa de acordo com a conveniência e a oportunidade da Administração.

Imaginemos, por exemplo, que um órgão público precisa adquirir três resmas de papel. Seria ilógico realizar uma licitação para adquirir esses produtos, pois o custo do procedimento provavelmente superaria o do produto a ser adquirido (dispensa em razão do pequeno valor). O mesmo ocorre quando um município precisa comprar lonas plásticas para fornecer aos moradores que tiveram suas casas destelhadas por um temporal. A demora da licitação não atenderia à finalidade pretendida, e, quando fosse efetivada a aquisição, as lonas não teriam mais utilidade (dispensa em razão de situações excepcionais).

Nesses casos, há uma inadequação entre a realização da licitação e o fim e a eficiência pretendidos. Também há inviabilidade de competição quando o objeto a ser comprado é tão específico que apenas uma pessoa o fornece, de maneira que não há quem possa competir no fornecimento da coisa – como um equipamento de tecnologia única (dispensa em razão do objeto). Ainda, a licitação perde a razão de ser quando deseja-se contratar uma pessoa específica, como um município que deseja contratar um determinado artista famoso para uma apresentação em comemoração ao aniversário da cidade. Não há competição, porque o artista é só aquele, é uma pessoa específica (dispensa em razão da pessoa).

6.3 Modalidades e procedimentos

A Lei n. 8.666/1993 prevê cinco modalidades de licitação: concorrência, tomada de preços, convite (ou carta-convite), leilão e concurso. Existe ainda uma sexta modalidade criada pela Lei n. 10.520, de 17 de julho de 2002 (Brasil, 2002b) – o pregão.

As modalidades são utilizadas geralmente de acordo com o valor do contrato ou sua complexidade. Também podem ser empregadas conforme o seu objeto ou a natureza do serviço. No caso de concorrência, tomada de preços e convite, a Lei n. 8.666/1993 estipula o valor em que são cabíveis:

> Art. 23. As modalidades de licitação a que se referem os incisos I a III do artigo anterior serão determinadas em função dos seguintes limites, tendo em vista o valor estimado da contratação:
> I – para obras e serviços de engenharia:
> a) convite – até R$ 150.000,00 (cento e cinquenta mil reais);
> b) tomada de preços – até R$ 1.500.000,00 (um milhão e quinhentos mil reais);
> c) concorrência – acima de R$ 1.500.000,00 (um milhão e quinhentos mil reais);
> II – para compras e serviços não referidos no inciso anterior:
> a) convite – até R$ 80.000,00 (oitenta mil reais);
> b) tomada de preços – até R$ 650.000,00 (seiscentos e cinquenta mil reais);
> c) concorrência – acima de R$ 650.000,00 (seiscentos e cinquenta mil reais). (Brasil, 1993)

Veremos a seguir o cabimento de cada modalidade acompanhada do respectivo procedimento. Iniciaremos pela concorrência, que é a forma mais complexa de licitação e compreende todas as fases. As demais modalidades têm fases semelhantes, com algumas supressões e particularidades.

6.3.1 Concorrência

A Lei n. 8.666/1993 define o que é *concorrência*:

> Art. 22 [...]
> § 1º Concorrência é a modalidade de licitação entre quaisquer interessados que, na fase inicial de habilitação preliminar, comprovem possuir os requisitos mínimos de qualificação exigidos no edital para execução de seu objeto.

É a modalidade com maior divulgação, permitindo-se que qualquer interessado participe, caso atenda aos requisitos do edital, e apresenta as seguintes fases: edital, habilitação, classificação, homologação e adjudicação.

Na fase do **edital** ocorre a divulgação da abertura da concorrência, quando são determinados os requisitos para participação e o objeto, além de ser esboçado o contrato que se aplicará ao vencedor. Comumente se diz que o edital é a lei da licitação, mas Di Pietro (2006) ressalva que se trata também da lei do contrato que posteriormente será firmado. Este está vinculado às condições estabelecidas no edital quanto ao objeto e à forma de prestação do que foi licitado.

A fase seguinte é a da **habilitação**. Na concorrência, a Administração recebe publicamente dois envelopes, um contendo os documentos do participante necessários à habilitação e outro, lacrado, contendo a proposta. É aberto então o envelope da habilitação, em que se verificam os documentos e se atesta que o participante está habilitado a participar da licitação.

A terceira fase é a **classificação**, em que são abertos os envelopes com as propostas dos habilitados e estas são classificadas de acordo com os critérios do edital, verificando-se qual a proposta que melhor atende aos critérios de julgamento do edital.

A **homologação** é realizada por autoridade superior à comissão de licitação e corresponde à aprovação do procedimento, por se verificar que ele está em conformidade com a lei e a finalidade a que se pretende. Em caso de desconformidade, pode a licitação ser anulada ou se determinar que o vício seja sanado, se possível. A licitação também pode ser revogada, quando for de interesse público assim proceder.

Por derradeiro vem a fase de **adjudicação**, em que se atribui ao vencedor da licitação o seu objeto. Depois desse ato é que será o vencedor convocado a assinar o contrato.

6.3.2 Tomada de preços

A Lei n. 8.666/1993 assim define a tomada de preços:

> Art. 22 [...]
> §2º Tomada de preços é a modalidade de licitação entre interessados devidamente cadastrados ou que atenderem a todas as condições exigidas para cadastramento até o terceiro dia anterior à data do recebimento das propostas, observada a necessária qualificação. (Brasil, 1993)

Essa modalidade é cabível em contratos de menor valor e complexidade. Por isso, é menos rígida nos seus procedimentos.

As fases são semelhantes às da concorrência, sendo diferente a de habilitação, já que os participantes podem ser cadastrados e habilitados junto ao órgão público antes da abertura da licitação, obtendo um certificado de registro. A habilitação pode também ocorrer depois do edital, até três dias antes da entrega das propostas. Caso só participantes já cadastrados participem da tomada de preços, a comissão de licitação avalia apenas a proposta oferecida.

6.3.3 Convite

Também chamada de *carta-convite*, é a modalidade cabível para os contratos de menor monta e, por isso, mais simplificada. Aqui, a Administração escolhe três empresas ou pessoas habilitadas ao serviço, cadastradas ou não, e convida-as a participar da licitação. O edital é afixado em local próprio e possibilita que outros, não convidados, também participem, devendo manifestar seu interesse até 24 horas antes da proposta. É assim que dispõe a Lei n. 8.666/1993:

> Art. 22 [...]
> §3º Convite é a modalidade de licitação entre interessados do ramo pertinente ao seu objeto, cadastrados ou não, escolhidos e convidados em número mínimo de 3 (três) pela unidade administrativa, a qual afixará, em local apropriado, cópia do instrumento convocatório e o estenderá aos demais cadastrados na correspondente especialidade que manifestarem seu interesse com antecedência de até 24 (vinte e quatro) horas da apresentação das propostas. (Brasil, 1993)

O edital não precisa ser publicado em *Diário Oficial*, ao contrário das outras duas modalidades já vistas, que exigem essa forma de divulgação. Também não impõe a necessidade de comissão de licitação, podendo ser realizada por apenas um servidor designado.

Entregues as propostas, seguem-se as fases de classificação, homologação e adjudicação.

6.3.4 Concurso

O concurso é a forma de selecionar o melhor trabalho técnico, científico ou artístico com premiação ou remuneração dos vencedores, conforme podemos ver no art. 22 da Lei n. 8.666/1993:

> Art. 22 [...]
> §4° Concurso é a modalidade de licitação entre quaisquer interessados para escolha de trabalho técnico, científico ou artístico, mediante a instituição de prêmios ou remuneração aos vencedores, conforme critérios constantes de edital publicado na imprensa oficial com antecedência mínima de 45 (quarenta e cinco) dias. (Brasil, 1993)

Aplica-se quando, por exemplo, deseja-se um projeto arquitetônico de um prédio público. Os arquitetos apresentam seus trabalhos e julga-se qual o melhor. Ao vencedor é pago prêmio ou remuneração pelo trabalho.

Não há procedimento específico na lei, devendo ser estabelecido em cada caso pelo edital. Há a exigência formal de publicação do edital com antecedência mínima de 45 dias, conforme visto no dispositivo anteriormente citado.

Não devemos confundir esse concurso, que é uma modalidade de licitação, com o concurso público para a contratação de servidores. Este é um certame em que os candidatos concorrem para o preenchimento de vagas de cargos estatutários da Administração Pública. No concurso ora em exame, pretende-se escolher, dentre vários trabalhos, aquele que for o melhor, decorrendo daí um contrato com a Administração Pública.

6.3.5 Leilão

Trata-se de um procedimento de venda de bens do Estado, conforme o conceito legal:

> Art. 22 [...]
> §5º Leilão é a modalidade de licitação entre quaisquer interessados para a venda de bens móveis inservíveis para a administração ou de produtos legalmente apreendidos ou penhorados, ou para a alienação de bens imóveis prevista no art. 19, a quem oferecer o maior lance, igual ou superior ao valor da avaliação. (Brasil, 1993)

Os bens inservíveis a serem vendidos são aqueles disponíveis para o Estado que não têm utilidade pública.

Por exemplo, se um órgão constrói uma nova sede, o prédio antigo que pertencia ao Estado passa a não ser afetado à utilidade pública. Dessa forma, pode ser vendido em leilão.

Também podem ser vendidos produtos apreendidos ou penhorados, como os produtos de sacoleiros que vêm do Paraguai e são apreendidos pela Polícia Federal e pela Receita Federal. Por último, o leilão pode ser utilizado para venda de bens recebidos pelo Estado em decorrência de ação judicial (penhorados e adjudicados) ou dados em dação em pagamento, nos casos previstos em lei.

Não há procedimento legal específico, devendo ser observado que a venda dar-se-á por valor igual ou superior ao de avaliação. É inerente ao leilão a disputa de lance entre os participantes, sendo vencedor o de maior oferta, observado o mínimo legal. Como em toda licitação, deve ser precedido de edital com divulgação pelos meios eficazes.

6.3.6 Pregão

Essa nova modalidade, trazida pela MP 2.182/2001, depois convertida na Lei n. 10.520/2002, destina-se à aquisição de bens e serviços comuns em que a disputa é realizada em sessão pública por meio de lances e propostas. Nesse caso, não há limite de valor.

A Lei n. 10.520/2002 define como serviços comuns:

> Art. 1º [...]
> Parágrafo único. Consideram-se bens e serviços comuns, para os fins e efeitos deste artigo, aqueles cujos padrões de desempenho e qualidade possam ser objetivamente definidos pelo edital, por meio de especificações usuais no mercado. (Brasil, 2002b)

Tal definição é alvo de críticas, porque é tão vaga que pode dar margem a muitos significados. Em análise superficial, parece que bens e serviços comuns são aqueles que representam categorias facilmente identificáveis, constituindo-se em *commodities*, na terminologia do mercado financeiro. A *commodity* é justamente um determinado bem que se identifica pela categoria, pelo grupo.

Ou seja, na bolsa de mercadorias, quando se negocia uma tonelada de milho, não importa se há uma marca de milho ou o produtor do milho. Trata-se de um produto que pode ser classificado simplesmente como milho, obedecidos os requisitos de qualidade e as características aceitas para tal.

Parece-nos que os tais bens e serviços comuns se comportam de maneira semelhante. Bens comuns seriam, por exemplo, uma resma de papel A4, branco, gramatura 75 g. Existem vários fabricantes que produzem esses materiais com a mesma qualidade e com essas características. Ou então canetas esferográficas de cor azul, ou ainda clipes de papel de determinado tamanho. No pregão seria possível, assim, a compra de produtos que não apresentariam grandes dificuldades de conceituação, que seriam categorias de produtos bem definidas, aceitas por todos e que fossem de fácil verificação.

Essa opinião é nossa e pode estar equivocada, já que a doutrina ainda não pacificou um entendimento de *bem comum*.

O pregão ainda possibilita sua realização por meio eletrônico, através de bolsas de mercadorias e suas corretoras. Nesse caso, a Administração faria o pedido do que deseja por meio virtual, e haveria um período em que os participantes poderiam disputar com lances para se identificar o melhor preço. Com esse sistema, seria possível haver uma gama maior de fornecedores à Administração, pois pessoas do país inteiro poderiam ofertar lances, não existindo mais a necessidade de se limitar a participação apenas aos fornecedores mais próximos.

O procedimento adotado nesta modalidade compreende uma fase interna, preparatória, e outra externa.

Na fase interna, definem-se o objeto, os requisitos, as exigências de habilitação, as sanções e outros elementos. Na fase externa, há a publicação do aviso do edital na imprensa com antecedência mínima de oito dias úteis para a proposta.

No julgamento e na classificação das propostas, há a imediata abertura dos envelopes, analisando-se se estas estão conforme o edital. O critério utilizado é só o de melhor preço. O autor da melhor proposta e aqueles que fizerem propostas com valor até 10% acima do valor da melhor podem fazer lances verbais até que se obtenha um vencedor. Caso não haja propostas dentro dos 10% acima da melhor oferta, os três participantes que apresentarem os valores mais vantajosos poderão também fazer lances verbais.

Encontrado o vencedor, há uma inversão das fases das modalidades anteriormente vistas. Após a classificação das propostas é que se realiza a habilitação, mediante a abertura do envelope com os documentos do vencedor. Se este não se habilitar, parte-se para a habilitação do segundo colocado e assim sucessivamente. A habilitação é dispensada caso o fornecedor já conste do sistema de cadastro unificado de fornecedores (Sicaf) ou de outro semelhante. Os recursos devem ser apresentados logo após a proclamação do vencedor.

Imediatamente há a adjudicação do objeto e, em seguida, a homologação do procedimento.

O pregão eletrônico segue as mesmas regras, parecendo-nos ser importante ferramenta de transparência e agilidade nas compras públicas.*

Síntese

Verificamos, neste capítulo, os seguintes conceitos:

» Licitação – Processo que antecede, em regra, qualquer contratação do Estado com particulares para a aquisição de bens, prestação de serviços ou realização de obras. Destina-se a selecionar a proposta mais vantajosa para a Administração, combinando critérios de preço e qualidade do objeto contratado, permitindo competição igualitária e transparente.

» Obrigatoriedade, dispensa e inexigibilidade – No Brasil, a regra é a realização de licitação, sendo sua não realização exceção que deve obedecer requisitos contidos na lei. Essas exceções são a dispensa e a inexigibilidade da licitação. As hipóteses de dispensa da licitação são aquelas em que é possível sua realização, mas a lei autoriza que o procedimento seja dispensado. Só é possível nas hipóteses previstas em lei. A inexigibilidade ocorre sempre que não for possível realizar a licitação, por impossibilidade de se realizar o procedimento.

---

* Para mais informações, acesse: BRASIL. Governo Federal. **Portal de Compras**. Disponível em: <http://www.comprasnet.gov.br>. Acesso em: 25 out. 2017.

Consultando a legislação

a) Constituição Federal

> Art. 37 [...]
> XXI – ressalvados os casos especificados na legislação, as obras, serviços, compras e alienações serão contratados mediante processo de licitação pública que assegure igualdade de condições a todos os concorrentes, com cláusulas que estabeleçam obrigações de pagamento, mantidas as condições efetivas da proposta, nos termos da lei, o qual somente permitirá as exigências de qualificação técnica e econômica indispensáveis à garantia do cumprimento das obrigações. (Brasil, 1988)

b) Lei n. 8.666/1993

> Regulamenta o art. 37, inciso XXI, da Constituição Federal, institui normas para licitações e contratos da Administração Pública e dá outras providências.
> [...]
> Art. 1º Esta Lei estabelece normas gerais sobre licitações e contratos administrativos pertinentes a obras, serviços, inclusive de publicidade, compras, alienações e locações no âmbito dos Poderes da União, dos Estados, do Distrito Federal e dos Municípios.
> Parágrafo único. Subordinam-se ao regime desta Lei, além dos órgãos da administração direta, os fundos especiais, as autarquias, as fundações públicas, as empresas públicas, as sociedades de economia mista e demais entidades controladas direta ou indiretamente pela União, Estados, Distrito Federal e Municípios.
> Art. 2º As obras, serviços, inclusive de publicidade, compras, alienações, concessões, permissões e locações da Administração Pública, quando contratadas com terceiros, serão necessariamente precedidas de licitação, ressalvadas as hipóteses previstas nesta Lei.

Parágrafo único. Para os fins desta Lei, considera-se contrato todo e qualquer ajuste entre órgãos ou entidades da Administração Pública e particulares, em que haja um acordo de vontades para a formação de vínculo e a estipulação de obrigações recíprocas, seja qual for a denominação utilizada.

Art. 3º A licitação destina-se a garantir a observância do princípio constitucional da isonomia, a seleção da proposta mais vantajosa para a Administração e a promoção do desenvolvimento nacional, e será processada e julgada em estrita conformidade com os princípios básicos da legalidade, da impessoalidade, da moralidade, da igualdade, da publicidade, da probidade administrativa, da vinculação ao instrumento convocatório, do julgamento objetivo e dos que lhes são correlatos.

§1º É vedado aos agentes públicos:

I – admitir, prever, incluir ou tolerar, nos atos de convocação, cláusulas ou condições que comprometam, restrinjam ou frustrem o seu caráter competitivo, inclusive nos casos de sociedades cooperativas, e estabeleçam preferências ou distinções em razão da naturalidade, da sede ou domicílio dos licitantes ou de qualquer outra circunstância impertinente ou irrelevante para o específico objeto do contrato, ressalvado o disposto nos §§ 5º a 12 deste artigo e nº art. 3º da Lei nº 8.248, de 23 de outubro de 1991;

II – estabelecer tratamento diferenciado de natureza comercial, legal, trabalhista, previdenciária ou qualquer outra, entre empresas brasileiras e estrangeiras, inclusive no que se refere à moeda, modalidade e local de pagamentos, mesmo quando envolvidos financiamentos de agências internacionais, ressalvado o disposto no parágrafo seguinte e no art. 3º da Lei nº 8.248, de 23 de outubro de 1991.

§2º Em igualdade de condições, como critério de desempate, será assegurada preferência, sucessivamente, aos bens e serviços:
I – produzidos no País;
II – produzidos ou prestados por empresas brasileiras; e
III – produzidos ou prestados por empresas que invistam em pesquisa e no desenvolvimento de tecnologia no País.
[...]
§3º A licitação não será sigilosa, sendo públicos e acessíveis ao público os atos de seu procedimento, salvo quanto ao conteúdo das propostas, até a respectiva abertura.
[...]
Art. 4º Todos quantos participem de licitação promovida pelos órgãos ou entidades a que se refere o art. 1º têm direito público subjetivo à fiel observância do pertinente procedimento estabelecido nesta lei, podendo qualquer cidadão acompanhar o seu desenvolvimento, desde que não interfira de modo a perturbar ou impedir a realização dos trabalhos.
Parágrafo único. O procedimento licitatório previsto nesta lei caracteriza ato administrativo formal, seja ele praticado em qualquer esfera da Administração Pública.
[...]
Art. 22. São modalidades de licitação:
I – concorrência;
II – tomada de preços;
III – convite;
IV – concurso;
V – leilão.
§1º Concorrência é a modalidade de licitação entre quaisquer interessados que, na fase inicial de habilitação preliminar, comprovem possuir os requisitos mínimos de qualificação exigidos no edital para execução de seu objeto.
§2º Tomada de preços é a modalidade de licitação entre interessados devidamente cadastrados ou que atenderem a todas as condições exigidas para cadastramento até o terceiro dia anterior à data do recebimento das propostas, observada a necessária qualificação.

§3º Convite é a modalidade de licitação entre interessados do ramo pertinente ao seu objeto, cadastrados ou não, escolhidos e convidados em número mínimo de 3 (três) pela unidade administrativa, a qual afixará, em local apropriado, cópia do instrumento convocatório e o estenderá aos demais cadastrados na correspondente especialidade que manifestarem seu interesse com antecedência de até 24 (vinte e quatro) horas da apresentação das propostas.

§4º Concurso é a modalidade de licitação entre quaisquer interessados para escolha de trabalho técnico, científico ou artístico, mediante a instituição de prêmios ou remuneração aos vencedores, conforme critérios constantes de edital publicado na imprensa oficial com antecedência mínima de 45 (quarenta e cinco) dias.

§5º Leilão é a modalidade de licitação entre quaisquer interessados para a venda de bens móveis inservíveis para a administração ou de produtos legalmente apreendidos ou penhorados, ou para a alienação de bens imóveis prevista no art. 19, a quem oferecer o maior lance, igual ou superior ao valor da avaliação.

§6º Na hipótese do § 3º deste artigo, existindo na praça mais de 3 (três) possíveis interessados, a cada novo convite, realizado para objeto idêntico ou assemelhado, é obrigatório o convite a, no mínimo, mais um interessado, enquanto existirem cadastrados não convidados nas últimas licitações.

§7º Quando, por limitações do mercado ou manifesto desinteresse dos convidados, for impossível a obtenção do número mínimo de licitantes exigidos no § 3º deste artigo, essas circunstâncias deverão ser devidamente justificadas no processo, sob pena de repetição do convite.

§8º É vedada a criação de outras modalidades de licitação ou a combinação das referidas neste artigo.

§9º Na hipótese do parágrafo 2º deste artigo, a administração somente poderá exigir do licitante não cadastrado os documentos previstos nos arts. 27 a 31, que comprovem habilitação compatível com o objeto da licitação, nos termos do edital.

Art. 23. As modalidades de licitação a que se referem os incisos I a III do artigo anterior serão determinadas em função dos seguintes limites, tendo em vista o valor estimado da contratação:

I – para obras e serviços de engenharia:
a) convite – até R$ 150.000,00 (cento e cinquenta mil reais);
b) tomada de preços – até R$ 1.500.000,00 (um milhão e quinhentos mil reais);
c) concorrência – acima de R$ 1.500.000,00 (um milhão e quinhentos mil reais);

II – para compras e serviços não referidos no inciso anterior:
a) convite – até R$ 80.000,00 (oitenta mil reais);
b) tomada de preços – até R$ 650.000,00 (seiscentos e cinquenta mil reais);
c) concorrência – acima de R$ 650.000,00 (seiscentos e cinquenta mil reais).

§1º As obras, serviços e compras efetuadas pela administração serão divididas em tantas parcelas quantas se comprovarem técnica e economicamente viáveis, procedendo-se à licitação com vistas ao melhor aproveitamento dos recursos disponíveis no mercado e à ampliação da competitividade, sem perda da economia de escala.

§2º Na execução de obras e serviços e nas compras de bens, parceladas nos termos do parágrafo anterior, a cada etapa ou conjunto de etapas da obra, serviço ou compra, há de corresponder licitação distinta, preservada a modalidade pertinente para a execução do objeto em licitação.

§3º A concorrência é a modalidade de licitação cabível, qualquer que seja o valor de seu objeto, tanto na compra ou alienação de bens imóveis, ressalvado o disposto no art. 19, como nas concessões de direito real de uso e nas licitações internacionais, admitindo-se neste último caso, observados os limites deste artigo, a tomada de preços, quando o órgão ou entidade dispuser de cadastro internacional de fornecedores ou o convite, quando não houver fornecedor do bem ou serviço no País.

§4º Nos casos em que couber convite, a Administração poderá utilizar a tomada de preços e, em qualquer caso, a concorrência.

§5º É vedada a utilização da modalidade "convite" ou "tomada de preços", conforme o caso, para parcelas de uma mesma obra ou serviço, ou ainda para obras e serviços da mesma natureza e no mesmo local que possam ser realizadas conjunta e concomitantemente, sempre que o somatório de seus valores caracterizar o caso de "tomada de preços" ou "concorrência", respectivamente, nos termos deste artigo, exceto para as parcelas de natureza específica que possam ser executadas por pessoas ou empresas de especialidade diversa daquela do executor da obra ou serviço.

§6º As organizações industriais da Administração Federal direta, em face de suas peculiaridades, obedecerão aos limites estabelecidos no inciso I deste artigo também para suas compras e serviços em geral, desde que para a aquisição de materiais aplicados exclusivamente na manutenção, reparo ou fabricação de meios operacionais bélicos pertencentes à União.

§7º Na compra de bens de natureza divisível e desde que não haja prejuízo para o conjunto ou complexo, é permitida a cotação de quantidade inferior à demandada na licitação, com vistas à ampliação da competitividade, podendo o edital fixar quantitativo mínimo para preservar a economia de escala.

§8º No caso de consórcios públicos, aplicar-se-á o dobro dos valores mencionados no caput deste artigo quando formado por até 3 (três) entes da Federação, e o triplo, quando formado por maior número.

Art. 24. É dispensável a licitação:

I – para obras e serviços de engenharia de valor até 10% (dez por cento) do limite previsto na alínea "a", do inciso I do artigo anterior, desde que não se refiram a parcelas de uma mesma obra ou serviço ou ainda para obras e serviços da mesma natureza e no mesmo local que possam ser realizadas conjunta e concomitantemente;

II – para outros serviços e compras de valor até 10% (dez por cento) do limite previsto na alínea "a", do inciso II do artigo anterior e para alienações, nos casos previstos nesta Lei, desde que não se refiram a parcelas de um mesmo serviço, compra ou alienação de maior vulto que possa ser realizada de uma só vez;

III – nos casos de guerra ou grave perturbação da ordem;

IV – nos casos de emergência ou de calamidade pública, quando caracterizada urgência de atendimento de situação que possa ocasionar prejuízo ou comprometer a segurança de pessoas, obras, serviços, equipamentos e outros bens, públicos ou particulares, e somente para os bens necessários ao atendimento da situação emergencial ou calamitosa e para as parcelas de obras e serviços que possam ser concluídas no prazo máximo de 180 (cento e oitenta) dias consecutivos e ininterruptos, contados da ocorrência da emergência ou calamidade, vedada a prorrogação dos respectivos contratos;

V – quando não acudirem interessados à licitação anterior e esta, justificadamente, não puder ser repetida sem prejuízo para a Administração, mantidas, neste caso, todas as condições preestabelecidas;

VI – quando a União tiver que intervir no domínio econômico para regular preços ou normalizar o abastecimento;

VII – quando as propostas apresentadas consignarem preços manifestamente superiores aos praticados no mercado nacional, ou forem incompatíveis com os fixados pelos órgãos oficiais competentes, casos em que, observado o parágrafo único do art. 48 desta Lei e, persistindo a situação, será admitida a adjudicação direta dos bens ou serviços, por valor não superior ao constante do registro de preços, ou dos serviços;

VIII – para a aquisição, por pessoa jurídica de direito público interno, de bens produzidos ou serviços prestados por órgão ou entidade que integre a Administração Pública e que tenha sido criado para esse fim específico em data anterior à vigência desta Lei, desde que o preço contratado seja compatível com o praticado no mercado;

IX – quando houver possibilidade de comprometimento da segurança nacional, nos casos estabelecidos em decreto do Presidente da República, ouvido o Conselho de Defesa Nacional;

X – para a compra ou locação de imóvel destinado ao atendimento das finalidades precípuas da administração, cujas necessidades de instalação e localização condicionem a sua escolha, desde que o preço seja compatível com o valor de mercado, segundo avaliação prévia;

XI – na contratação de remanescente de obra, serviço ou fornecimento, em consequência de rescisão contratual, desde que atendida a ordem de classificação da licitação anterior e aceitas as mesmas condições oferecidas pelo licitante vencedor, inclusive quanto ao preço, devidamente corrigido;

XII – nas compras de hortifrutigranjeiros, pão e outros gêneros perecíveis, no tempo necessário para a realização dos processos licitatórios correspondentes, realizadas diretamente com base no preço do dia;

XIII – na contratação de instituição brasileira incumbida regimental ou estatutariamente da pesquisa, do ensino ou do desenvolvimento institucional, ou de instituição dedicada à recuperação social do preso, desde que a contratada detenha inquestionável reputação ético-profissional e não tenha fins lucrativos;

XIV – para a aquisição de bens ou serviços nos termos de acordo internacional específico aprovado pelo Congresso Nacional, quando as condições ofertadas forem manifestamente vantajosas para o Poder Público;

XV – para a aquisição ou restauração de obras de arte e objetos históricos, de autenticidade certificada, desde que compatíveis ou inerentes às finalidades do órgão ou entidade.

XVI – para a impressão dos diários oficiais, de formulários padronizados de uso da administração, e de edições técnicas oficiais, bem como para prestação de serviços de informática a pessoa jurídica de direito público interno, por órgãos ou entidades que integrem a Administração Pública, criados para esse fim específico;

XVII – para a aquisição de componentes ou peças de origem nacional ou estrangeira, necessários à manutenção de equipamentos durante o período de garantia técnica, junto ao fornecedor original desses equipamentos, quando tal condição de exclusividade for indispensável para a vigência da garantia;

XVIII – nas compras ou contratações de serviços para o abastecimento de navios, embarcações, unidades aéreas ou tropas e seus meios de deslocamento quando em estada eventual de curta duração em portos, aeroportos ou localidades diferentes de suas sedes, por motivo de movimentação operacional ou de adestramento, quando a exiguidade dos prazos legais puder comprometer a normalidade e os propósitos das operações e desde que seu valor não exceda ao limite previsto na alínea "a" do inciso II do art. 23 desta Lei;

XIX – para as compras de material de uso pelas Forças Armadas, com exceção de materiais de uso pessoal e administrativo, quando houver necessidade de manter a padronização requerida pela estrutura de apoio logístico dos meios navais, aéreos e terrestres, mediante parecer de comissão instituída por decreto;

XX – na contratação de associação de portadores de deficiência física, sem fins lucrativos e de comprovada idoneidade, por órgãos ou entidades da Administração Pública, para a prestação de serviços ou fornecimento de mão de obra, desde que o preço contratado seja compatível com o praticado no mercado;

XXI – para a aquisição ou contratação de produto para pesquisa e desenvolvimento, limitada, no caso de obras e serviços de engenharia, a 20% (vinte por cento) do valor de que trata a alínea "b" do inciso I do caput do art. 23;

XXII – na contratação de fornecimento ou suprimento de energia elétrica e gás natural com concessionário, permissionário ou autorizado, segundo as normas da legislação específica;

XXIII – na contratação realizada por empresa pública ou sociedade de economia mista com suas subsidiárias e controladas, para a aquisição ou alienação de bens, prestação ou obtenção de serviços, desde que o preço contratado seja compatível com o praticado no mercado.

XXIV – para a celebração de contratos de prestação de serviços com as organizações sociais, qualificadas no âmbito das respectivas esferas de governo, para atividades contempladas no contrato de gestão.

XXV – na contratação realizada por Instituição Científica e Tecnológica – ICT ou por agência de fomento para a transferência de tecnologia e para o licenciamento de direito de uso ou de exploração de criação protegida.

XXVI – na celebração de contrato de programa com ente da Federação ou com entidade de sua administração indireta, para a prestação de serviços públicos de forma associada nos termos do autorizado em contrato de consórcio público ou em convênio de cooperação.

XXVII – na contratação da coleta, processamento e comercialização de resíduos sólidos urbanos recicláveis ou reutilizáveis, em áreas com sistema de coleta seletiva de lixo, efetuados por associações ou cooperativas formadas exclusivamente por pessoas físicas de baixa renda reconhecidas pelo poder público como catadores de materiais recicláveis, com o uso de equipamentos compatíveis com as normas técnicas, ambientais e de saúde pública.

XXVIII – para o fornecimento de bens e serviços, produzidos ou prestados no País, que envolvam, cumulativamente, alta complexidade tecnológica e defesa nacional, mediante parecer de comissão especialmente designada pela autoridade máxima do órgão.

XXIX – na aquisição de bens e contratação de serviços para atender aos contingentes militares das Forças Singulares brasileiras empregadas em operações de paz no exterior, necessariamente justificadas quanto ao preço e à escolha do fornecedor ou executante e ratificados pelo Comandante da Força.

XXX – na contratação de instituição ou organização, pública ou privada, com ou sem fins lucrativos, para a prestação de serviços de assistência técnica e extensão rural no âmbito do Programa Nacional de Assistência Técnica e Extensão Rural na Agricultura Familiar e na Reforma Agrária, instituído por lei federal.

XXXI – nas contratações visando ao cumprimento do disposto nos arts. 3º, 4º, 5º e 20 da lei nº 10.973, de 2 de dezembro de 2004, observados os princípios gerais de contratação dela constantes.

XXXII – na contratação em que houver transferência de tecnologia de produtos estratégicos para o Sistema Único de Saúde – SUS, no âmbito da Lei no 8.080, de 19 de setembro de 1990, conforme elencados em ato da direção nacional do SUS, inclusive por ocasião da aquisição destes produtos durante as etapas de absorção tecnológica.

XXXIII – na contratação de entidades privadas sem fins lucrativos, para a implementação de cisternas ou outras tecnologias sociais de acesso à água para consumo humano e produção de alimentos, para beneficiar as famílias rurais de baixa renda atingidas pela seca ou falta regular de água.

XXXIV – para a aquisição por pessoa jurídica de direito público interno de insumos estratégicos para a saúde produzidos ou distribuídos por fundação que, regimental ou estatutariamente, tenha por finalidade apoiar órgão da administração pública direta, sua autarquia ou fundação em projetos de ensino, pesquisa, extensão, desenvolvimento institucional, científico e tecnológico e estímulo à inovação, inclusive na gestão administrativa e financeira necessária à execução desses projetos, ou em parcerias que envolvam transferência de tecnologia de produtos estratégicos para o Sistema Único de Saúde – SUS, nos termos do inciso XXXII deste artigo, e que tenha sido criada para esse fim específico em data anterior à vigência desta Lei, desde que o preço contratado seja compatível com o praticado no mercado.

XXXV – para a construção, a ampliação, a reforma e o aprimoramento de estabelecimentos penais, desde que configurada situação de grave e iminente risco à segurança pública.
[...]
Art. 25. É inexigível a licitação quando houver inviabilidade de competição, em especial:
I – para aquisição de materiais, equipamentos, ou gêneros que só possam ser fornecidos por produtor, empresa ou representante comercial exclusivo, vedada a preferência de marca, devendo a comprovação de exclusividade ser feita através de atestado fornecido pelo órgão de registro do comércio do local em que se realizaria a licitação ou a obra ou o serviço, pelo Sindicato, Federação ou Confederação Patronal, ou, ainda, pelas entidades equivalentes;
II – para a contratação de serviços técnicos enumerados no art. 13 desta Lei, de natureza singular, com profissionais ou empresas de notória especialização, vedada a inexigibilidade para serviços de publicidade e divulgação;
III – para contratação de profissional de qualquer setor artístico, diretamente ou através de empresário exclusivo, desde que consagrado pela crítica especializada ou pela opinião pública.
§1º Considera-se de notória especialização o profissional ou empresa cujo conceito no campo de sua especialidade, decorrente de desempenho anterior, estudos, experiências, publicações, organização, aparelhamento, equipe técnica, ou de outros requisitos relacionados com suas atividades, permita inferir que o seu trabalho é essencial e indiscutivelmente o mais adequado à plena satisfação do objeto do contrato.
§2º Na hipótese deste artigo e em qualquer dos casos de dispensa, se comprovado superfaturamento, respondem solidariamente pelo dano causado à Fazenda Pública o fornecedor ou o prestador de serviços e o agente público responsável, sem prejuízo de outras sanções legais cabíveis. (Brasil, 1993)

c) Lei n. 10.520/2002

> Art. 1º Para aquisição de bens e serviços comuns, poderá ser adotada a licitação na modalidade de pregão, que será regida por esta Lei.
> Parágrafo único. Consideram-se bens e serviços comuns, para os fins e efeitos deste artigo, aqueles cujos padrões de desempenho e qualidade possam ser objetivamente definidos pelo edital, por meio de especificações usuais no mercado.
> Art. 2º (VETADO)
> §1º Poderá ser realizado o pregão por meio da utilização de recursos de tecnologia da informação, nos termos de regulamentação específica.
> §2º Será facultado, nos termos de regulamentos próprios da União, Estados, Distrito Federal e Municípios, a participação de bolsas de mercadorias no apoio técnico e operacional aos órgãos e entidades promotores da modalidade de pregão, utilizando-se de recursos de tecnologia da informação.
> §3º As bolsas a que se referem o § 2º deverão estar organizadas sob a forma de sociedades civis sem fins lucrativos e com a participação plural de corretoras que operem sistemas eletrônicos unificados de pregões. (Brasil, 2002b)

Questão para revisão

1. Quais as características do procedimento de licitação que o justifica para o uso da Administração Pública?

Questão para reflexão

1. Reflita sobre a seguinte questão: A adoção do processo de licitação, por si só, garante a moralidade das contratações do Poder Público?

VII

Contratos administrativos

Conteúdos do capítulo:

» Disciplina própria dos contratos celebrados pela Administração.
» Diferenças entre contratos celebrados por particulares e pela Administração.

Neste capítulo, vamos tratar dos contratos administrativos, conceituando-os e analisando as espécies existentes em nosso direito.

A Lei n. 8.666, de 21 de junho de 1993 (Brasil, 1993) denomina *contratos administrativos* todos os contratos que são por ela regidos, devendo todos ser precedidos de licitação. Entretanto, o que verificamos é que nem todos os contratos praticados pela Administração Pública que devem passar por licitação são contratos administrativos genuínos. Quase toda a contratação com a Administração Pública deve ser precedida de licitação ou de procedimento de dispensa ou inexigibilidade.

Dessa forma, cumpre distinguir o que são contratos administrativos para efeito da Lei n. 8.666/1993 e o que são os contratos administrativos propriamente ditos, que aqui pretendemos estudar.

O conceito da lei mencionada assim determina:

> Art. 2º As obras, serviços, inclusive de publicidade, compras, alienações, concessões, permissões e locações da Administração Pública, quando contratadas com terceiros, serão necessariamente precedidas de licitação, ressalvadas as hipóteses previstas nesta Lei.
> Parágrafo único. Para os fins desta Lei, considera-se contrato todo e qualquer ajuste entre órgãos ou entidades da Administração Pública e particulares, em que haja um acordo de vontades para a formação de vínculo e a estipulação de obrigações recíprocas, seja qual for a denominação utilizada. (Brasil, 1993)

O conceito expresso no parágrafo único é bastante amplo, englobando todo e qualquer acordo de vontades consensual entre a Administração Pública e um particular que forme um vínculo e estipule obrigações recíprocas. Então, o que entendemos é que todos os acordos que se encaixem nesse conceito são, para a Lei n. 8.666/1993, contratos administrativos e devem ser precedidos de licitação.

A doutrina, entretanto, distingue os **contratos administrativos** dos **contratos de direito privado** celebrados pela Administração Pública. Ambas as modalidades devem ser precedidas das formalidades necessárias à contratação, estipuladas pela Lei n. 8.666/1993, e, se tais formalidades forem desrespeitadas, ensejam a invalidade do acordo celebrado. Porém, os contratos de direito privado são regidos por essas normas, com a ressalva das exigências que o regime jurídico administrativo faz. É o que ocorre, por exemplo, quando a Administração Pública celebra uma compra e venda de imóvel ou mesmo uma locação, que são negócios jurídicos regidos pelo Código Civil – Lei n. 10.406, de 10 de janeiro de 2002 (Brasil, 2002a). Não se trata de contratos de direito privado puros, pois a Administração se sujeita a regime específico, especialmente quanto à celebração do negócio. No entanto, as obrigações, os direitos e os regimes da locação ou da compra e venda, nesse caso, são regidos pela legislação privada aplicável a essas espécies.

Os contratos, de maneira geral, são conceituados como um acordo de vontades que faz lei entre as partes estabelecendo um vínculo de direitos e obrigações recíprocas entre os contratantes. Esse conceito é proveniente do direito privado, sendo o contrato uma instituição típica dessa área do direito.

Por exemplo, se A celebra um contrato de locação de um imóvel pertencente a B, estabelecem-se o direito de A ocupar o imóvel e a sua obrigação de pagar o valor do aluguel acertado. B tem o direito de receber o aluguel e o dever de manter o imóvel na posse de A enquanto durar o contrato. Há, pois, um prazo para o contrato, e o seu descumprimento ou rompimento antecipado possibilita ao prejudicado a cobrança de multa ou mesmo, em alguns casos, a manutenção forçada do vínculo. Não é possível às partes alterar unilateralmente o contrato, ou seja, B não pode dobrar o valor do aluguel de uma hora para outra sem o consentimento de A.

A diferença entre esse tipo de contrato e o administrativo propriamente dito é que neste a Administração atua para a consecução de um fim público, valendo-se de todas as suas prerrogativas derivadas do regime jurídico administrativo. Isso significa que há a supremacia do interesse público sobre o particular e outras normas próprias do regime de direito público que privilegiam a Administração. O contrato administrativo propriamente dito pode ser unilateralmente rompido ou alterado pela Administração Pública. Trata-se, assim, de um contrato em que uma das partes tem mais poderes que a outra, podendo dispor de seu conteúdo. Em decorrência dessas particularidades, há uma discussão doutrinária em que se avalia se o contrato administrativo é mesmo contrato e qual o regime aplicável.

Aí encontramos a diferença principal entre o *contrato de direito privado* e o *contrato administrativo*. Quanto ao primeiro, trata-se de um genuíno acordo de vontades, em que as partes devem entrar em consenso sobre as condições, as alterações e a rescisão. Quanto ao segundo, a Administração Pública vale-se de suas prerrogativas do regime jurídico administrativo e tem grande poder sobre o contrato. O que se busca aqui, então, é o atendimento do interesse público, e não uma mera utilidade para a Administração Pública. Por outro lado, o contrato administrativo também se submete às sujeições impostas à Administração Pública, sendo regido pela lei e passível de controle pelo Judiciário e outros órgãos. No direito privado, geralmente vigora a liberdade contratual, logo, o que não é vedado pela lei é permitido contratar.

Vejamos agora o conceito de contrato administrativo segundo Maria Sylvia Zanella Di Pietro (2006, p. 257): "a expressão contrato administrativo é reservada para designar tão somente os ajustes que a Administração, nessa qualidade, celebra com pessoas físicas ou jurídicas, públicas ou privadas, para a consecução de fins públicos, segundo regime jurídico de direito público". Para Celso Antônio Bandeira de Mello (2006, p. 583-584),

> *é um tipo de avença travada entre a Administração e terceiros na qual, por força de lei, de cláusulas pactuadas ou do tipo de objeto, a permanência do vínculo e as condições preestabelecidas assujeitam-se a cambiáveis imposições de interesse público, ressalvados os interesses patrimoniais do contratante privado.*

Os contratos administrativos têm várias espécies, das quais citamos apenas como exemplo a concessão de serviço público ou de uso de bem público. Verificamos claramente nessas espécies o caráter do contrato administrativo, que decorre do objeto próprio de direito público – a concessão de um serviço público a um particular. Então, devem ser observadas as regras de direito público não só na contratação, mas também no desenvolvimento do contrato, pois se trata de serviço público.

Os contratos de direito privado celebrados pela Administração são aqueles que têm objeto de direito privado, ou seja, submetem-se, em parte, às regras de direito público, porque um dos contratantes é a Administração Pública, mas, na sua essência e no seu desenvolvimento, obedecem a normas de direito privado. Se ambos os contratantes fossem particulares, seria um contrato de direito privado como qualquer outro.

7.1 Características dos contratos administrativos

Vejamos agora como se caracterizam os contratos administrativos. Por ser uma categoria distinta dos contratos de direito privado, eles apresentam características ligadas ao regime jurídico-administrativo que devem ser observadas, as quais são enumeradas por Di Pietro (2006). Passemos à consideração de cada uma delas.

7.1.1 Administração como Poder Público

A Administração Pública participa desses contratos como Poder Público, logo, vale-se das prerrogativas próprias do regime jurídico-administrativo.

Chamadas *cláusulas exorbitantes*, a mutação e a rescisão contratual unilateral pela Administração são algumas das características que veremos adiante decorrentes dessa atuação da Administração.

7.1.2 Finalidade pública

Todos os contratos da Administração Pública devem ter finalidade pública, característica que nos parece redundante porque, como já vimos, toda a atuação da Administração Pública deve ter finalidade pública.

7.1.3 Obediência à forma prescrita em lei

A forma de contratação deve ser conforme prevê a lei, ou seja, não há liberdade na contratação pelo Poder Público; é preciso que o instrumento obedeça às formalidades legais. Estas são necessárias como forma de controle dos atos da Administração e garantia dos direitos do particular que contrata.

Os contratos devem ser escritos, sendo para a Administração os contratos verbais exceção admissível apenas para os de pequena monta. Existem formalidades que exigem publicação do contrato, nota de empenho, cláusulas necessárias e outros elementos previstos em lei.

7.1.4 Procedimento legal

A contratação deve seguir o procedimento legal, percorrendo as fases necessárias. Há a exigência de licitação, conforme já vimos, para quase todas as contratações com o Poder Público. Assim, estas devem ser precedidas do procedimento licitatório, escolhendo-se qual a proposta que traz mais vantagem à Administração Pública. Mesmo os casos de livre contratação (dispensa e inexigibilidade) devem ser antecedidos de procedimento que comprove os requisitos legais.

Outra exigência de natureza procedimental é a verificação da existência de previsão orçamentária para os ônus financeiros do contrato que se está celebrando, no qual deve constar de qual conta do orçamento virão os recursos para o seu pagamento.

7.1.5 Contrato de adesão

As cláusulas contratuais são estabelecidas previamente pela Administração Pública. Quando se inicia a licitação, já se tem o contrato que será assinado com as condições estipuladas. Assim, o particular que deseja contratar com a Administração deve aceitar o contrato por ela imposto, razão pela qual se fala em um contrato de adesão, categoria geralmente estudada pelo direito do consumidor. Não há discussão do contrato, não há acordo de vontades, sendo que o particular que aceite a contratação, por consequência, adere ao contrato escrito pela Administração e seus termos.

7.1.6 Natureza *intuitu personae*

O contrato é firmado levando em conta a pessoa do contratado, conforme levantado na licitação. Uma vez escolhido o particular, este não poderá subcontratar ou ceder a contratação a outro.

A natureza *intuitu personae* significa que o contrato é pessoal e intransferível, firmado pela Administração com um determinado particular.

7.1.7 Presença de cláusulas exorbitantes

Cláusulas exorbitantes são aquelas que seriam consideradas ilegais, ou pelo menos incomuns, se estivessem presentes em um contrato de direito privado entre particulares.

Como já foi visto, o contrato administrativo se distingue pelo regime jurídico-administrativo que o rege. Em nome da busca da finalidade pública, pode haver privilégios contratuais em favor da Administração.

Existem vários tipos de cláusulas exorbitantes. Vejamos cada uma delas.

A Administração Pública pode exigir **garantia de caução** em dinheiro e títulos da dívida pública ou ainda seguro garantia e fiança bancária. Ao final do contrato, a garantia é devolvida ao particular, mas, caso haja prejuízos ou danos a serem indenizados para a Administração Pública de responsabilidade do particular, pode ela reter o valor a título de ressarcimento.

O contrato pode ser **unilateralmente alterado pela Administração**. A alteração pode ser qualitativa (do tipo da prestação objeto do contrato) ou quantitativa (do valor ou do número da prestação). A lei estabelece requisitos para a alteração, que basicamente se funda no interesse público. Ao particular cabe o direito de manutenção do equilíbrio econômico-financeiro do contrato, ou seja, se o contrato é alterado para uma prestação maior que a inicial, ele tem direito de ver revisado o valor a ser pago. O contrato deve manter o equilíbrio, de forma que o valor pago pela Administração corresponda à prestação exigida do particular.

Pode ainda haver a **rescisão unilateral**. A Administração pode rescindir o contrato se houver inadimplemento do particular com culpa (não cumprimento dos prazos e das cláusulas do contrato) ou sem culpa (desaparecimento do particular, falência etc.). Nesses casos, não há indenização ao particular. A rescisão unilateral pode também ter como fundamento razões de interesse público (ato discricionário) ou caso fortuito e força maior (eventos inesperados e incontroláveis, como tempestade, enchente, guerra etc.). Nessas hipóteses, há o direito do particular de receber indenização da Administração Pública.

No transcorrer do contrato pode ser feita **fiscalização pela Administração**, que designará servidor para verificar o andamento do contrato.

A Administração tem ainda o poder de aplicar **penalidades** ao particular, como multas, advertências, suspensão temporária de participação em licitação e declaração de inidoneidade.

É possível também haver a **anulação do contrato por parte da Administração**, quando constatar que há ilegalidade. Ela exerce a autotutela, ou seja, verifica a ilicitude e anula o contrato, executando sozinha a própria decisão.

Acrescentemos que, em decorrência do princípio da continuidade dos serviços públicos, a Administração pode **retomar o objeto do contrato**, atitude que também se justifica sempre que há risco ao interesse público.

Nos contratos privados, quando um dos contratantes deixa de cumprir o avençado, pode o outro descumprir sua parte. Isso não ocorre com os contratos administrativos, pois, mesmo que a Administração Pública deixe de cumprir com sua parte, o particular deve continuar com suas obrigações, isto é, não pode imediatamente deixar de cumprir o combinado, devendo requerer administrativamente ou judicialmente a rescisão.

7.1.8 Mutabilidade

Uma das características principais do contrato administrativo é a mutabilidade, ou seja, a possibilidade de sua alteração unilateral pela Administração Pública durante a sua vigência.

As alterações podem derivar de cláusulas exorbitantes, como as vistas anteriormente, mas também de outras hipóteses, como circunstâncias inesperadas decorrentes da força maior e de riscos do particular na contratação com a Administração Pública.

Notemos que o particular, quando participa de licitação e celebra contrato com a Administração, está ciente das prerrogativas que esta possui, as quais decorrem diretamente de lei e se justificam pelo interesse público que deve ser buscado. Então, o particular sabe que o seu contrato pode ser unilateralmente alterado pela Administração e ele nada ou pouco poderá fazer a respeito.

As alterações e as rescisões unilaterais da Administração geralmente originam ao particular direito de natureza patrimonial, de ser indenizado pelos danos sofridos ou de receber valor maior pelo serviço prestado. Atentemos para o fato de que o particular não tem o direito de obrigar a Administração Pública a cumprir o contrato tal como ele foi assinado, pois a alteração unilateral é inerente a esse contrato. Entretanto, esse comportamento não pode ser suportado exclusivamente pelo particular. É por isso que ele tem o direito de receber indenização pelos danos decorrentes da alteração.

Vejamos as circunstâncias em que o contrato se altera e as respectivas consequências para a relação entre Administração e particular. São as chamadas *áleas* ou *riscos* que podem surgir no decorrer do contrato, juntamente com a força maior, já comentada.

7.1.9 Álea ordinária ou empresarial

É o risco inerente a todo e qualquer negócio. Decorre da flutuação do mercado, sendo inerente a este. É considerada previsível, pois ocorre com regularidade ou, quando ocorre, não é extraordinária.

Tal risco, por ser previsível, deve ser suportado pelo particular, já que este sabe que o preço a ser cobrado precisa abarcar as flutuações de mercado que podem surgir ao longo da execução do contrato.

É o caso, por exemplo, de um contrato de fornecimento de cereais, verduras e frutas para a merenda escolar. Sabe-se que alguns produtos são produzidos em safras anuais e que, em determinadas épocas do ano, ficam mais caros por se tornarem mais escassos no mercado. Ou seja, tal variação de preço é previsível e conhecida, logo, o particular tem de suportá-la mesmo que o valor a ele pago mensalmente seja uniforme durante todo o ano.

7.1.10 Álea administrativa

A álea administrativa divide-se em três modalidades: alteração unilateral, fato do príncipe e fato da administração. Tal álea, juntamente com a álea econômica (teoria da imprevisão), que veremos a seguir, são denominadas *áleas extraordinárias*, em oposição à álea ordinária vista anteriormente.

A **alteração unilateral** é prerrogativa da Administração e justifica-se pela necessidade de adequação do contrato às finalidades de interesse público. É entendida como prerrogativa da Administração enquanto observar os limites estabelecidos por lei. Assim, se há uma alteração no contrato dentro dos limites legais, o particular deve aceitá-la e tem o direito ao ajuste do equilíbrio econômico-financeiro do contrato. Então, se, por questão de finalidade pública, uma determinada obra precisa ser ampliada, o pagamento ao particular deve ser aumentado de forma a remunerar aquele acréscimo.

Já o **fato do príncipe** constitui-se em uma atitude da Administração Pública não direcionada diretamente ao contrato, mas que nele repercute. Ocorre, por exemplo, quando há um aumento de tributo geral que incide sobre o objeto do contrato, aumentando sua onerosidade. O aumento do tributo foi causado pela Administração e atingiu o contrato, não sendo sua intenção a mudança. Nesse caso, todos os contribuintes foram atingidos, mas o contrato acabou sofrendo a repercussão, a qual foi apenas um efeito colateral não desejado do aumento do tributo, que não era inicialmente querido pela Administração.

A recomposição do equilíbrio econômico do contrato se dá pela responsabilidade objetiva do Estado, que será estudada mais adiante. No Brasil, só se considera fato do príncipe quando o ato que atinge o contrato for praticado pelo mesmo ente da federação que for seu celebrante. Se o ato for de outro ente, trata-se de aplicação da teoria da imprevisão ou álea econômica, que será vista a seguir.

Os **fatos da Administração** são atitudes da Administração tomadas na condição de parte contratual que inviabilizam sua continuidade ou desequilibram a relação. Diferem do fato do príncipe porque neste a Administração toma uma atitude geral que tem como consequência reflexa efeitos sobre o contrato, enquanto que, no fato da administração, trata-se de uma atitude diretamente relacionada com o contrato.

Por exemplo, a Administração deixa de pagar o valor avençado no contrato ou deixa de desapropriar uma área necessária à obra. Como consequência, pode ocorrer a readequação do equilíbrio econômico-financeiro, se o contrato continuar, ou a indenização pelos danos sofridos, no caso de rescisão.

7.1.11 Álea econômica: teoria da imprevisão

Segundo Di Pietro (2006, p. 286), a álea econômica traz a chamada ***teoria da imprevisão*** e é "todo acontecimento externo ao contrato, estranho à vontade das partes, imprevisível e inevitável, que causa um desequilíbrio muito grande, tornando a execução do contrato excessivamente onerosa para o contratado".

Há nesse conceito alguns elementos que podemos destacar. Deve o acontecimento ser estranho à vontade das partes, não cabendo a qualquer delas responsabilidade pelo inadimplemento, e ainda ser imprevisível, isto é, um fato que não se imaginava que poderia ocorrer ou que fosse muito improvável de acontecer. Também deve ser inevitável, ou seja, as partes nada podem fazer para impedi-lo, e tem como consequência um desequilíbrio grande na relação do contrato.

Em decorrência do desequilíbrio, pode o contrato ser readequado para continuar ou ser extinto, quando o fato impossibilitar absolutamente sua continuidade.

Um exemplo de teoria da imprevisão é o caso de uma guerra que, devido aos seus efeitos, interfira na prestação de um serviço público.

7.2 Rescisão

A rescisão do contrato administrativo pode ocorrer de três formas, conforme prevê o art. 79 da Lei n. 8.666/1993: unilateral, amigável e judicial.

A rescisão **amigável** é também conhecida como *administrativa*. Deve ser precedida de autorização escrita e fundamentada da autoridade. É um verdadeiro acordo, ou seja, a Administração e o contratado combinam de comum acordo o fim do contrato.

A rescisão **judicial** é solicitada pelo particular quando a Administração deixa de cumprir sua parte no contrato, justificando-se, pois, pelos fatos da Administração. O requerente vai a juízo, expondo o inadimplemento e solicitando o fim do contrato.

No caso da rescisão **unilateral** pela Administração, trata-se de prerrogativa que enseja as consequências do art. 80 da Lei n. 8.666/1993. Como já vimos, a Administração não precisa ir a juízo para rescindir o contrato, podendo agir unilateralmente e dar execução à própria decisão.

7.3 Contratos em espécie

Os contratos administrativos surgem de diversas formas, em várias modalidades diferentes e adequadas às finalidades que se pretende atingir.

Veremos a seguir os principais contratos administrativos e suas principais características.

7.3.1 Concessão

Segundo Mello (2006, p. 664),

> *concessão de serviço público é o instituto através do qual o Estado atribui o exercício de um serviço público a alguém que aceita prestá-lo em nome próprio, por sua conta e risco, nas condições fixadas e alteráveis unilateralmente pelo Poder Público, mas sob garantia contratual de um equilíbrio econômico-financeiro, remunerando-se pela própria exploração do serviço, em geral e basicamente mediante tarifas cobradas diretamente dos usuários do serviço.*

A Lei n. 8.987, de 13 de fevereiro de 1995, que regulamenta as concessões, assim conceitua a concessão de serviços públicos:

> Art. 2º Para os fins do disposto nesta Lei, considera-se:
> [...]
> II – concessão de serviço público: a delegação de sua prestação, feita pelo poder concedente, mediante licitação, na modalidade de concorrência, à pessoa jurídica ou consórcio de empresas que demonstre capacidade para seu desempenho, por sua conta e risco e por prazo determinado; [...].
> (Brasil, 1995)

Observemos que, na **concessão**, o Estado mantém a titularidade do serviço público, ou seja, não passa o serviço ao particular, mas apenas permite que este o exerça durante determinado prazo e sob condições por ele estipuladas. É o caso, por exemplo, das empresas de telefonia, energia elétrica, água e esgoto, transporte coletivo, transporte rodoviário, transporte aéreo e diversos outros serviços públicos que podem ser prestados por particulares.

A prestação se dá por conta e risco do particular, sendo sua remuneração geralmente obtida através da cobrança de tarifas dos usuários. O serviço pode também ser financiado por subsídios do Poder Público, mas é a tarifa cobrada dos usuários a base de sua remuneração. Esta é determinada no contrato, tendo o concessionário o direito à manutenção do equilíbrio econômico-financeiro.

A concessão justifica-se pela impossibilidade de o Estado prestar todos os serviços públicos sozinho. Além disso, o serviço prestado pelo Estado seria para ele oneroso, podendo ser ineficiente. Com a concessão, transferem-se a responsabilidade e o risco do negócio ao particular, o qual geralmente tem que concorrer com outros concessionários, causando redução de tarifas e mais eficiência no serviço.

A concessão pode ser dada a particulares, hipótese que exige prévia licitação para escolha da melhor proposta, conforme o art. 175 da Constituição Federal de 1988 (Brasil, 1988). Só empresas podem ser concessionárias, não se admitindo a concessão a pessoas físicas. Nesse caso, a licitação deve ser na modalidade de concorrência. Também pode haver a concessão a empresas estatais, que deve ocorrer por lei.

O usuário do serviço público tem direito à prestação, podendo exigi-la judicialmente quando lhe for indevidamente negada.

A rescisão unilateral antes do prazo de término da concessão por motivo de interesse público (ato discricionário) é denominada *encampação*, retomando a Administração o

> *A concessão justifica-se pela impossibilidade de o Estado prestar todos os serviços públicos sozinho. Além disso, o serviço prestado pelo Estado seria para ele oneroso, podendo ser ineficiente. Com a concessão, transferem-se a responsabilidade e o risco do negócio ao particular, o qual geralmente tem que concorrer com outros concessionários, causando redução de tarifas e mais eficiência no serviço.*

exercício da prestação do serviço público. Ao particular cabe indenização pelos prejuízos causados.

Já na **caducidade** ocorre a rescisão unilateral por descumprimento do contrato pelo particular. A indenização é cabível apenas para o valor dos equipamentos adquiridos pelo concessionário que não tenham sido pagos. Eles serão tomados pelo Poder Público para que o serviço continue sendo gerido pela própria Administração ou por outro concessionário. Respeita-se o princípio da continuidade dos serviços públicos, de forma que a tomada dos equipamentos se justifica para que o serviço possa continuar imediatamente.

Ao Poder Público cabe o poder de intervir na empresa concessionária no caso de irregularidades ou risco à prestação do serviço público.

A concessão mais utilizada é a de serviços públicos, mas também pode haver concessões de serviços públicos precedidas de obras públicas ou de uso de bem público.

No caso da concessão do serviço precedida de obra, é delegada ao particular a realização de uma determinada obra pública e depois concedido o direito de explorá-la ao particular como forma de sua remuneração. É o caso, por exemplo, da construção de uma ponte executada por particulares que, depois, terão o direito de cobrar pedágio pela sua utilização por determinado período de tempo como forma de serem remunerados pela obra e pelo investimento realizado.

Na concessão de uso de bem público, é concedido ao particular o uso privativo de um determinado bem público, respeitando-se a respectiva destinação.

Um exemplo é a concessão de um parque ao particular, dando-lhe o direito de cobrar ingresso mediante a conservação e o melhoramento da obra.

7.3.2 Permissão e autorização

A noção de *permissão* tem perdido terreno em nosso direito, pois antigamente ela não exigia licitação para ser concedida. Através dela era dada ao particular, por ato unilateral, a delegação de um serviço público. Não tinha natureza contratual, pois não envolvia acordo de vontades, já que os termos da permissão eram impostos pela Administração ao permissionário. Atualmente, há a exigência de licitação também para a permissão, fazendo com que a concessão seja preferida.

Para Di Pietro (2006, p. 303), a permissão é "considerada ato unilateral, discricionário e precário, pelo qual o Poder Público transfere a outrem a execução de um serviço público, para que o exerça em seu próprio nome e por sua conta e risco, mediante tarifa paga pelo usuário". A Lei n. 8.987/1995 assim conceitua a permissão:

> Art. 2º [...]
> IV – permissão de serviço público: a delegação, a título precário, mediante licitação, da prestação de serviços públicos, feita pelo poder concedente à pessoa física ou jurídica que demonstre capacidade para seu desempenho, por sua conta e risco. (Brasil, 1995)

Segundo Romeu Felipe Bacellar Filho (2005), a distinção entre a permissão e a concessão é bastante difícil, já que, em ambos os casos, trata-se da delegação de um serviço público a um particular. A principal diferença entre elas é que, na permissão, a delegação é precária, enquanto que na concessão é mais estável. Ou seja, a concessão é uma relação de longo prazo, enquanto que a permissão destina-se a situações mais transitórias. Além disso, outra diferença é que na permissão se admite a participação de pessoas físicas como permissionárias, ao passo que na concessão só se admitem pessoas jurídicas.

7.3.3 Parcerias público-privadas (PPP)

As parcerias público-privadas, conhecidas também pela sigla *PPP*, surgiram em nosso direito com o advento da Lei n. 11.079, de 30 de dezembro de 2004 (Brasil, 2004b). São, então, um instituto novo no direito brasileiro, que só agora começa a ser aplicado e a ganhar os contornos práticos.

Trata-se de uma forma de concessão de serviços públicos com contornos próprios e pode se dar por duas formas: patrocinada e administrativa. Assim define a Lei n. 11.079/2004:

> *Art. 2º Parceria público-privada é o contrato administrativo de concessão, na modalidade patrocinada ou administrativa.* (Brasil, 2004b)

Di Pietro (2006, p. 308) criou uma definição que engloba ambas as formas de PPPs e que corresponde ao conceito legal do art. 2º e parágrafos 1º e 2º da Lei n. 11.079/2004 (o item *a* refere-se à concessão patrocinada, e o item *b*, à concessão administrativa):

> *é o contrato administrativo de concessão que tem por objeto (a) a execução de serviço público, precedida ou não de obra pública, remunerada mediante tarifa paga pelo usuário e contraprestação pecuniária do parceiro público, ou (b) a prestação de serviço de que a Administração Pública seja usuária direta ou indireta, com ou sem execução de obra e fornecimento e instalação de bens, mediante contraprestação do parceiro público.*

Atentemos para o fato de que o principal traço distintivo entre as PPPs na modalidade de concessão patrocinada e as concessões de serviço público comuns é a contraprestação pecuniária do parceiro público, presente em ambas as modalidades. A PPP naquela modalidade é uma concessão de serviço público, precedida ou não de obra pública, que é remunerada não só pela tarifa paga pelo usuário, mas também por verba da Administração Pública.

A **concessão patrocinada** se sujeita a regime parcialmente diferente do regime das concessões comuns, sendo o traço distintivo a contraprestação do Estado, conforme visto anteriormente. O regime jurídico também diverge quanto ao risco da atividade, que é dividida com o Poder Público, às garantias que o Poder Público presta aos financiadores do projeto e à repartição de ganhos econômicos decorrentes de redução de risco de crédito.

Notemos que nas PPPs existe uma real parceria entre particulares e Administração. Na concessão comum, o risco do negócio, o financiamento e as garantias são todos de responsabilidade do particular, enquanto que nas PPPs esses elementos interessam à Administração Pública, que é parceira do particular no negócio.

Quanto à **concessão administrativa**, existe dificuldade de conceituação, já que a redação do parágrafo 2º do art. 2º da Lei n. 11.079/2004 não apresenta o conceito claramente:

> §2º Concessão administrativa é o contrato de prestação de serviços de que a Administração Pública seja a usuária direta ou indireta, ainda que envolva execução de obra ou fornecimento e instalação de bens.(Brasil, 2004b)

Aqui verificamos que não há a necessidade de que seja serviço público, pois o conceito legal não é expresso nesse sentido. Os autores não encontraram ainda a definição exata do instituto, mas, pela leitura do dispositivo, parece-nos que se trata da delegação ao particular de um serviço de utilidade do Estado, não necessariamente remunerado por tarifa. É provável que aqui ocorra a obtenção de financiamento com particulares para que a Administração desfrute de um serviço, que ela remunerará pelo uso.

7.3.4 Contrato de gestão

Os contratos de gestão constituem acordos que têm, de um lado, a Administração Pública direta e, de outro, entidades da Administração Pública indireta e entidades privadas que atuam com o Estado. A Administração direta estabelece metas a serem atingidas pela outra parte, resultando em benefícios estatais em favor desta.

Essa forma de contrato pode ser celebrada, por exemplo, entre um ministério e uma autarquia, tornando esta uma agência executiva do objeto do contrato. Também pode ser promovida com *Organizações da Sociedade Civil de Interesse Público* (Oscip), entidades privadas que recebem essa denominação do Ministério da Justiça e podem, então, celebrar contratos de gestão, recebendo ajuda estatal, como verbas públicas, bens ou servidores para suas atividades.

7.3.5 Convênio

O convênio, juntamente com os consórcios que serão estudados adiante, é entendido como um contrato diferente dos demais, porque não envolve a contraposição de interesses. Nos contratos comuns, há interesses divergentes por parte dos contratantes, sendo o objetivo da Administração o interesse público e o objetivo do particular a remuneração paga, que lhe trará lucro.

Os celebrantes do convênio pretendem a mesma finalidade, ou seja, o atendimento do interesse público. As partes então colaboram para promover a finalidade pretendida. Há o objetivo comum de obtenção de um determinado resultado, que é esperado por ambos os celebrantes.

É o caso, por exemplo, de uma universidade pública que celebra um convênio de cooperação com outra entidade para a realização de uma pesquisa em conjunto. Trata-se da soma de esforços das duas organizações para atingirem uma finalidade comum.

Para as atividades de competência concorrente, disciplinadas no art. 23 da Constituição Federal, admite-se o convênio entre os entes da federação para a cooperação nessas atividades (por exemplo, saúde, assistência a deficientes, proteção do meio ambiente etc.).

O art. 241 da Constituição, com redação alterada pela Emenda Constitucional (EC) n. 19, de 4 de junho de 1988 (Brasil, 1998b), ampliou a possibilidade dos convênios para outras atividades além das previstas pelo art. 23:

> Art. 241. A União, os Estados, o Distrito Federal e os Municípios disciplinarão por meio de lei os consórcios públicos e os convênios de cooperação entre os entes federados, autorizando a gestão associada de serviços públicos, bem como a transferência total ou parcial de encargos, serviços, pessoal e bens essenciais à continuidade dos serviços transferidos. (Brasil, 1988)

O convênio é previsto pelo art. 116 da Lei n. 8.666/1993 e determina que a ele se apliquem, além das regras do artigo, os demais dispositivos desta lei, naquilo que for cabível.

O convênio também pode ser celebrado com entidades privadas, não sendo possível constituir delegação de serviços públicos para não conflitar com a figura da concessão. Entende Mello (2006) que o convênio só pode ser estabelecido com entidades privadas sem fins lucrativos, pois, de outra forma, não haveria o necessário interesse público que deve mover ambos os conveniados.

7.3.6 Consórcio

Essa modalidade de contrato administrativo é semelhante ao convênio, porque nela os contratantes não apresentam vontades contrapostas, sendo seu interesse igual, assim como os objetivos perseguidos.

A diferença entre ambas está no fato de que o consórcio só pode ser celebrado entre entidades políticas, ou seja, entre os entes da federação, enquanto que o convênio pode ser realizado entre entidades da Administração e entre estas e particulares. O consórcio, quando celebrado, ganha uma personalidade jurídica própria, enquanto que com o convênio isso não acontece.

A Lei n. 11.107, de 6 de abril de 2005, veio disciplinar os consórcios, alterando os entendimentos anteriores que havia sobre eles:

> Art. 1º Esta Lei dispõe sobre normas gerais para a União, os Estados, o Distrito Federal e os Municípios contratarem consórcios públicos para a realização de objetivos de interesse comum e dá outras providências. (Brasil, 2005)

Então, como já vimos, só a União, os estados, o Distrito Federal e os municípios podem participar de consórcios, pois eles têm a finalidade de realizar objetivos de interesse comum, como a gestão associada de serviços públicos.

Os consórcios são constituídos por contratos que devem ser precedidos de um protocolo de intenções e, depois, ser ratificados por lei. Eles podem ter personalidade jurídica de direito privado ou de direito público, dependendo da forma como se organizam. Quando têm personalidade jurídica de direito público, são considerados entidades da Administração Pública indireta e chamados de *associações públicas*.

Síntese

Neste capítulo, analisamos os contratos administrativos, que são contratos celebrados pela Administração Pública que seguem uma disciplina específica derivada do regime jurídico-administrativo e de suas principais características. Esses contratos têm a Administração

Pública como Poder Público, valendo-se de suas prerrogativas e sujeitando-se às limitações da lei. Não vige nesses contratos a igualdade entre as partes, sendo suas características previstas em lei. São contratos em que as partes não dispõem livremente do conteúdo, estabelecendo obrigações e direitos diferentes daqueles inicialmente pactuados. Ainda, tais contratos, em regra, são precedidos de um procedimento de licitação para escolha do contratante.

Consultando a legislação

a) Constituição Federal

> Art. 23. É competência comum da União, dos Estados, do Distrito Federal e dos Municípios:
> I – zelar pela guarda da Constituição, das leis e das instituições democráticas e conservar o patrimônio público;
> II – cuidar da saúde e assistência pública, da proteção e garantia das pessoas portadoras de deficiência;
> III – proteger os documentos, as obras e outros bens de valor histórico, artístico e cultural, os monumentos, as paisagens naturais notáveis e os sítios arqueológicos;
> IV – impedir a evasão, a destruição e a descaracterização de obras de arte e de outros bens de valor histórico, artístico ou cultural;
> V – proporcionar os meios de acesso à cultura, à educação, à ciência, à tecnologia, à pesquisa e à inovação;
> VI – proteger o meio ambiente e combater a poluição em qualquer de suas formas;
> VII – preservar as florestas, a fauna e a flora;
> VIII – fomentar a produção agropecuária e organizar o abastecimento alimentar;
> IX – promover programas de construção de moradias e a melhoria das condições habitacionais e de saneamento básico;

X – combater as causas da pobreza e os fatores de marginalização, promovendo a integração social dos setores desfavorecidos;

XI – registrar, acompanhar e fiscalizar as concessões de direitos de pesquisa e exploração de recursos hídricos e minerais em seus territórios;

XII – estabelecer e implantar política de educação para a segurança do trânsito.

Parágrafo único. Leis complementares fixarão normas para a cooperação entre a União e os Estados, o Distrito Federal e os Municípios, tendo em vista o equilíbrio do desenvolvimento e do bem-estar em âmbito nacional.

[...]

Art. 175. Incumbe ao Poder Público, na forma da lei, diretamente ou sob regime de concessão ou permissão, sempre através de licitação, a prestação de serviços públicos.

Parágrafo único. A lei disporá sobre:

I – o regime das empresas concessionárias e permissionárias de serviços públicos, o caráter especial de seu contrato e de sua prorrogação, bem como as condições de caducidade, fiscalização e rescisão da concessão ou permissão;

II – os direitos dos usuários;

III – política tarifária;

IV – a obrigação de manter serviço adequado.

[...]

Art. 241. A União, os Estados, o Distrito Federal e os Municípios disciplinarão por meio de lei os consórcios públicos e os convênios de cooperação entre os entes federados, autorizando a gestão associada de serviços públicos, bem como a transferência total ou parcial de encargos, serviços, pessoal e bens essenciais à continuidade dos serviços transferidos. (Brasil, 1988)

b) Lei n. 8.666/1993

> Regulamenta o art. 37, inciso XXI, da Constituição Federal, institui normas para licitações e contratos da Administração Pública e dá outras providências.
> [...]
> Art. 2º As obras, serviços, inclusive de publicidade, compras, alienações, concessões, permissões e locações da Administração Pública, quando contratadas com terceiros, serão necessariamente precedidas de licitação, ressalvadas as hipóteses previstas nesta Lei.
> Parágrafo único. Para os fins desta Lei, considera-se contrato todo e qualquer ajuste entre órgãos ou entidades da Administração Pública e particulares, em que haja um acordo de vontades para a formação de vínculo e a estipulação de obrigações recíprocas, seja qual for a denominação utilizada.
> [...]
> Art. 79. A rescisão do contrato poderá ser:
> I – determinada por ato unilateral e escrito da Administração, nos casos enumerados nos incisos I a XII e XVII do artigo anterior;
> II – amigável, por acordo entre as partes, reduzida a termo no processo da licitação, desde que haja conveniência para a Administração;
> III – judicial, nos termos da legislação;
> IV – (Vetado).
> §1º A rescisão administrativa ou amigável deverá ser precedida de autorização escrita e fundamentada da autoridade competente.
> §2º Quando a rescisão ocorrer com base nos incisos XII a XVII do artigo anterior, sem que haja culpa do contratado, será este ressarcido dos prejuízos regularmente comprovados que houver sofrido, tendo ainda direito a:

I – devolução de garantia;
II – pagamentos devidos pela execução do contrato até a data da rescisão;
III – pagamento do custo da desmobilização.
§3º (Vetado).
§4º (Vetado).
§5º Ocorrendo impedimento, paralisação ou sustação do contrato, o cronograma de execução será prorrogado automaticamente por igual tempo.
[...]
Art. 116. Aplicam-se as disposições desta Lei, no que couber, aos convênios, acordos, ajustes e outros instrumentos congêneres celebrados por órgãos e entidades da Administração.
§1º A celebração de convênio, acordo ou ajuste pelos órgãos ou entidades da Administração Pública depende de prévia aprovação de competente plano de trabalho proposto pela organização interessada, o qual deverá conter, no mínimo, as seguintes informações:
I – identificação do objeto a ser executado;
II – metas a serem atingidas;
III – etapas ou fases de execução;
IV – plano de aplicação dos recursos financeiros;
V – cronograma de desembolso;
VI – previsão de início e fim da execução do objeto, bem assim da conclusão das etapas ou fases programadas;
VII – se o ajuste compreender obra ou serviço de engenharia, comprovação de que os recursos próprios para complementar a execução do objeto estão devidamente assegurados, salvo se o custo total do empreendimento recair sobre a entidade ou órgão descentralizador.
§2º Assinado o convênio, a entidade ou órgão repassador dará ciência do mesmo à Assembleia Legislativa ou à Câmara Municipal respectiva.

§3 As parcelas do convênio serão liberadas em estrita conformidade com o plano de aprovação aprovado, exceto nos casos a seguir, em que as mesmas ficarão retidas até o saneamento das impropriedades ocorrentes:

I – quando não tiver havido comprovação da boa e regular aplicação da parcela anteriormente recebida, na forma da legislação aplicável, inclusive mediante procedimentos de fiscalização local, realizados periodicamente pela entidade ou órgão descentralizador dos recursos ou pelo órgão competente do sistema de controle interno da Administração Pública;

II – quando verificado desvio de finalidade na aplicação dos recursos, atrasos não justificados no cumprimento das etapas ou fases programadas, práticas atentatórias aos princípios fundamentais de Administração Pública nas contratações e demais atos praticados na execução do convênio, ou o inadimplemento do executor com relação a outras cláusulas conveniais básicas;

III – quando o executor deixar de adotar as medidas saneadoras apontadas pelo partícipe repassador dos recursos ou por integrantes do respectivo sistema de controle interno.

§4º Os saldos de convênio, enquanto não utilizados, serão obrigatoriamente aplicados em cadernetas de poupança de instituição financeira oficial se a previsão de seu uso for igual ou superior a um mês, ou em fundo de aplicação financeira de curto prazo ou operação de mercado aberto lastreada em títulos da dívida pública, quando a utilização dos mesmos verificar-se em prazos menores que um mês.

§5º As receitas financeiras auferidas na forma do parágrafo anterior serão obrigatoriamente computadas a crédito do convênio e aplicadas, exclusivamente, no objeto de sua finalidade, devendo constar de demonstrativo específico que integrará as prestações de contas do ajuste.

§6º Quando da conclusão, denúncia, rescisão ou extinção do convênio, acordo ou ajuste, os saldos financeiros remanescentes, inclusive os provenientes das receitas obtidas das aplicações financeiras realizadas, serão devolvidos à entidade ou órgão repassador dos recursos, no prazo improrrogável de 30 (trinta) dias do evento, sob pena da imediata instauração de tomada de contas especial do responsável, providenciada pela autoridade competente do órgão ou entidade titular dos recursos. (Brasil, 1993)

c) Lei n. 8.987/1995

Dispõe sobre o regime de concessão e permissão da prestação de serviços públicos previsto no art. 175 da Constituição Federal, e dá outras providências.
[...]
Art. 2º Para os fins do disposto nesta Lei, considera-se:
I – poder concedente: a União, o Estado, o Distrito Federal ou o Município, em cuja competência se encontre o serviço público, precedido ou não da execução de obra pública, objeto de concessão ou permissão;
II – concessão de serviço público: a delegação de sua prestação, feita pelo poder concedente, mediante licitação, na modalidade de concorrência, à pessoa jurídica ou consórcio de empresas que demonstre capacidade para seu desempenho, por sua conta e risco e por prazo determinado;
III – concessão de serviço público precedida da execução de obra pública: a construção, total ou parcial, conservação, reforma, ampliação ou melhoramento de quaisquer obras de interesse público, delegada pelo poder concedente, mediante licitação, na modalidade de concorrência, à pessoa jurídica ou consórcio de empresas que demonstre capacidade para a sua realização, por sua conta e risco, de forma que o investimento da concessionária seja remunerado e amortizado mediante a exploração do serviço ou da obra por prazo determinado;

IV – permissão de serviço público: a delegação, a título precário, mediante licitação, da prestação de serviços públicos, feita pelo poder concedente à pessoa física ou jurídica que demonstre capacidade para seu desempenho, por sua conta e risco. (Brasil, 1995)

d) Lei n. 11.079/2004

Institui normas gerais para licitação e contratação de parceria público-privada no âmbito da administração pública.
[...]
Art. 2º Parceria público-privada é o contrato administrativo de concessão, na modalidade patrocinada ou administrativa.
§1º Concessão patrocinada é a concessão de serviços públicos ou de obras públicas de que trata a Lei nº 8.987, de 13 de fevereiro de 1995, quando envolver, adicionalmente à tarifa cobrada dos usuários contraprestação pecuniária do parceiro público ao parceiro privado.
§2º Concessão administrativa é o contrato de prestação de serviços de que a Administração Pública seja a usuária direta ou indireta, ainda que envolva execução de obra ou fornecimento e instalação de bens.
§3º Não constitui parceria público-privada a concessão comum, assim entendida a concessão de serviços públicos ou de obras públicas de que trata a Lei nº 8.987, de 13 de fevereiro de 1995, quando não envolver contraprestação pecuniária do parceiro público ao parceiro privado.
§4º É vedada a celebração de contrato de parceria público-privada:
I – cujo valor do contrato seja inferior a R$ 20.000.000,00 (vinte milhões de reais);
II – cujo período de prestação do serviço seja inferior a 5 (cinco) anos; ou
III – que tenha como objeto único o fornecimento de mão de obra, o fornecimento e instalação de equipamentos ou a execução de obra pública. (Brasil, 2004b)

e) Lei n. 11.107/2005

> Dispõe sobre normas gerais de contratação de consórcios públicos e dá outras providências.
>
> Art. 1º Esta Lei dispõe sobre normas gerais para a União, os Estados, o Distrito Federal e os Municípios contratarem consórcios públicos para a realização de objetivos de interesse comum e dá outras providências.
>
> [...]
>
> §1º O consórcio público constituirá associação pública ou pessoa jurídica de direito privado.
>
> §2º A União somente participará de consórcios públicos em que também façam parte todos os Estados em cujos territórios estejam situados os Municípios consorciados.
>
> §3º Os consórcios públicos, na área de saúde, deverão obedecer aos princípios, diretrizes e normas que regulam o Sistema Único de Saúde – SUS.
>
> Art. 2º Os objetivos dos consórcios públicos serão determinados pelos entes da Federação que se consorciarem, observados os limites constitucionais.
>
> §1º Para o cumprimento de seus objetivos, o consórcio público poderá:
>
> I – firmar convênios, contratos, acordos de qualquer natureza, receber auxílios, contribuições e subvenções sociais ou econômicas de outras entidades e órgãos do governo;
>
> II – nos termos do contrato de consórcio de direito público, promover desapropriações e instituir servidões nos termos de declaração de utilidade ou necessidade pública, ou interesse social, realizada pelo Poder Público; e
>
> III – ser contratado pela administração direta ou indireta dos entes da Federação consorciados, dispensada a licitação.

> §2° Os consórcios públicos poderão emitir documentos de cobrança e exercer atividades de arrecadação de tarifas e outros preços públicos pela prestação de serviços ou pelo uso ou outorga de uso de bens públicos por eles administrados ou, mediante autorização específica, pelo ente da Federação consorciado.
> §3° Os consórcios públicos poderão outorgar concessão, permissão ou autorização de obras ou serviços públicos mediante autorização prevista no contrato de consórcio público, que deverá indicar de forma específica o objeto da concessão, permissão ou autorização e as condições a que deverá atender, observada a legislação de normas gerais em vigor. (Brasil, 2005)

Questão para revisão

1. Os contratos administrativos são idênticos aos contratos celebrados entre privados? Justifique.

Questão para reflexão

1. No passado recente do Brasil diversos serviços públicos prestados pelo Estado passaram a ser prestados por empresas privadas, mediantes contratos de concessao de serviço público. Reflita sobre as eventuais vantagens e desvantagens desse sistema.

VIII

Agentes públicos

Conteúdos do capítulo:

» Necessidade da existência dos agentes públicos.
» Representantes do Estado.
» Tipos (espécies) de agentes.

A Administração Pública, conforme vimos, é composta por pessoas jurídicas diversas que têm a incumbência de realizar o interesse público com a execução de atividades para as quais detêm o dever e a competência de realizar.

Entretanto, pessoas jurídicas não têm existência real. São ficções jurídicas a quem o direito atribui personalidade. Uma pessoa jurídica, então, só pode atuar através de pessoas físicas, que a dirigem e desempenham suas atividades. Logo, a Administração precisa de pessoas físicas para funcionar, pois são elas que desempenham suas funções e lhe dão vida.

A essas pessoas físicas, genericamente, dá-se o nome de *agentes públicos*. Para Maria Sylvia Zanella Di Pietro (2006, p. 499), *agente público* é "toda pessoa física que presta serviços ao Estado e às pessoas jurídicas da Administração Indireta".

8.1 Espécies de agentes públicos

Os agentes públicos se subdividem entre agentes políticos, servidores públicos, militares e particulares em colaboração com o Poder Público. Vejamos cada uma dessas categorias individualmente.

8.1.1 Agentes políticos

São pessoas que mantêm com o Estado um vínculo de natureza política, e não profissional. Ocupam os cargos constitucionalmente definidos que são encarregados das decisões mais importantes, formando a vontade superior do Estado. Seus poderes e competências decorrem diretamente da Constituição Federal de 1988 (Brasil, 1988) e exercem fundamentalmente o poder tomando decisões de natureza política.

Apenas o presidente da República, os governadores e os prefeitos, com os respectivos vices, os deputados federais, os senadores, os deputados estaduais, os vereadores, os ministros, os secretários de estado e de município são considerados *agentes políticos*.

8.1.2 Servidores públicos

São servidores públicos todas as pessoas físicas que prestam serviços aos entes da Administração Pública direta e indireta, com vínculo profissional e remuneração paga pelo erário. Dividem-se em três categorias: servidores estatutários, empregados públicos e servidores temporários.

Os **servidores estatutários** são os ocupantes de cargo público sujeitos ao regime estatutário. Quando ingressam no serviço público, sua situação e sua carreira são previstas em lei, não cabendo acordo de vontades sobre a relação de trabalho.

Antigamente, usava-se a expressão *funcionário público* para denominar os servidores estatutários, mas a Constituição Federal de 1988 não utiliza esse termo, que, no entanto, é ainda encontrado em legislações mais antigas. Atualmente, os servidores estatutários são denominados também *servidores públicos*.

Os **empregados públicos** são os contratados sob regime da legislação trabalhista, sujeitos à Consolidação das Leis do Trabalho (CLT). Essa forma de contratação pode ocorrer para algumas funções subalternas e com os remanescentes da Constituição anterior, quando se admitia mais amplamente esse regime. Os empregados das sociedades de economia mista, empresas públicas e fundações de direito privado instituídas pelo Poder Público são obrigatoriamente contratados sob regime trabalhista.

Os **servidores temporários** são aqueles que exercem função por tempo determinado, por necessidade temporária decorrente de interesse público excepcional (art. 37, IX, CF). Estão sujeitos ao regime da legislação trabalhista privada (CLT), não se submetendo ao regime estatutário. Contribuem com o regime do INSS (Instituto Nacional do Seguro Social) para previdência, não fazendo jus à aposentadoria e à pensão nos moldes dos servidores estatutários.

8.1.3 Militares

Os militares eram considerados servidores públicos como os demais até o advento da Emenda Constitucional (EC) n. 18, de 5 de fevereiro de 1998 (Brasil, 1998a). A eles se aplicavam exatamente as mesmas regras. A partir dessa emenda, considera-se que eles têm um regime próprio, sendo as regras dos demais servidores aplicáveis apenas no caso de expressa previsão na Constituição Federal. Assim, têm regime estatutário próprio, previsto em lei específica para eles, diferente do estatuto dos demais servidores.

São militares os integrantes das Forças Armadas – Exército, Marinha e Aeronáutica –, os integrantes das Polícias Militares dos estados e do Distrito Federal, bem como os integrantes do Corpo de Bombeiros Militar.

8.1.4 Particulares em colaboração com o Poder Público

São pessoas físicas que prestam serviços ao Estado, entretanto, não têm vínculo profissional e podem ou não receber remuneração. Geralmente, são funções transitórias que não podem ser desempenhadas só pelos servidores do quadro normal.

Trata-se de funções instituídas por delegação do Poder Público, nos casos de agentes das concessionárias e permissionárias e daqueles que exercem serviços notariais (cartórios). Ocorre também por requisição, nomeação ou designação, como acontece com os jurados, os mesários nas eleições, os comissários de menores etc.

Os particulares podem ainda ser gestores de negócios que assumem funções públicas em casos de calamidade, emergência e ocasiões extraordinárias.

8.2 Cargo, emprego e função

Conforme vimos anteriormente, aos entes políticos a Constituição atribui competências, que são distribuídas aos seus órgãos para que estes as exerçam.

Dentro dos órgãos, existem os servidores públicos, cuja carreira é disciplinada pelo **estatuto dos servidores**. O estatuto é uma lei e cria os cargos existentes nos órgãos, definindo-lhes a denominação, as atribuições e os vencimentos. O **cargo**, então, corresponde ao conjunto de atribuições e direitos do seu ocupante, dando-lhe os poderes para o exercício de suas atividades.

O **emprego** público também constitui uma unidade de atribuições, tal qual o cargo, contudo, diferencia-se pelo regime que vincula a pessoa à Administração. Aqui, o vínculo é decorrente da legislação trabalhista, regido pela CLT.

A **função** pode designar o exercício dos servidores temporários contratados de acordo com o art. 37, inciso IX, da Constituição Federal. Também pode referir-se a funções de natureza permanente, que correspondem a chefias, direção e assessoramento para os quais não existe cargo específico. São de livre provimento e exoneração, podendo ser exercidas apenas por servidores do quadro efetivo (art. 37, V, CF). Distinguem-se dos cargos em comissão porque estes podem ser ocupados por pessoas que não sejam servidores públicos.

8.3 Regime jurídico estatutário

O regime estatutário é o regime típico dos servidores públicos do quadro efetivo da Administração Pública. Ele é denominado *estatutário* porque a vida funcional do servidor está prevista em lei, que é chamada de *estatuto*.

O estatuto prevê os cargos, as carreiras, as remunerações, os direitos, as atribuições e os demais deveres dos servidores. O servidor deve se sujeitar ao estatuto, sendo sua relação profissional com o Estado regulada apenas por ele. Não há disposições diversas, como no contrato de trabalho, acordo ou convenção coletiva dos trabalhadores celetistas da iniciativa privada, que podem dispor de seus salários, direitos e deveres por via desses instrumentos. Qualquer alteração do regime dos servidores deve se dar pela alteração do

> *O estatuto prevê os cargos, as carreiras, as remunerações, os direitos, as atribuições e os demais deveres dos servidores. O servidor deve se sujeitar ao estatuto, sendo sua relação profissional com o Estado regulada apenas por ele.*

respectivo estatuto, com especial estipulação da Constituição quanto a vencimentos e subsídios (art. 37, X, CF).

Vejamos a seguir as principais características do regime estatutário.

8.3.1 Vencimento, remuneração e subsídio

Vencimento, de acordo com o art. 40 da Lei n. 8.112, de 11 de dezembro de 1990, é "a retribuição pecuniária pelo exercício de cargo público, com valor fixado em lei" (Brasil, 1990). Já a **remuneração**, conforme o art. 41 da mesma lei, é "o vencimento do cargo efetivo, acrescido das vantagens pecuniárias permanentes estabelecidas em lei" (Brasil, 1990). Ou seja, o termo *remuneração* é mais abrangente que *vencimento*, pois abarca também todas as vantagens permanentes. O vencimento é apenas a retribuição recebida pelo servidor público em virtude de seu cargo. Além do vencimento, é comum o servidor receber gratificações, auxílios e outras verbas permanentes. Ao conjunto de tudo isso é dado o nome de *remuneração*.

Existe também o **subsídio**, incluído na Constituição pela EC n. 19, de 4 de junho de 1998 (Brasil, 1998b). A característica principal do subsídio é que deve ser pago em parcela única, ou seja, não pode haver acréscimo de outras vantagens pecuniárias. É o que dispõe o parágrafo 4º do art. 39 da Constituição:

> §4º O membro de Poder, o detentor de mandato eletivo, os Ministros de Estado e os Secretários Estaduais e Municipais serão remunerados exclusivamente por subsídio fixado em parcela única, vedado o acréscimo de qualquer gratificação, adicional, abono, prêmio, verba de representação ou outra espécie remuneratória, obedecido, em qualquer caso, o disposto no art. 37, X e XI. (Brasil, 1988)

O subsídio é mensal e pago às pessoas enumeradas na Constituição. Apesar de ser em parcela única, admite direitos dos servidores, como décimo terceiro salário, salário-família etc., assegurados pela própria Constituição.

O pagamento do servidor tem natureza alimentar, pois se destina à sua subsistência e à de sua família, o que impõe a impenhorabilidade do pagamento e outros privilégios inerentes às verbas alimentares.

Segundo o art. 37, inciso X, da Constituição, os vencimentos e os subsídios só podem ser alterados por lei específica. A iniciativa para tal lei é privativa das pessoas enumeradas na Constituição, não podendo ser proposta por outra pessoa.

Além disso, os vencimentos e os subsídios são irredutíveis, salvo em algumas hipóteses previstas na Constituição. Acrescentemos que há um limite para os vencimentos e os subsídios mensais. Eles são limitados ao valor do subsídio mensal recebido pelos ministros do Supremo Tribunal Federal – STF (art. 37, XI, CF). Há também o subteto, que é uma limitação dos valores dos agentes públicos dos estados e dos municípios menor que o teto geral.

Existem, ainda, as vantagens, que são retribuições pecuniárias que aumentam o valor do pagamento. Podem ser percebidas por tempo de serviço, hora extra e outras situações diversas, sendo que devem estar previstas em lei. Quando elas passam a integrar os vencimentos do servidor, ocorre a incorporação, ou seja, o servidor continuará ganhando aquele valor mesmo que cesse a situação que ensejou o seu pagamento.

8.3.2 Estabilidade e vitaliciedade

Os ocupantes de cargo de provimento efetivo adquirem estabilidade após três anos de exercício. Isso significa que eles só perdem o cargo por: sentença judicial transitada em julgado; processo administrativo em que seja assegurado direito de ampla defesa; avaliação periódica de desempenho em que seja assegurada ampla defesa; cumprimento dos limites impostos pela Lei de Responsabilidade Fiscal – Lei Complementar n. 101, de 4 de maio de 2000 (Brasil, 2000). Nesta última hipótese, a perda de cargo de servidor estável é a derradeira medida para corte de custos.

Os servidores estáveis não podem, pois, ser livremente demitidos, a critério dos seus superiores. É necessário que haja uma falta grave ou desempenho inferior comprovado, sempre possibilitando direito de defesa ao servidor.

A vitaliciedade só admite a perda do cargo por sentença judicial transitada em julgado, sendo mais restrita que a estabilidade. Adquirem vitaliciedade os magistrados, os membros do Ministério Público e os membros dos Tribunais de Contas – e isso após dois anos de exercício.

8.3.3 Acumulação de cargos

A Constituição, em regra, veda o exercício simultâneo e remunerado de dois ou mais cargos, funções e empregos públicos (art. 37, XVI e XVII). Existem exceções apenas para os casos de se tratar de dois cargos de professor; ou de um cargo de professor e outro que exige habilitação técnica específica; ou de dois cargos ou empregos privativos de profissionais da saúde de profissão regulamentada.

Também há a possibilidade de acumulação do cargo de magistrado com o de professor.

8.3.4 Exercício de mandato eletivo

O servidor poderá exercer mandato eletivo sem perder o seu cargo. Caso seja eleito presidente, vice-presidente, governador, vice-governador, deputado federal, senador e deputado estadual, fica afastado enquanto exercer o mandato, não recebendo o vencimento ou subsídio do cargo.

Se for eleito prefeito ou vice-prefeito, pode optar se deseja receber a remuneração do cargo eletivo ou do cargo que ocupava anteriormente. Já aos eleitos vereadores é possível manter as duas ocupações e os dois pagamentos, caso haja compatibilidade da jornada de trabalho com as sessões da Câmara dos Vereadores. Do contrário, ficam afastados do cargo, podendo escolher a remuneração.

8.3.5 Férias, décimo terceiro salário e licenças

A Constituição assegura aos servidores o direito a **férias** remuneradas, com pagamento do adicional de um terço sobre o salário.

O **décimo terceiro salário** também é uma garantia constitucional dos servidores, o que se aplica da mesma forma aos empregados do setor privado.

As licenças são períodos em que o servidor deixa de exercer suas funções, podendo ser remuneradas ou não. As licenças paternidade e maternidade são aplicáveis aos servidores, assim como a destinada a tratamento de saúde. Outras licenças podem ser instituídas pelos estatutos de cada esfera administrativa.

8.3.6 Direito de greve e sindicalização

O art. 37, inciso VII, da Constituição Federal, assegura aos servidores o **direito à greve** dentro de limites estabelecidos por lei. Entretanto, a lei que disciplina a greve dos servidores até agora não foi editada. Havia três entendimentos distintos: 1) a greve dos servidores seria proibida pela falta da lei; 2) a greve não teria limites, pois não há lei que restrinja o direito; e 3) a greve seria permitida utilizando, no que fosse possível, a lei que regulamenta a greve dos empregados privados até a edição de uma lei própria.

Em abril de 2007, o STF decidiu adotar o terceiro posicionamento, ou seja, os servidores públicos têm direito à greve, mas esta deve obedecer aos limites e às regras da Lei n. 7.783, de 28 de junho de 1989 (Brasil, 1989), que regulamenta o direito de greve dos empregados privados. Assim, a greve dos servidores pode ser declarada abusiva e sofrer restrições, de maneira a não paralisar as atividades da Administração. Tal decisão veio em boa hora, pois as greves do serviço público muitas vezes duravam meses e causavam enormes transtornos ao cidadão.

O fato é que o regime de trabalho dos servidores públicos é bem diferente do relativo aos trabalhadores privados. Estes não têm estabilidade e geralmente trabalham para empresas que visam ao lucro, então, sua paralisação causa prejuízos diretos ao empregador. Os servidores públicos têm estabilidade, e a interrupção dos seus trabalhos pode causar prejuízos ao interesse público, que é o fim primordial da Administração Pública. A greve do serviço público acaba causando prejuízo aos cidadãos, e não ao Estado, que é quem se pretende pressionar com a greve. Diferente

A greve dos servidores pode ser declarada abusiva e sofrer restrições, de maneira a não paralisar as atividades da Administração.

disso é o que ocorre na greve dos empregados privados, em que a paralisação causa prejuízo ao empregador e a pressão decorre dessa situação.

Outro direito dos servidores é o de **livre associação e sindicalização**, assegurando-lhes o direito de constituir associações e sindicatos para representá-los.

8.3.7 Aposentadoria e pensão

Aposentadoria é a cessação do exercício das atividades do servidor pelo preenchimento de requisitos legais, passando a ser inativo e a receber proventos mensais. A **pensão** é recebida pelo cônjuge ou dependentes do servidor falecido no exercício ou na inatividade.

O sistema de aposentadoria do setor público só é aplicável aos ocupantes de cargos efetivos da Administração direta, autarquias e fundações de direito público. Os ocupantes de cargo em comissão e demais agentes públicos de outros entes são submetidos ao regime geral da previdência do INSS.

Recentes reformas restringiram o direito de aposentadoria dos servidores públicos. Foram aumentados requisitos de idade, tempo de serviço, tempo de serviço público e de contribuição.

A aposentadoria pode ser por invalidez permanente, ou seja, quando o servidor torna-se inválido, não podendo mais exercer suas funções em decorrência de acidente, doença etc. A aposentadoria compulsória ocorre aos setenta anos, ou seja, quando o servidor completa essa idade, é obrigatoriamente aposentado pela Administração Pública com proventos proporcionais ao tempo de contribuição. Em 2015, o limite de idade para aposentadoria compulsória foi majorado para setenta e cinco anos. Todavia, esse novo limite, para ser aplicado, pede a edição de lei complemenar, o que ainda não ocorreu (art. 40, §1º, II, CF). A nova idade aplica-se de imediato apenas para ministros do STF, dos Tribunais Superiores (STJ, TST, TSM e TSE) e do Tribunal de Contas da União.

Existe, ainda, aposentadoria voluntária, que ocorre a pedido do servidor, verificado que existem os requisitos mínimos de idade, tempo de contribuição e tempo de serviço público para a sua concessão.

8.3.8 Deveres

Os servidores devem observar diversos deveres inerentes ao seu cargo e ao regime da Administração Pública.

Dentre os deveres, encontramos o de desempenhar as atribuições do cargo ou da função, que exige do servidor trabalho eficiente e pontual, e o dever de honestidade ou probidade, que veda ao servidor agir com objetivo de proveito pessoal e de modo corrupto.

Há ainda o dever de lealdade e fidelidade (lealdade e fidelidade à instituição em que trabalha), o dever de obediência (acatamento de ordens do superior hierárquico), o dever de sigilo profissional (dever de manter segredo de assuntos relacionados com o desempenho de suas funções, quando cabível), o dever de assiduidade (pontualidade e comparecimento ao serviço) e o de dever urbanidade (tratamento dos outros servidores e todas as demais pessoas de forma polida).

Síntese

Neste capítulo, tratamos dos seguintes temas:
- » Agentes públicos – Pessoa física que presta serviços para a Administração Pública direta ou indireta.
- » Agentes políticos – Vínculo de natureza política, eleitos para dirigir o Estado.
- » Servidores públicos – Pessoas físicas que prestam serviço à Administração com vínculo profissional, remuneradas pelo erário.

Consultando a legislação

a) Constituição Federal

> Art. 37 [...]
> I – os cargos, empregos e funções públicas são acessíveis aos brasileiros que preencham os requisitos estabelecidos em lei, assim como aos estrangeiros, na forma da lei;
> II – a investidura em cargo ou emprego público depende de aprovação prévia em concurso público de provas ou de provas e títulos, de acordo com a natureza e a complexidade do cargo ou emprego, na forma prevista em lei, ressalvadas as nomeações para cargo em comissão declarado em lei de livre nomeação e exoneração;
> [...]
> V – as funções de confiança, exercidas exclusivamente por servidores ocupantes de cargo efetivo, e os cargos em comissão, a serem preenchidos por servidores de carreira nos casos, condições e percentuais mínimos previstos em lei, destinam-se apenas às atribuições de direção, chefia e assessoramento;
> VI – é garantido ao servidor público civil o direito à livre associação sindical;
> VII – o direito de greve será exercido nos termos e nos limites definidos em lei específica;
> [...]
> IX – a lei estabelecerá os casos de contratação por tempo determinado para atender a necessidade temporária de excepcional interesse público;
> X – a remuneração dos servidores públicos e o subsídio de que trata o § 4º do art. 39 somente poderão ser fixados ou alterados por lei específica, observada a iniciativa privativa em cada caso, assegurada revisão geral anual, sempre na mesma data e sem distinção de índices;

XI – a remuneração e o subsídio dos ocupantes de cargos, funções e empregos públicos da administração direta, autárquica e fundacional, dos membros de qualquer dos Poderes da União, dos Estados, do Distrito Federal e dos Municípios, dos detentores de mandato eletivo e dos demais agentes políticos e os proventos, pensões ou outra espécie remuneratória, percebidos cumulativamente ou não, incluídas as vantagens pessoais ou de qualquer outra natureza, não poderão exceder o subsídio mensal, em espécie, dos Ministros do Supremo Tribunal Federal, aplicando-se como limite, nos Municípios, o subsídio do Prefeito, e nos Estados e no Distrito Federal, o subsídio mensal do Governador no âmbito do Poder Executivo, o subsídio dos Deputados Estaduais e Distritais no âmbito do Poder Legislativo e o subsídio dos Desembargadores do Tribunal de Justiça, limitado a noventa inteiros e vinte e cinco centésimos por cento do subsídio mensal, em espécie, dos Ministros do Supremo Tribunal Federal, no âmbito do Poder Judiciário, aplicável este limite aos membros do Ministério Público, aos Procuradores e aos Defensores Públicos;

XII – os vencimentos dos cargos do Poder Legislativo e do Poder Judiciário não poderão ser superiores aos pagos pelo Poder Executivo;

[...]

XV – o subsídio e os vencimentos dos ocupantes de cargos e empregos públicos são irredutíveis, ressalvado o disposto nos incisos XI e XIV deste artigo e nos arts. 39, § 4º, 150, II, 153, III, e 153, § 2º, I;

XVI – é vedada a acumulação remunerada de cargos públicos, exceto, quando houver compatibilidade de horários, observado em qualquer caso o disposto no inciso XI:

a) a de dois cargos de professor;

b) a de um cargo de professor com outro técnico ou científico;

> c) a de dois cargos ou empregos privativos de profissionais de saúde, com profissões regulamentadas;
> XVII – a proibição de acumular estende-se a empregos e funções e abrange autarquias, fundações, empresas públicas, sociedades de economia mista, suas subsidiárias, e sociedades controladas, direta ou indiretamente, pelo poder público;
> [...]
> Art. 39. A União, os Estados, o Distrito Federal e os Municípios instituirão conselho de política de administração e remuneração de pessoal, integrado por servidores designados pelos respectivos Poderes.
> [...]
> §4º O membro de Poder, o detentor de mandato eletivo, os Ministros de Estado e os Secretários Estaduais e Municipais serão remunerados exclusivamente por subsídio fixado em parcela única, vedado o acréscimo de qualquer gratificação, adicional, abono, prêmio, verba de representação ou outra espécie remuneratória, obedecido, em qualquer caso, o disposto no art. 37, X e XI. (Brasil, 1988)

b) Lei n. 8.112/1990

> Dispõe sobre o regime jurídico dos servidores públicos civis da União, das autarquias e das fundações públicas federais.
> [...]
> Art. 40. Vencimento é a retribuição pecuniária pelo exercício de cargo público, com valor fixado em lei.
> [...]
> Art. 41. Remuneração é o vencimento do cargo efetivo, acrescido das vantagens pecuniárias permanentes estabelecidas em lei. (Brasil, 1990)

Questão para revisão

1. O jurado e o mesário são considerados agentes públicos? Justifique.

Questão para reflexão

1. Reflita sobre as seguintes questões: Qual a utilidade da estabilidade dos servidores públicos? É correto que todos os servidores sejam estáveis? Ou essa garantia deveria ser apenas aplicável a alguns servidores que exercessem cargos mais sujeitos a pressões políticas?

IX

Conteúdos do capítulo:

» Processos administrativos e suas modalidades.
» Processo e procedimento: conceitos.

A Administração, no desempenho de suas atividades, pratica diversos atos coordenados que se destinam à busca de uma finalidade maior, que é o interesse público. Essa cadeia de atos recebe o nome de *processo administrativo*.

Segundo Celso Antônio Bandeira de Mello (2006, p. 455), "procedimento administrativo ou processo administrativo é uma sucessão itincrária e encadeada de atos administrativos que tendem, todos, a um resultado final e conclusivo". Cada um dos atos administrativos conserva sua autonomia, entretanto são todos tendentes a um determinado fim.

Então, atos necessários à prática de um outro ato formam um processo administrativo, o qual se pode dar apenas no interior da Administração ou contar com a participação de particulares, quando o assunto for de seu interesse. As diversas modalidades de atos serão vistas a seguir.

Antes, porém, devemos distinguir *processo* de *procedimento*. *Processo* é uma sucessão de atos predeterminados a um fim, enquanto *procedimento* é a maneira como o processo se desenvolve, ou seja, o rito, os instrumentos e as fases específicos que compõem o processo. O processo pode, assim, ter diversos procedimentos, de acordo com o seu objeto. Não há processo sem procedimento, entretanto, existem procedimentos que não constituem processos.

9.1 Modalidades

Hely Lopes Meirelles (2005) divide os processos administrativos em quatro modalidades. Vejamos cada uma delas.

9.1.1 Processo de expediente

Para o autor, essa seria uma denominação imprópria de toda a atuação da Administração Pública decorrente de provocação do interessado ou por determinação dela própria. Trata-se de procedimentos que não constituem um processo propriamente dito, mas que são assim denominados pela prática.

Além disso, o processo de expediente não apresenta rito próprio que deva ser observado, correndo geralmente de maneira informal, o que significa que o rito aqui não importa para o resultado final. Não tem a finalidade de resolver controvérsias nem gera, altera ou suprime direitos da Administração ou dos particulares que dele participam.

São procedimentos de registro de documentos, pedidos de certidões e outros de caráter burocrático da rotina da Administração.

9.1.2 Processo de outorga

Segundo Meirelles (2005, p. 673), *processo de outorga* é todo aquele "em que se pleiteia algum direito ou situação individual perante a Administração". Apresenta um rito especial para sua prática, mas não tem contraditório, salvo nos casos de oposição de terceiro ou impugnação da própria Administração, o que enseja a defesa do interessado.

Como exemplo, citamos os processos de alvará de construção, registro de marcas e patentes, isenção de tributos, entre outros. São eventos em que o interessado requer uma determinada situação, prevista na lei, a qual exige uma outorga pela Administração, observando-se um processo administrativo. Englobam situações de natureza negocial entre o interessado e a Administração ou que se refiram a atividades sujeitas à fiscalização.

As decisões desses processos geram um direito subjetivo ao interessado, sendo vinculantes e irretratáveis. Tal direito, então, é oponível pelo interessado judicialmente à Administração.

9.1.3 Processo de controle

Trata-se de processo em que a Administração verifica, declara situação, direito ou conduta do particular ou do servidor. Tem rito próprio, e, quando se encontram irregularidades passíveis de punição, deve ser oportunizado o direito de defesa aos prejudicados.

Como exemplo desse processo temos a prestação de contas perante órgãos públicos, o lançamento tributário e as fiscalizações de uma maneira geral.

Não se confunde com o processo punitivo, porque neste se apura a falta e se aplica a penalidade, enquanto que no processo de controle se verificam a situação e a conduta dos envolvidos para efeitos futuros.

9.1.4 Processo punitivo

É o processo que tem como objetivo impor penalidade por infração a uma lei, regulamento ou contrato. Apresenta necessariamente contraditório, concedendo-se ao prejudicado direito à ampla defesa. Deve ser observado o devido processo legal, respeitando-se as fases previstas, sob pena de ilegitimidade ou nulidade da sanção imposta em decorrência dele.

A graduação da pena a ser fixada geralmente é discricionária, devendo ser tomada proporcionalmente à infração cometida e às circunstâncias do punido.

Incluem-se aqui todos os processos que culminam com a imposição de penalidade a particular ou servidor público. Nessa categoria, encontra-se também o **processo administrativo disciplinar**, que é movido contra o servidor para apuração e punição de faltas graves por ele cometidas. Pode ensejar a demissão do servidor público estável, se constatado que a falta enseja tal pena.

9.2 Princípios

Existem diversos princípios que informam o processo, seja administrativo, seja judicial. Os princípios gerais da Administração, vistos anteriormente, devem ser aplicados, mas veremos agora princípios próprios do processo administrativo.

Os princípios, via de regra, existem para garantir a legitimidade da decisão tomada, especialmente quando se tratar de aplicação de uma pena ou restrição de um direito. Nessas situações estão sendo atingidos os direitos do interessado, logo, o processo deve ser rigidamente observado, garantindo-lhe seus direitos e sua defesa.

Por outro lado, o processo não pode ter o fim em si mesmo, com formalismo exagerado. Nessa hipótese, os participantes do processo teriam mais preocupação com os ritos processuais do que com a finalidade pretendida.

Os princípios, então, tendem a equilibrar, de um lado, o formalismo e as garantias que legitimam a decisão final e, de outro, a celeridade e a praticidade do processo, de forma que ele não represente um ônus demasiado aos interessados.

9.2.1 Princípio da publicidade

É um dos princípios da Administração que tem forte aplicação no processo administrativo. Em decorrência dele, é assegurada a **publicidade do processo**, dando-se acesso a todas as peças e documentos aos interessados.

Assim, esse princípio, quando aplicado ao processo administrativo, possibilita o acesso aos autos a qualquer pessoa que tenha interesses atingidos. Esse direito de acesso é diferente do direito de vista, pois este é exercido apenas pelos diretamente envolvidos no processo que precisem peticionar ou se defender.

A exceção é o sigilo do processo, que só ocorre quando há necessidade de se conservar a segurança da sociedade e do Estado e para resguardar o interesse social ou a intimidade das partes.

9.2.2 Princípio da oficialidade

Esse princípio possibilita a **instauração do processo** por iniciativa da Administração, de ofício. Não há necessidade de provocação do interessado. Também desse princípio decorre a faculdade de impulsionar o processo, tomando-se as medidas para que ele tramite sem a necessidade que o interessado atue.

Essa impulsão de ofício advém da finalidade da Administração de buscar o interesse público, não podendo depender de iniciativa do particular para que dê seguimento aos seus processos e procedimentos.

Também por esse princípio permite-se que a Administração reveja de ofício as próprias decisões, quando concluir que elas são ilegais ou apresentam algum vício.

9.2.3 Princípio da obediência à forma e aos procedimentos

Por esse princípio, rege-se que o processo administrativo deve **obedecer às formalidades mínimas** exigidas para o seu desenvolvimento, devendo ser escrito e documentado em todas as suas fases.

Por outro lado, o processo administrativo não exige forma muito rígida para o seu andamento, pautando-se pela informalidade dos atos quando a lei não exigir outro comportamento. Via de regra, o formalismo está mais presente nos processos com a participação de particulares, em que se exige uma rigidez maior nas formas adotadas. Assim, uma formalidade mais rígida só é observada quando a lei assim exigir, possibilitando-se que os processos sejam mais informais em diversas ocasiões.

9.2.4 Princípio da gratuidade

Essa regra determina que os processos administrativos sejam **gratuitos**, exceto quando a lei determinar a cobrança de custas. Dessa forma, a regra é a gratuidade, sendo a cobrança a exceção, diferentemente do que ocorre nos processos judiciais, em que as custas estão presentes em todos os processos, sendo a exceção a gratuidade.

9.2.5 Princípio da ampla defesa e do contraditório

Trata-se de um dos princípios mais importantes, previsto expressamente pelo art. 5º, inciso LV, da Constituição Federal de 1998:

> LV – aos litigantes, em processo judicial ou administrativo, e aos acusados em geral são assegurados o contraditório e ampla defesa, com os meios e recursos a ela inerentes; [...].
> (Brasil, 1988)

Então, havendo litígio, aplicação de sanção ou restrição de direitos de pessoa envolvida no processo, devem ser a ela oportunizados o contraditório e a ampla defesa, sob pena de nulidade do processo. Não se admite a imposição unilateral de sanções ou restrições de direitos sem que o prejudicado saiba da decisão ou possa se defender, expondo suas razões e apresentando provas.

O direito de ampla defesa engloba o de contraditório. Este se refere à possibilidade que se dá à parte de responder às alegações da outra parte, contraditando os fatos e o direito por ela apresentados.

No âmbito da ampla defesa, o interessado tem, ainda, direitos de ser cientificado dos atos do processo, de ter acesso e vista aos autos, obtendo cópias, certidões e outros documentos necessários à defesa. Abrange também a possibilidade de ser assistido por advogado, quando a assistência é facultada, sendo que existem casos em que a presença de advogado é obrigatória por exigência legal.

A ausência de contraditório e ampla defesa é nulidade que enseja a invalidade do processo. A oportunidade de defesa deve ser oferecida para que se possam conhecer todas as versões dos fatos, possibilitando ao julgador uma decisão correta e proporcional. Em diversas situações, esses direitos estão ligados diretamente à concretização da Justiça, legitimando a decisão tomada. Imaginemos que a um acusado é dado o direito de se defender sempre que for cabível, conferindo-se a ele todos os meios de defesa. Quando a decisão determinar-lhe a pena, não poderá haver reclamação de que não lhe foi oportunizada a defesa. Tem-se, então, uma decisão legítima, da qual se pode discordar em relação a seus fundamentos, mas não quanto às circunstâncias em que ocorreu.

A defesa também é necessária como forma de correta adequação da pena ou restrição de direito ao fato cometido pelo acusado. Se apenas o lado acusador for ouvido, a pena pode ser muito mais gravosa, sendo também função da defesa a demonstração correta dos fatos e a adequação destes ao direito, possibilitando ao julgador a aplicação da consequência devida aos fatos analisados.

9.2.6 Princípio da pluralidade de instâncias

Tal princípio determina que todas as decisões tomadas em processo administrativo estão sujeitas à **revisão por instância superior**.

Quando se verificar que a decisão é ilegal, pode ser revista pela própria autoridade, de ofício. Porém, há o direito de se esgotarem as instâncias, tendo em vista a hierarquia da Administração. Encerrados os recursos administrativos, há o direito de se recorrer ao Judiciário para revisão da decisão contestada.

9.2.7 Princípio da motivação

Em decorrência desse princípio, verifica-se o dever da autoridade, no processo administrativo, de **fundamentar seus atos e decisões**. A fundamentação deve ser a exposição dos fatos e o seu enquadramento legal, apontando-se qual a norma que fundamenta a decisão e quais os fatos que permitem a aplicação da norma.

As decisões e as alegações devem ser fundamentadas como forma de possibilitar aos interessados o contraditório. Este deve responder às alegações de fato e de direito do ato da outra parte, pois uma resposta genérica de nada adianta para uma defesa eficiente.

9.3 Fases

O processo administrativo apresenta pelo menos três fases básicas: instauração, instrução e decisão. A lei pode estabelecer o procedimento a ser seguido, mas as fases basicamente são estas. Conforme vimos nos princípios, o processo administrativo, quando a lei não prevê o procedimento específico, pode seguir aquele que for mais conveniente, respeitando-se os princípios que o regem.

A Lei n. 9.784, 29 de janeiro de 1999 (Brasil, 1999), rege os processos administrativos no âmbito da Administração Pública federal e prevê as fases, sem estabelecer um procedimento rígido a ser observado, limitando-se a estabelecer normas para elas.

A fase de **instauração** é o início do processo, em que a autoridade competente pratica o ato da sua abertura, informando quais os fatos a ele relacionados, seu objetivo, os interessados e outros elementos de formação. Em outras palavras, ela individua o objeto do processo, estabelecendo o que e quem se está apurando. Essa fase pode iniciar-se de ofício ou a requerimento do interessado.

A **instrução** é a fase em que se apuram fatos e se expõem e produzem as provas dos fatos que constituem objeto do processo. Podem apresentar provas os interessados, os acusados, a autoridade e os demais participantes do processo.

Meirelles (2005) identifica duas fases após a instrução: a defesa e o relatório.

A **defesa** seria a fase em que o possível prejudicado pelo processo, ou acusado no caso de processo disciplinar, exercita a sua garantia constitucional de contraditório e ampla defesa. Aqui ele responde às provas da instrução e ao direito sustentado no processo.

O **relatório** é a fase em que se faz uma síntese do processo, apontando-se as alegações e as provas dele constantes. É elaborado pela autoridade ou comissão processante, sendo opinativo para a decisão que será tomada posteriormente pela autoridade competente.

A **decisão** ou *julgamento* é a fase em que a autoridade competente decide o processo, analisando os fatos, as alegações e as provas. Pode acatar o relatório realizado ou contrariá-lo, devendo ser motivada e com base nas alegações de fato e de direito das partes e nas provas produzidas. Devem ser ponderadas as razões de ambas as partes e não se pode decidir com base em fatos estranhos ao processo.

Síntese

Neste capítulo, tratamos do processo administrativo, que se constitui procedimento no âmbito da Administração com uma sucessão de atos praticados por autoridades ou particulares a fim de obter um determinado resultado.

Consultando a legislação

a) Constituição Federal

> Art. 5º
> [...]
> LV – aos litigantes, em processo judicial ou administrativo, e aos acusados em geral são assegurados o contraditório e ampla defesa, com os meios e recursos a ela inerentes; [...].
> (Brasil, 1988)

b) Lei n. 9.784/1999

Regula o processo administrativo no âmbito da Administração Pública Federal.

[...]

Art. 1º Esta Lei estabelece normas básicas sobre o processo administrativo no âmbito da Administração Federal direta e indireta, visando, em especial, à proteção dos direitos dos administrados e ao melhor cumprimento dos fins da Administração.

§1º Os preceitos desta Lei também se aplicam aos órgãos dos Poderes Legislativo e Judiciário da União, quando no desempenho de função administrativa.

Art. 2º A Administração Pública obedecerá, dentre outros, aos princípios da legalidade, finalidade, motivação, razoabilidade, proporcionalidade, moralidade, ampla defesa, contraditório, segurança jurídica, interesse público e eficiência.

Parágrafo único. Nos processos administrativos serão observados, entre outros, os critérios de:

I – atuação conforme a lei e o Direito;

II – atendimento a fins de interesse geral, vedada a renúncia total ou parcial de poderes ou competências, salvo autorização em lei;

III – objetividade no atendimento do interesse público, vedada a promoção pessoal de agentes ou autoridades;

IV – atuação segundo padrões éticos de probidade, decoro e boa-fé;

V – divulgação oficial dos atos administrativos, ressalvadas as hipóteses de sigilo previstas na Constituição;

VI – adequação entre meios e fins, vedada a imposição de obrigações, restrições e sanções em medida superior àquelas estritamente necessárias ao atendimento do interesse público;

VII – indicação dos pressupostos de fato e de direito que determinarem a decisão;

> VIII – observância das formalidades essenciais à garantia dos direitos dos administrados;
> IX – adoção de formas simples, suficientes para propiciar adequado grau de certeza, segurança e respeito aos direitos dos administrados;
> X – garantia dos direitos à comunicação, à apresentação de alegações finais, à produção de provas e à interposição de recursos, nos processos de que possam resultar sanções e nas situações de litígio;
> XI – proibição de cobrança de despesas processuais, ressalvadas as previstas em lei;
> XII – impulsão, de ofício, do processo administrativo, sem prejuízo da atuação dos interessados;
> XIII – interpretação da norma administrativa da forma que melhor garanta o atendimento do fim público a que se dirige, vedada aplicação retroativa de nova interpretação.
> (Brasil, 1999)

Questão para revisão

1. O que caracteriza um processo e o que o diferencia de um ato administrativo?

Questão para reflexão

1. Em processos disciplinares contra servidores públicos discute-se a obrigatoriedade ou não de advogado para defender o servidor acusado de alguma irregularidade. Reflita sobre essa obrigatoriedade, ponderando os argumentos favoráveis e desfavoráveis.

X

Controle da Administração Pública

Conteúdos do capítulo:

» Princípios e leis de observância obrigatória para o desempenho das atividades da Administração Pública.
» Os mecanismos que asseguram a fiel observância das leis e a transparência na atuação da Administração.

Conforme vimos, a Administração Pública deve ser regida pela moralidade, pela probidade e pela legalidade. Sua atuação precisa buscar o interesse público, evitando favorecimentos pessoais, desvios de verbas e atos que contrariem os princípios que devem regê-la.

A Administração está sujeita, assim, a controles que visam evitar atos e comportamentos que comprometam esses parâmetros de atuação e causem prejuízos. Tais controles podem ser internos ou externos. Vejamos cada um deles.

10.1 Controle interno

O controle interno é aquele realizado por órgãos da própria Administração Pública, que tem o dever constitucional de mantê-lo. Conforme rege a Constituição Federal de 1988, em seu art. 74:

> Art. 74. Os Poderes Legislativo, Executivo e Judiciário manterão, de forma integrada, sistema de controle interno com a finalidade de:
> I – avaliar o cumprimento das metas previstas no plano plurianual, a execução dos programas de governo e dos orçamentos da União;
> II – comprovar a legalidade e avaliar os resultados, quanto à eficácia e eficiência, da gestão orçamentária, financeira e patrimonial nos órgãos e entidades da administração federal, bem como da aplicação de recursos públicos por entidades de direito privado;
> III – exercer o controle das operações de crédito, avais e garantias, bem como dos direitos e haveres da União;
> IV – apoiar o controle externo no exercício de sua missão institucional.
> §1º Os responsáveis pelo controle interno, ao tomarem conhecimento de qualquer irregularidade ou ilegalidade, dela darão ciência ao Tribunal de Contas da União, sob pena de responsabilidade solidária.
> §2º Qualquer cidadão, partido político, associação ou sindicato é parte legítima para, na forma da lei, denunciar irregularidades ou ilegalidades perante o Tribunal de Contas da União. (Brasil, 1988)

O controle interno é, então, realizado pela Administração quanto aos atos de seus próprios agentes. Trata-se de uma auditoria interna da Administração Pública, que fiscaliza mais diretamente sua própria atuação, evitando que irregularidades causem prejuízos para o Estado.

Conforme a Constituição dispõe, o conhecimento de situação irregular pelo controle interno obriga-o a informá-la ao Tribunal de Contas. Caso o controle interno seja conivente com a irregularidade, ocultando-a, o responsável responde solidariamente pelo fato.

O texto constitucional anteriormente citado faz menção ao Tribunal de Contas da União (TCU), contudo, devemos entender, por simetria, que, para estados e municípios, trata-se do Tribunal de Contas com competência para eles.

10.2 Controle externo

O controle externo é aquele exercido por entidades externas à Administração Pública. É uma auditoria externa, ou seja, realizada de fora da Administração, que fiscaliza seus atos e agentes sem fazer parte do ente fiscalizado.

Segundo Celso Antônio Bandeira de Mello (2006), o controle externo se dá de três formas distintas: controle parlamentar direto, controle pelo Tribunal de Contas e controle jurisdicional. É o que analisaremos em seguida.

10.2.1 Controle parlamentar direto

É o controle exercido pelo parlamento diretamente. Exclui-se aqui o controle realizado pelos Tribunais de Contas, que são órgãos auxiliares do Poder Legislativo.

Em algumas hipóteses, o parlamento pode agir controlando os atos do Poder Executivo, o que está entre as competências do Congresso Nacional (Câmara dos Deputados e Senado Federal conjuntamente), enumeradas pela Constituição Federal:

> Art. 49. É da competência exclusiva do Congresso Nacional:
> [...]
> X – fiscalizar e controlar, diretamente, ou por qualquer de suas Casas, os atos do Poder Executivo, incluídos os da administração indireta; [...]. (Brasil, 1988)

Dessa forma, pode o congresso sustar atos e contratos do Executivo que excedam o poder regulamentar ou a delegação legislativa concedida; convocar ministros e outras autoridades e requerer-lhes informações; receber reclamações e petições de qualquer pessoa; instituir Comissões Parlamentares de Inquérito (CPIs); autorizar ou aprovar atos concretos do Executivo que a Constituição determine que sejam apreciados pelo Congresso; proceder ao julgamento das contas do chefe do Poder Executivo e julgar o presidente e os ministros nos crimes de responsabilidade *(impeachment)*.

Há também controles privativos do Senado Federal, como a aprovação de ministros do TCU, do presidente do Banco Central, do procurador-geral da República, entre outras previstas na Constituição.

10.2.2 Controle pelo Tribunal de Contas

O Tribunal de Contas é órgão de controle externo ligado ao Poder Legislativo (arts. 70 e 71, CF). Ele não é considerado integrante desse poder, mas apenas ligado a ele e seu auxiliar na tarefa de controle externo. Além disso, tem organização análoga ao Poder Judiciário, não exercendo, entretanto, atividade jurisdicional. É um órgão administrativo, logo, suas decisões não transitam em julgado em definitivo e podem ser revistas pelo Poder Judiciário.

O TCU elabora parecer prévio das contas do presidente da República, que são julgadas pelo Congresso Nacional. Ele julga, todavia, as contas dos demais administradores públicos e responsáveis por valores repassados pela União Federal, tendo poder de imputar sanções quando encontra irregularidades. Suas decisões definitivas são consideradas título executivo extrajudicial, podendo ser executadas no Judiciário sem a necessidade de prévio processo de conhecimento.

Quando alguém sofre uma lesão causada por terceiros, tem o direito de obter reparação do dano sofrido. Pode ocorrer do causador do dano, voluntariamente, entrar em acordo com o prejudicado e reparar o que foi feito. Todavia, muitas vezes não há acordo, havendo resistência por parte de quem causou o dano. Nessa hipótese, a exigência da reparação não é automática, devendo o prejudicado recorrer ao Judiciário. Este, através de um processo de conhecimento, colherá provas e ouvirá os argumentos, prolatando uma decisão em que determinará a existência ou não de dano a ser pago e o seu valor.

Tal decisão é chamada de *título executivo judicial*, ou seja, pode então ser cobrado judicialmente.

Com as decisões do Tribunal de Contas, não há a necessidade do processo de conhecimento para reparar o dano. A decisão que determinar reparação em dinheiro pode ser desde já executada perante o Judiciário, sendo dispensado o processo de conhecimento e a colheita de provas. Como a decisão do Tribunal de Contas não é judicial, é chamada de *título executivo extrajudicial* e equipara-se a um contrato ou título de crédito que tem a mesma classificação.

Qualquer cidadão é parte legítima para denunciar irregularidades ao Tribunal de Contas. Por regra de simetria, as competências do TCU se aplicam aos Tribunais de Contas dos estados e municípios (onde houver). Hoje a Constituição veda a criação desse órgão no município, mantendo-se, entretanto, os tribunais já existentes (municípios de São Paulo e Rio de Janeiro, por exemplo). É possível, dentro de um mesmo estado, a criação de um tribunal de contas para análise das contas estaduais e um para análise de todos os municípios.

A competência dos Tribunais de Contas se dá em razão da proveniência do valor fiscalizado. Se uma verba federal é repassada a um município, o Tribunal de Contas competente para fiscalizar a aplicação dessa verba específica é o da União. Já para a fiscalização de valores dos tributos municipais ou de repasses do estado, o Tribunal de Contas competente é o estadual.

10.2.3 Controle jurisdicional

Conforme vimos, todos os atos da Administração Pública estão sujeitos à revisão pelo Poder Judiciário (art. 5º, XXXV, CF). É pelo controle jurisdicional que o Judiciário controla, quando provocado, a legalidade dos atos administrativos. Atentemos para o fato de, nesse caso, o Poder Judiciário só atuar quando é provocado, ou seja, o prejudicado pela irregularidade ou outro ente ou pessoa com legitimidade deve requerer que o Judiciário atue no controle do ato, demonstrando os fatos e o direito que comprovam sua pretensão.

Em alguns países europeus, esse controle não é possível, pois lá existe a possibilidade de a Administração decidir definitivamente seus próprios assuntos, não sendo permitido ao Judiciário rediscutir as decisões administrativas. É um sistema em que há a dualidade de jurisdições, ou seja, tanto o Judiciário quanto a Administração produzem julgados que formam coisa julgada. Entre nós vigora o sistema da unidade da jurisdição, sendo esta exercida exclusivamente pelo Judiciário. Este, sim, pode emitir decisões que fazem coisa julgada. É chamada de *coisa julgada* a decisão judicial definitiva, ou seja,

> *Todos os atos da Administração Pública estão sujeitos à revisão pelo Poder Judiciário (art. 5º, XXXV, CF). É pelo controle jurisdicional que o Judiciário controla, quando provocado, a legalidade dos atos administrativos.*

aquela contra a qual não cabe mais recurso. É a decisão que deve ser cumprida, que é imutável. Conforme já dito, só as decisões do Poder Judiciário podem receber este efeito.

No Brasil, existem algumas ações específicas para atacar atos de autoridades administrativas quando o agir destas está desconforme com a lei. Vejamos essas possibilidades.

■ *Habeas corpus* (HC)

Segundo o art. 5º, inciso LXVIII, da Constituição Federal, o *habeas corpus* é cabível sempre que houver ameaça ou efetiva agressão ao direito de locomoção de alguém, em decorrência de ilegalidade ou abuso de poder. Pode ser impetrado por qualquer pessoa, sem a necessidade de representação por advogado. É utilizado, por exemplo, quando alguém é ilegalmente preso ou o tempo de prisão extrapola os limites legais. Tem como objetivo a **restauração do direito de ir e vir**.

■ *Habeas data*

Previsto no art. 5º, inciso LXXII, da Constituição Federal, o *habeas data* destina-se a assegurar o conhecimento de informações (ou retificá-las) relativas ao requerente constantes de bancos de dados governamentais ou de caráter público – Serviço de Proteção ao Crédito (SPC), por exemplo.

■ Mandado de segurança (MS)

Pode ser individual ou coletivo, sendo essas formas previstas respectivamente nos incisos LXIX e LXX do art. 5º da Constituição Federal. **Destina-se a impedir ato ilegal ou abusivo de autoridade administrativa** que atinja direito líquido e certo do impetrante e que não seja amparado por *habeas corpus* ou *habeas data*.

É considerado *direito líquido e certo* aquele que é demonstrável de plano, sem a necessidade de produção de provas. É, pois, direito que possa ser comprovado logo na impetração do mandado de segurança, por meio de documentos juntados aos autos ou aplicação da lei à situação do impetrante. O MS, por essa característica, não comporta produção de provas. Portanto, se há necessidade de provar o direito pleiteado, o mandado de segurança não é o caminho adequado.

O MS cabe apenas contra ato concreto da autoridade, não servindo contra lei em tese. Esta se trata de uma previsão abstrata da lei que pode vir a prejudicar o direito do impetrante quando for aplicada. Entretanto, se o ato que efetivamente prejudica o direito não foi praticado, ele não é cabível.

Existe o MS preventivo, quando há a iminência da prática do ato ilegal que vai prejudicar o direito do impetrante. Nesse caso, exige-se que o ato esteja prestes a acontecer, havendo indícios fortes que comprovem essa situação.

O MS individual destina-se a proteger direito de uma pessoa que o impetra individualmente. O coletivo pode ser impetrado apenas por algumas pessoas legitimadas na Constituição, mas destina-se a proteger o direito líquido e certo de uma categoria de pessoas com interesses comuns. Estas não precisam ser individualizadas, basta que o impetrante esteja legitimado para representá-las. É o caso, por exemplo, de um MS coletivo proposto por um sindicato em favor de seus filiados ou da categoria representada.

■ Mandado de injunção

O mandado de injunção é previsto no art. 5º, inciso LXXI, da Constituição Federal e destina-se a obter decisão judicial que supra a falta de lei ou regulamento necessário a exercício de direito, garantia constitucional ou prerrogativas de nacionalidade, soberania e cidadania. Ele é cabível, então, quando exista na Constituição um direito ou uma garantia que, para serem exercidos em sua plenitude, dependam de uma lei ou outra norma que discipline o seu exercício.

A decisão judicial, assim, supre a falta da lei, disciplinando como o direito previsto na Constituição será exercido.

Desse modo, destina-se a dar efetividade a todos os direitos constitucionais, não sendo motivo de negativa a esses direitos a falta de norma regulamentadora. Acrescentemos que a decisão judicial que supre a falta da lei é válida apenas para o requerente.

Ultimamente, essa medida vem ganhando mais força em nosso sistema, pois em um passado recente o mandado de injunção era pouco aceito pelo Supremo Tribunal Federal (STF). No presente, o STF vem aceitando a discussão dessas medidas, de maneira que seu uso vem aumentando.

■ Ação popular

Essa ação é prevista no art. 5º, inciso LXXIII, da Constituição Federal e pode ser proposta por qualquer cidadão que objetive anular ato lesivo ao patrimônio público ou de entidade de que o Estado participe, à moralidade administrativa, ao meio ambiente e ao patrimônio histórico e cultural. *Cidadão* deve ser entendido como o eleitor regularmente inscrito (exige-se na propositura, cópia do título de eleitor).

Caso seja julgada procedente, a ação popular enseja a anulação do ato e a condenação do responsável ao pagamento das perdas e danos sofridos. É uma ação bastante efetiva e que causa temor aos réus, pois efetivamente impõe condenação em dinheiro à pessoa daquele que causa prejuízos ao erário.

■ Ação civil pública (ACP)

Destina-se a evitar danos ao meio ambiente, ao consumidor, aos bens e aos direitos de valor artístico, estético, histórico, turístico ou paisagístico e a promover a responsabilização de quem ocasionou a lesão aos bens.

Pode ser proposta pelo Ministério Público e outras entidades legitimadas pela lei. A condenação obtida via ação civil pública pode fazer coisa julgada coletiva, indenizando os prejudicados, mesmo que não participem do processo. Seu âmbito de cabimento vem sendo sistematicamente reduzido pela União Federal e pelos Tribunais Superiores, impossibilitando que seja proposta em diversas situações em que seria cabível e útil para a tutela dos direitos atingidos.

■ Ação direta de inconstitucionalidade (ADIn)

Essa ação destina-se ao controle abstrato da constitucionalidade de leis ou atos normativos.

Todas as normas do ordenamento jurídico brasileiro devem estar de acordo com a Constituição Federal, que é a norma principal do sistema, que o constitui e define a vontade política da República. Existe, assim, uma hierarquia entre as normas do sistema. As de menor hierarquia devem obedecer àquilo que determina as de maior hierarquia, não podendo nunca contrariá-las. Na escala da hierarquia das normas, a Constituição Federal está no topo, nenhuma outra tem hierarquia maior que ela. Logo, todas as demais normas do sistema devem estar de acordo com ela, sendo chamadas de *inconstitucionais* aquelas normas que, de alguma forma, contrariam o que dispõe a Constituição.

A inconstitucionalidade pode ser **material** ou **formal**. A primeira refere-se à matéria da norma, ou seja, quando seu conteúdo é contrário à Constituição. Assim, é materialmente inconstitucional uma norma que permita a poluição e o desmatamento sem controle, pois contraria a Constituição quando esta determina que o meio ambiente deverá ser preservado. Já a inconstitucionalidade formal tem relação com a não obediência das formalidades para a aprovação da norma. Então, uma lei complementar que deve ser aprovada por maioria absoluta, se aprovada por maioria simples, será formalmente inconstitucional.

Tendo em vista a necessidade de que todas as normas infraconstitucionais estejam de acordo com a Constituição, esta criou alguns mecanismos para aferir e controlar a constitucionalidade. Esses mecanismos destinam-se a excluir do ordenamento jurídico as normas que contrariem a Constituição, mantendo-o de acordo com os preceitos desta. Ao conjunto desses mecanismos dá-se o nome de *controle de constitucionalidade*, que, no Brasil, pode se dar de duas formas: concreto ou abstrato.

O controle **concreto** é assim chamado porque ocorre no julgamento do caso concreto, em que há uma **situação real**. A parte pode requerer a declaração de inconstitucionalidade de uma lei que está sendo aplicada e lhe está causando prejuízo a um direito, como, por exemplo, no caso de uma lei que reduz o vencimento de um servidor público. Este pode entrar com uma ação com o fundamento de que tal lei é inconstitucional. O juiz, ao julgar a questão, pode declarar a inconstitucionalidade de tal lei e, por consequência, restabelecer o vencimento do servidor aos níveis anteriores. O controle concreto pode ser exercido por qualquer juiz em qualquer instância. Havendo recursos, o julgamento pode chegar ao STF, que pode decretar a inconstitucionalidade somente para aquele caso específico e para as partes do processo. Nessa situação, o STF remete ofício ao Senado Federal informando a declaração de inconstitucionalidade da lei ou do ato normativo, devendo o Senado suspender tal lei. Só após a suspensão pelo Senado é que tal decisão vale para todos.

> *Enquanto que o controle concreto pode ser exercido por qualquer juiz e requerido por qualquer pessoa, o controle abstrato só pode ser exercido pelo STF e só pode ser requerido por alguns legitimados enumerados no art. 103 da Constituição.*

Já na modalidade ***abstrata***, o controle é realizado **sem a existência de um caso concreto**, ou seja, a lei é analisada em face da Constituição Federal pura e simplesmente. É o controle da lei em tese, pois se verificam abstratamente os dispositivos legais e sua conformidade com a Constituição.

É nesse último controle que está a ação direta de inconstitucionalidade. Enquanto que o controle concreto pode ser exercido por qualquer juiz e requerido por qualquer pessoa, o controle abstrato só pode ser exercido pelo STF e só pode ser requerido por alguns legitimados enumerados no art. 103 da Constituição.

A inconstitucionalidade pode ser por ação, quando uma lei é analisada em face da Constituição, ou por omissão, quando uma lei deveria ter sido obrigatoriamente emitida e não o foi. No caso de ação, se a ADIn for julgada procedente, a lei declarada inconstitucional é tirada imediatamente de vigência, tendo a decisão validade para todos. Na omissão, é determinado à autoridade competente que emita a norma obrigatória.

Síntese

Analisamos, neste capítulo, os controles aos quais está sujeita a Administração Pública, a fim de que atos e comportamentos que comprometam seus parâmetros de atuação e causem prejuízos sejam evitados:

» Controle da Administração Pública – É o conjunto de mecanismos, órgãos e entidades responsável pelo controle das atividades da Administração. Avalia a regularidade da atuação de maneira preventiva, fiscalizando a regularidade da atuação. Também atua de maneira repressiva, punindo irregularidades e determinando correções em procedimento que sejam considerados ilícitos.

» Controle interno – Órgãos da Administração encarregados do controle do próprio ente a que estão subordinados. Funcionam

como uma auditoria interna da estrutura em que estão contidos, fiscalizando a regularidade dos procedimentos.
» Controle externo – Controle exercido por entes externos à estrutura a ser fiscalizada. Exercido pelo poder Legislativo, pelos Tribunais de Contas (ligados também ao poder Legislativo) e pelo Poder Judiciário.

Consultando a legislação

Sobre o conteúdo tratado no capítulo, observe os seguintes excertos da Constituição Federal:

> Art 5º [...]
> XXXV – a lei não excluirá da apreciação do Poder Judiciário lesão ou ameaça a direito;
> [...]
> LXVIII – conceder-se-á *habeas-corpus* sempre que alguém sofrer ou se achar ameaçado de sofrer violência ou coação em sua liberdade de locomoção, por ilegalidade ou abuso de poder;
> LXIX – conceder-se-á mandado de segurança para proteger direito líquido e certo, não amparado por "habeas-corpus" ou "habeas-data", quando o responsável pela ilegalidade ou abuso de poder for autoridade pública ou agente de pessoa jurídica no exercício de atribuições do Poder Público;
> LXX – o mandado de segurança coletivo pode ser impetrado por:
> a) partido político com representação no Congresso Nacional;

b) organização sindical, entidade de classe ou associação legalmente constituída e em funcionamento há pelo menos um ano, em defesa dos interesses de seus membros ou associados;

LXXI – conceder-se-á mandado de injunção sempre que a falta de norma regulamentadora torne inviável o exercício dos direitos e liberdades constitucionais e das prerrogativas inerentes à nacionalidade, à soberania e à cidadania;

LXXII – conceder-se-á *habeas-data*:

a) para assegurar o conhecimento de informações relativas à pessoa do impetrante, constantes de registros ou bancos de dados de entidades governamentais ou de caráter público;

b) para a retificação de dados, quando não se prefira fazê-lo por processo sigiloso, judicial ou administrativo;

LXXIII – qualquer cidadão é parte legítima para propor ação popular que vise a anular ato lesivo ao patrimônio público ou de entidade de que o Estado participe, à moralidade administrativa, ao meio ambiente e ao patrimônio histórico e cultural, ficando o autor, salvo comprovada má-fé, isento de custas judiciais e do ônus da sucumbência;

[...]

Art. 49. É da competência exclusiva do Congresso Nacional:

[...]

X – fiscalizar e controlar, diretamente, ou por qualquer de suas Casas, os atos do Poder Executivo, incluídos os da administração indireta;

[...]

Art. 70. A fiscalização contábil, financeira, orçamentária, operacional e patrimonial da União e das entidades da administração direta e indireta, quanto à legalidade, legitimidade, economicidade, aplicação das subvenções e renúncia de

receitas, será exercida pelo Congresso Nacional, mediante controle externo, e pelo sistema de controle interno de cada Poder.

Parágrafo único. Prestará contas qualquer pessoa física ou jurídica, pública ou privada, que utilize, arrecade, guarde, gerencie ou administre dinheiros, bens e valores públicos ou pelos quais a União responda, ou que, em nome desta, assuma obrigações de natureza pecuniária.

Art. 71. O controle externo, a cargo do Congresso Nacional, será exercido com o auxílio do Tribunal de Contas da União, ao qual compete:

I – apreciar as contas prestadas anualmente pelo Presidente da República, mediante parecer prévio que deverá ser elaborado em sessenta dias a contar de seu recebimento;

II – julgar as contas dos administradores e demais responsáveis por dinheiros, bens e valores públicos da administração direta e indireta, incluídas as fundações e sociedades instituídas e mantidas pelo Poder Público federal, e as contas daqueles que derem causa a perda, extravio ou outra irregularidade de que resulte prejuízo ao erário público;

III – apreciar, para fins de registro, a legalidade dos atos de admissão de pessoal, a qualquer título, na administração direta e indireta, incluídas as fundações instituídas e mantidas pelo Poder Público, excetuadas as nomeações para cargo de provimento em comissão, bem como a das concessões de aposentadorias, reformas e pensões, ressalvadas as melhorias posteriores que não alterem o fundamento legal do ato concessório;

IV – realizar, por iniciativa própria, da Câmara dos Deputados, do Senado Federal, de Comissão técnica ou de inquérito, inspeções e auditorias de natureza contábil, financeira, orçamentária, operacional e patrimonial, nas unidades administrativas dos Poderes Legislativo, Executivo e Judiciário, e demais entidades referidas no inciso II;

V – fiscalizar as contas nacionais das empresas supranacionais de cujo capital social a União participe, de forma direta ou indireta, nos termos do tratado constitutivo;

VI – fiscalizar a aplicação de quaisquer recursos repassados pela União mediante convênio, acordo, ajuste ou outros instrumentos congêneres, a Estado, ao Distrito Federal ou a Município;
VII – prestar as informações solicitadas pelo Congresso Nacional, por qualquer de suas Casas, ou por qualquer das respectivas Comissões, sobre a fiscalização contábil, financeira, orçamentária, operacional e patrimonial e sobre resultados de auditorias e inspeções realizadas;
VIII – aplicar aos responsáveis, em caso de ilegalidade de despesa ou irregularidade de contas, as sanções previstas em lei, que estabelecerá, entre outras cominações, multa proporcional ao dano causado ao erário;
IX – assinar prazo para que o órgão ou entidade adote as providências necessárias ao exato cumprimento da lei, se verificada ilegalidade;
X – sustar, se não atendido, a execução do ato impugnado, comunicando a decisão à Câmara dos Deputados e ao Senado Federal;
XI – representar ao Poder competente sobre irregularidades ou abusos apurados.
§1º No caso de contrato, o ato de sustação será adotado diretamente pelo Congresso Nacional, que solicitará, de imediato, ao Poder Executivo as medidas cabíveis.
§2º Se o Congresso Nacional ou o Poder Executivo, no prazo de noventa dias, não efetivar as medidas previstas no parágrafo anterior, o Tribunal decidirá a respeito.
§3º As decisões do Tribunal de que resulte imputação de débito ou multa terão eficácia de título executivo.
§4º O Tribunal encaminhará ao Congresso Nacional, trimestral e anualmente, relatório de suas atividades.
[...]
Art. 74. Os Poderes Legislativo, Executivo e Judiciário manterão, de forma integrada, sistema de controle interno com a finalidade de:

I – avaliar o cumprimento das metas previstas no plano plurianual, a execução dos programas de governo e dos orçamentos da União;

II – comprovar a legalidade e avaliar os resultados, quanto à eficácia e eficiência, da gestão orçamentária, financeira e patrimonial nos órgãos e entidades da administração federal, bem como da aplicação de recursos públicos por entidades de direito privado;

III – exercer o controle das operações de crédito, avais e garantias, bem como dos direitos e haveres da União;

IV – apoiar o controle externo no exercício de sua missão institucional.

§1º Os responsáveis pelo controle interno, ao tomarem conhecimento de qualquer irregularidade ou ilegalidade, dela darão ciência ao Tribunal de Contas da União, sob pena de responsabilidade solidária.

§2º Qualquer cidadão, partido político, associação ou sindicato é parte legítima para, na forma da lei, denunciar irregularidades ou ilegalidades perante o Tribunal de Contas da União.

[...]

Art. 103. Podem propor a ação direta de inconstitucionalidade e a ação declaratória de constitucionalidade:

I – o Presidente da República;

II – a Mesa do Senado Federal;

III – a Mesa da Câmara dos Deputados;

IV – a Mesa de Assembleia Legislativa ou da Câmara Legislativa do Distrito Federal;

V – o Governador de Estado ou do Distrito Federal;

VI – o Procurador-Geral da República;

VII – o Conselho Federal da Ordem dos Advogados do Brasil;

VIII – partido político com representação no Congresso Nacional;

> IX – confederação sindical ou entidade de classe de âmbito nacional.
> §1º O Procurador-Geral da República deverá ser previamente ouvido nas ações de inconstitucionalidade e em todos os processos de competência do Supremo Tribunal Federal.
> §2º Declarada a inconstitucionalidade por omissão de medida para tornar efetiva norma constitucional, será dada ciência ao Poder competente para a adoção das providências necessárias e, em se tratando de órgão administrativo, para fazê-lo em trinta dias.
> §3º Quando o Supremo Tribunal Federal apreciar a inconstitucionalidade, em tese, de norma legal ou ato normativo, citará, previamente, o Advogado-Geral da União, que defenderá o ato ou texto impugnado. (Brasil, 1988)

Questão para revisão

1. Qual a diferença entre o controle interno e o externo?

Questão para reflexão

1. Qual a forma mais efetiva de controle da Administração? Pode o cidadão participar desse controle? Reflita sobre essas questões e faça suas considerações sobre o assunto.

XI

Responsabilidade do Estado por danos

Conteúdos do capítulo:

» Atuação do Estado com relação a danos ao patrimônio de terceiros causados por ele.
» Formas como a indenização deve ocorrer.

Na sua atuação, a Administração pode provocar danos a terceiros. Como é de conhecimento geral, quem causa um dano tem o dever de indenizá-lo, reparando o prejudicado. Veremos neste capítulo de que forma se dá a responsabilidade do Estado quando da sua atuação decorrem danos a terceiros, o que tem disciplina diversa da relativa à responsabilização de particulares.

Ressaltemos que aqui estudamos o dano causado pelo Estado exercendo sua função administrativa. A responsabilidade por danos decorrentes da função legislativa e judicial só é cabível em alguns casos excepcionais. Geralmente, a edição de uma lei ou uma decisão judicial que cause prejuízos a alguém não ensejam a responsabilidade do Estado.

Segundo Maria Sylvia Zanella Di Pietro (2006, p. 618), "a responsabilidade extracontratual do Estado corresponde à obrigação de reparar danos causados a terceiros em decorrência de comportamentos comissivos ou omissivos, materiais ou jurídicos, lícitos ou ilícitos, imputáveis aos agentes públicos".

11.1 Evolução

Ao longo da história, a responsabilidade do Estado tem evoluído, havendo hoje diversas teorias e formas. Estudaremos brevemente todas elas para, depois, analisar qual é a adotada pelo direito brasileiro.

Inicialmente, vigorava a irresponsabilidade do Estado. Em decorrência de sua soberania e supremacia, sustentava-se que o Estado não errava e não tinha o dever de indenizar os prejudicados. Essa teoria não subsistiu, porque fica claro que causava grande insatisfação, além do fato de o Estado não poder ser completamente irresponsável pela sua atuação.

Começou-se, então, a admitir que o Estado fosse responsabilizado de acordo com as regras de direito privado, do direito civil, o que exigia a demonstração de culpa na atuação do agente para que o dano fosse indenizado. Para a **teoria da culpa civil**, deve-se comprovar:

1. o dano sofrido;
2. a conduta culposa do causador do dano (ação ou omissão ilegal);
3. o nexo de causalidade entre a conduta e o dano, que é a relação de causa e efeito entre a conduta culposa (causa) e o dano sofrido (efeito).

Notou-se, entretanto, que a teoria baseada no direito civil era inadequada para o Estado, pois o regime deste difere do regime de direito privado. Foram, assim, elaboradas teorias de direito público, levando-se em conta as peculiaridades do Estado. Surgiu a teoria do risco, que se subdividia em risco administrativo e risco integral.

Retirou-se do prejudicado o ônus de provar a culpa do Estado ou de seu agente pela conduta que causou o dano. Pela **teoria do risco administrativo**, basta que se prove:

1. o dano sofrido;
2. o nexo de causalidade entre o dano e a conduta da Administração.

Não é necessário que tal conduta seja culposa, ela pode até ser lícita, mas, se causar um dano, este deverá ser indenizado. Por essa teoria, a responsabilidade do Estado só é excluída se houver culpa exclusiva da vítima, culpa de terceiros ou força maior. Existe a chamada *responsabilidade objetiva pelos danos*, decorrente apenas dos requisitos legais e que imputa ao Estado a responsabilidade pelo agir de seus agentes, independentemente de este ser lícito ou não.

Quanto ao *risco integral*, as causas citadas não excluem o dano, ou seja, todo e qualquer dano relacionado com a Administração Pública deve ser indenizado pelo Estado.

11.2 Responsabilidade do Estado no direito brasileiro

No Brasil, a responsabilidade é determinada pelo art. 37, parágrafo 6º, da Constituição Federal de 1988:

> Art. 37 [...]
> §6º As pessoas jurídicas de direito público e as de direito privado prestadoras de serviços públicos responderão pelos danos que seus agentes, nessa qualidade, causarem a terceiros, assegurado o direito de regresso contra o responsável nos casos de dolo ou culpa. (Brasil, 1988)

Essa regra adota a teoria do risco administrativo, determinando a responsabilidade objetiva do Estado e dos prestadores de serviços públicos (concessionários e permissionários).

O dispositivo ainda estabelece que, se houver culpa ou dolo na atuação do agente público quando da causa do dano, o Estado tem o direito de regresso contra este, podendo dele cobrar a indenização que tiver de pagar ao terceiro. O **direito de regresso** consiste no seguinte: a responsabilidade pelo pagamento do prejuízo à vítima é do Estado, mas este tem o direito de cobrar o que gastou para reparar o prejuízo do agente que causou o dano por culpa e dolo. Cabe à vítima escolher se deseja cobrar do agente ou do Estado. Cobrando deste último, cabe a ele o direito de regresso contra o agente.

Por *culpa* entende-se a atuação que infringe um dever imposto pela lei, podendo se exteriorizar por negligência, imprudência e imperícia. O agente não quer o resultado produzido, mas age de maneira incorreta, contrariando um dever que deveria observar. A **negligência** é a inobservância de um dever determinado que deveria ter sido cumprido (por exemplo, o dever de um mecânico fazer a manutenção de um carro). A **imprudência** é o agir sem cuidado, fora dos limites legais (por exemplo, o motorista que dirige acima do limite de velocidade). Já a **imperícia** é a falta de habilitação para a atividade realizada (o motorista que tem habilitação para carro, mas conduz um caminhão).

O **dolo** ocorre quando o agente quer o resultado e tem consciência da ilicitude da sua atuação e do resultado que a conduta causará ou poderá causar. É o agir ilícito intencional.

Imaginemos a seguinte situação: um motorista do Estado, conduzindo veículo de propriedade deste e realizando seu

> *Por culpa entende-se a atuação que infringe um dever imposto pela lei, podendo se exteriorizar por negligência, imprudência e imperícia.*

serviço, avança um sinal vermelho e causa um acidente. O proprietário do outro carro pode ajuizar ação contra o Estado cobrando o valor do reparo do veículo, provando apenas o dano sofrido (custo do reparo) e o nexo de causalidade (atuação do motorista do Estado). A ação é julgada procedente e o Estado condenado a pagar o reparo do veículo atingido. Verificando a culpa do seu motorista, pode ele ajuizar ação contra o culpado cobrando o valor que teve que pagar ao proprietário do veículo atingido.

> *O dolo ocorre quando o agente quer o resultado e tem consciência da ilicitude da sua atuação e do resultado que a conduta causará ou poderá causar. É o agir ilícito intencional.*

Há a responsabilidade objetiva do Estado de reparar o dano do terceiro, e a responsabilidade subjetiva do agente causador de reparar o Estado caso tenha agido com dolo ou culpa.

O direito de regresso inexiste, entretanto, quando o agente age licitamente, dentro de suas atribuições.

Seria o caso, por exemplo, do policial que, em troca de tiros com bandidos, atinge veículo de terceiro estacionado na rua que pertence à pessoa que nada tem a ver com sua atuaçao. O terceiro prejudicado pelo tiro pode exigir reparação do Estado, mas este não tem direito de regresso contra o policial, já que agia licitamente e de acordo com suas atribuições.

O fundamento da responsabilidade difere de acordo com a licitude ou não da conduta do agente. No caso de dano decorrente de uma conduta ilícita, o dever de reparar decorre do princípio da legalidade, pois houve uma violação legal que originou o dano. Caso a teoria adotada fosse a civilista, a obrigação de reparar subsistiria.

11.3 Exclusão e atenuação da responsabilidade

A responsabilidade, conforme vimos, dá-se em decorrência da teoria do risco administrativo, a qual, em algumas situações, admite a exclusão da responsabilidade.

A responsabilidade pode ser excluída por força maior, entendida como evento imprevisível, inevitável e que não depende da vontade das partes para acontecer. Isso significa que inexiste o nexo de causalidade entre a causa e o dano sofrido, pois a causa independe de qualquer comportamento da Administração. São exemplos um terremoto ou uma enchente que causem danos.

Também pode haver a exclusão, quando a culpa pelo dano for exclusiva da vítima – ou seja, a pessoa que sofre o dano é a responsável por ele.

Por exemplo, quando um indivíduo se joga na frente de um carro de polícia que segue pela via pública em velocidade permitida e é atropelado, trata-se de um dano causado por ele mesmo, ainda que envolva o Estado.

A responsabilidade do Estado pode ser atenuada quando a culpa da vítima for concorrente, ou seja, a pessoa que sofre o dano contribui, juntamente com o Estado, para que ele ocorra. A responsabilidade do Estado, então, não é total.

Síntese

Neste capítulo, tratamos da responsabilidade do estado por danos. No direito brasileiro é adotada a teoria do risco administrativo, que prega que a responsabilidade ocorre quando comprovados dois elementos: o dano e o nexo causal. Esses elementos determinam que o dano deve ser efetivamente comprovado, e o nexo causal é o vínculo existente entre a atuação do Estado e a ocorrência do dano, ou seja, o dano ocorreu em decorrência da atuação estatal. Por essa teoria, independe o dolo ou a culpa do agente estatal, o que acarreta na consequência que mesmo danos causados por atuações lícitas do Estado devem ser indenizados.

Consultando a legislação

Sobre a questão da responsabilidade do Estado por danos, veja o que diz o art. 37 da Constituição Federal:

> Art. 37 [...]
> §6º As pessoas jurídicas de direito público e as de direito privado prestadoras de serviços públicos responderão pelos danos que seus agentes, nessa qualidade, causarem a terceiros, assegurado o direito de regresso contra o responsável nos casos de dolo ou culpa. (Brasil, 1988)

Questão para revisão

1. No direito brasileiro, é necessário que o agente estatal aja com dolo ou culpa para haver a responsabilização do Estado?

Questão para reflexão

1. Reflita sobre a questão a seguir e faça suas considerações sobre o assunto: É justo que o Estado seja responsabilizado por danos causados quando seus agentes agem licitamente?

BACELLAR FILHO, R. F. **Direito administrativo**. 2. ed. São Paulo: Saraiva, 2005. (Curso & Concurso).

BRASIL. Constituição (1988). **Diário Oficial da União**, Brasília, DF, 5 out. 1988. Disponível em: <http://www.planalto.gov.br/ccivil_03/Constituicao/Constituicao.htm>. Acesso em: 24 out. 2017.

_____. Constituição (1988). Emenda Constitucional n. 18, de 5 de fevereiro de 1998. **Diário Oficial da União**, Poder Legislativo, Brasília, DF, 6 fev. 1998a. Disponível em: <https://www.planalto.gov.br/ccivil_03/constituicao/emendas/emc/emc18.htm>. Acesso em: 24 out. 2017.

_____. Constituição (1988). Emenda Constitucional n. 19, de 4 de junho de 1998. **Diário Oficial da União**, Poder Legislativo, Brasília, DF, 5 jun. 1998b. Disponível em: <https://www.planalto.gov.br/ccivil_03/Constituicao/Emendas/Emc/emc19.htm>. Acesso em: 24 out. 2017.

_____. Constituição (1988). Emenda Constitucional n. 45, de 30 de dezembro de 2004. **Diário Oficial da União**, Poder Legislativo, Brasília, DF, 31 dez. 2004a. Disponível em: <https://www.planalto.gov.br/ccivil_03/Constituicao/Emendas/Emc/emc45.htm>. Acesso em: 24 out. 2017.

_____. Decreto-Lei n. 200, de 25 de fevereiro de 1967. **Diário Oficial da União**, Poder Executivo, Brasília, DF, 27 mar. 1967. Disponível em: <https://www.planalto.gov.br/ccivil_03/Decreto-Lei/Del0200.htm>. Acesso em: 24 out. 2017.

BRASIL. Lei n. 5.172, de 25 de outubro de 1966. **Diário Oficial da União**, Poder Legislativo, Brasília, DF, 27 out. 1966. Disponível em: <http://www.planalto.gov.br/ccivil_03/LEIS/L5172.htm>. Acesso em: 24 out. 2017.

_____. Lei n. 7.783, de 28 de junho de 1989. **Diário Oficial da União**, Poder Legislativo, Brasília, DF, 29 jun. 1989. Disponível em: <https://www.planalto.gov.br/ccivil_03/leis/l7783.htm>. Acesso em: 24 out. 2017.

_____. Lei n. 8.112, de 11 de dezembro de 1990. **Diário Oficial da União**, Poder Legislativo, Brasília, DF, 12 dez. 1990. Disponível em: <http://www.planalto.gov.br/ccivil_03/leis/l8112cons.htm>. Acesso em: 24 out. 2017.

_____. Lei n. 8.666, de 21 de junho de 1993. **Diário Oficial da União**, Poder Legislativo, Brasília, DF, 22 jun. 1993. Disponível em: <https://www.planalto.gov.br/ccivil_03/leis/l8666cons.htm>. Acesso em: 24 out. 2017.

_____. Lei n. 8.987, de 13 de fevereiro de 1995. **Diário Oficial da União**, Poder Legislativo, Brasília, DF, 14 fev. 1995. Disponível em: <https://www.planalto.gov.br/ccivil_03/Leis/L8987cons.htm>. Acesso em: 24 out. 2017.

_____. Lei n. 9.784, de 29 de janeiro de 1999. **Diário Oficial da União**, Poder Legislativo, Brasília, DF, 1º fev. 1999. Disponível em: <https://www.planalto.gov.br/ccivil_03/Leis/L9784.htm>. Acesso em: 24 out. 2017.

_____. Lei n. 10.406, de 10 de janeiro de 2002. **Diário Oficial da União**, Poder Legislativo, Brasília, DF, 11 jan. 2002a. Disponível em: <http://www.planalto.gov.br/ccivil_03/LEIS/2002/L10406.htm>. Acesso em: 24 out. 2017.

_____. Lei n. 10.520, de 17 de julho de 2002. **Diário Oficial da União**, Poder Legislativo, Brasília, DF, 18 jul. 2002b. Disponível em: <https://www.planalto.gov.br/ccivil_03/Leis/2002/L10520.htm>. Acesso em: 24 out. 2017.

BRASIL. Lei n. 11.079, de 30 de dezembro de 2004. **Diário Oficial da União**, Poder Legislativo, Brasília, DF, 31 dez. 2004b. Disponível em: <https://www.planalto.gov.br/ccivil_03/_Ato2004-2006/2004/Lei/L11079.htm>. Acesso em: 24 out. 2017.

_____. Lei n. 11.107, de 6 de abril de 2005. **Diário Oficial da União**, Poder Legislativo, Brasília, DF, 7 abr. 2005. Disponível em: <https://www.planalto.gov.br/ccivil_03/_Ato2004-2006/2005/Lei/L11107.htm>. Acesso em: 24 out. 2017.

_____. Lei Complementar n. 101, de 4 de maio de 2000. **Diário Oficial da União**, Poder Legislativo, Brasília, DF, 5 maio 2000. Disponível em: <https://www.planalto.gov.br/ccivil_03/leis/lcp/lcp101.htm>. Acesso em: 24 out. 2017.

_____. Medida Provisória n. 2.182-18, de 23 de agosto de 2001. Convertida na Lei n. 10.520, de 2002. **Diário Oficial da União**, Poder Executivo, Brasília, DF, 24 ago. 2001. Disponível em: <https://www.planalto.gov.br/ccivil_03/MPV/Antigas_2001/2182-18.htm>. Acesso em: 24 out. 2017.

DI PIETRO, M. S. Z. **Direito administrativo**. 19. ed. São Paulo: Atlas, 2006.

GRAU, E. R. **A ordem econômica na Constituição de 1988**. 8. ed. rev. e atual. São Paulo: Malheiros, 2003.

JUSTEN FILHO, M. **Comentários à Lei de Licitações e Contratos Administrativos**. 11. ed. Sao Paulo: Dialética, 2005.

_____. Curso de direito administrativo. 9. ed. rev. atual. e ampl. São Paulo: Revista dos Tribunais, 2013.

MEDAUAR, O. **Direito administrativo moderno**. 10. ed. rev. e atual. São Paulo: Revista dos Tribunais, 2006.

MEIRELLES, H. L. **Direito administrativo brasileiro**. 30. ed. São Paulo: Malheiros, 2005.

MELLO, C. A. B. de. **Curso de direito administrativo**. 20. ed. São Paulo: Malheiros, 2006.

Direito tributário – parte 2

Naufrágio fiscal
A tributação irracional dos últimos anos conduziu os contribuintes (em especial os assalariados) a tal estado que, hoje, só lhes resta a tanga. E, além da tanga, restam-lhes apenas a fé e a esperança de mudança desse estado de coisas simultaneamente com a mudança dos ministros da Fazenda e do Planejamento. Porém, se a estes contribuintes tributarem até mesmo a tanga, então, perdidas estarão a fé e a esperança. Infelizmente existem fundadas razões para que tal aconteça.

Alfredo Augusto Becker (1999)

Nos últimos anos, o Brasil tem experimentado o aumento da chamada *carga tributária*, com os entes públicos cobrando mais tributos da população. Além de pagar mais, esta reclama de obter pouco em troca, deparando-se com a ineficiência dos serviços públicos ou mesmo com a falta deles. O contribuinte paga muito e obtém pouco do Estado, tendo que muitas vezes arcar com segurança, saúde e educação, quando o Estado deveria fornecer tais serviços com qualidade, custeados exclusivamente pelos tributos. Parece que estamos nos dirigindo ao ponto mencionado por Alfredo Augusto Becker (1999), na epígrafe desta segunda parte, em que o Estado tributa até a tanga do contribuinte, tirando-lhe a fé e a esperança restantes.

A voracidade estatal, especialmente da União Federal, tem causado reações na população, a qual começa a mostrar sinais de insatisfação. Boa parte dos brasileiros, todavia, desconhece a quantidade de tributos que paga indiretamente, através da aquisição de gêneros de primeira necessidade. Esses contribuintes não pagam tributos diretamente, ou seja, não ganham o suficiente para que o Imposto de Renda (IR) incida sobre seu salário e seja descontado e, muitas vezes, também não contribuem com IPVA (Imposto sobre a Propriedade de Veículos Automotores), IPTU (Imposto Predial e Territorial Urbano) etc. Porém, eles, que acreditamos ser a maioria,

introdução

pagam, sim, tributos, e pagam muito. As empresas que produzem os gêneros por eles adquiridos têm tributos diversos sobre seu faturamento, folha de pagamento, lucro, renda etc., o que naturalmente infla o custo desses produtos, além daqueles tributos já incidentes sobre o consumo, como IPI (Imposto sobre Produtos Industrializados) e ICMS (Imposto sobre Circulação de Mercadorias e Prestação de Serviços). Assim, podemos atualmente dizer que qualquer pessoa está sujeita à alta carga tributária brasileira somente com a prática de atos simples da vida cotidiana como comer, pegar um ônibus, falar ao telefone, dirigir um carro ou acender uma lâmpada.

A tal carga tributária nada mais é do que a incidência dos tributos, através de uma relação estudada pelo direito tributário. Podemos dizer que esse ramo do direito tem como objeto de estudo um fenômeno jurídico que causa um dos maiores impactos econômicos (se não o maior) nas finanças do país. O direito tributário hoje lida com elementos jurídicos que justificam e regulam a absorção efetuada pelo Estado de quase 40% do produto interno bruto (PIB) brasileiro.

> *Carga tributária nada mais é do que a incidência dos tributos, através de uma relação estudada pelo direito tributário. Podemos dizer que esse ramo do direito tem como objeto de estudo um fenômeno jurídico que causa um dos maiores impactos econômicos (se não o maior) nas finanças do país.*

Ora, parece que fica clara a importância do estudo do direito tributário. Conhecendo seu conteúdo, podemos entender de que maneira o Estado vem absorvendo tanto dinheiro dos particulares. Isso possibilita a compreensão e o controle dos atos estatais que aumentam ou criam tributos.

Pretendemos aqui dar ao leitor uma base do que é direito tributário, expondo os principais elementos inerentes a esse ramo. Conhecendo a teoria geral do direito tributário, é possível a análise de qualquer tributo do nosso sistema.

Alertamos, todavia, que a busca por uma justiça tributária passa pelo controle dos gastos, que não é abordado usualmente pelo direito tributário. Tradicionalmente, esse ramo estuda apenas o que ocorre entre dois momentos: a publicação da lei que institui o tributo (ou que o altera) e o momento em que o contribuinte recolhe o valor aos cofres públicos. O que ocorre antes da publicação da lei (política tributária, análise de cabimento do tributo, discussão, votação e sanção) e o que ocorre depois do recolhimento do valor (gastos, execução do orçamento, responsabilidade fiscal etc.) são objetos estudados por outras áreas do direito. Percebendo que só o que ocorre entre esses dois momentos não basta para obter-se uma justiça tributária, alguns doutrinadores têm tentado levar a análise para além desses limites.

Nesta obra, entretanto, cuidaremos apenas do que é aceito pela doutrina tradicional, deixando de lado conceitos de vanguarda ainda não aceitos pacificamente. Uma reflexão do que ocorre entre os dois momentos descritos anteriormente, por si só, já dá ao leitor um bom conhecimento que possibilita a análise dos tributos.

Este livro é basicamente descritivo da realidade tributária e da legislação. Críticas mais severas, análises mais aprofundadas e estudo de fenômenos tributários complexos são deixados de lado, tendo em vista o escopo deste texto de apresentar aspectos introdutórios de direito tributário direcionados a leitores não pertencentes à área jurídica.

Inicialmente veremos o conceito de tributo, acompanhado dos princípios que regem o direito tributário e as limitações ao poder de tributar, incluídos aí os direitos e as garantias do contribuinte e os limites que o Estado deve observar no tributo.

Em seguida, trataremos da obrigação tributária e do crédito tributário com seus elementos tradicionais: hipótese de incidência, fato jurídico tributário, base de cálculo e alíquota. Também veremos a questão do lançamento, como a formalização do crédito tributário e as suas hipóteses de suspensão de exigibilidade, extinção e exclusão.

Trataremos também das cinco modalidades tributárias existentes atualmente no Brasil, observando seus principais caracteres e os elementos que as distinguem entre si.

Por último, vamos expor brevemente a competência tributária de cada um dos entes da federação, destacando-se quais impostos podem por eles ser instituídos e suas principais características.

XII

Conceito de tributo, princípios tributários e limitações ao poder de tributar

Conteúdos do capítulo:

» Conceito de tributo.
» Finalidades do tributo.
» Regras para a cobrança dos tributos.

12.1 Conceito de tributo

Trataremos aqui do conceito de tributo, demonstrando do que se trata e os elementos que o constituem.

Antes, entretanto, devemos adequar a linguagem utilizada. É comum vermos na mídia ou nas conversas do dia a dia as pessoas dizendo que pagam muitos "impostos". Conforme consta nesta obra, imposto é uma das modalidades tributárias do gênero tributo. Ou seja, existem os tributos, que são as prestações exigidas pelo Estado para a sua manutenção ou para outros fins admitidos na lei que se encaixam no conceito do art. 3º do Código Tributário Nacional (CTN) – Lei n. 5.172, de 25 de outubro de 1966 (Brasil, 1966). Dentre essas modalidades, a mais conhecida e mais utilizada é o imposto, sendo as demais as taxas, as contribuições, as contribuições de melhoria e os empréstimos compulsórios. É comum a utilização leiga do termo *imposto* como sinônimo de *tributo* porque o primeiro é a modalidade do segundo mais antiga e que atinge mais o contribuinte.

O que vimos até aqui serve para dizer que, nesta obra, utilizaremos o termo *tributo* quando nos referirmos ao conjunto de todas as prestações que se encaixam no conceito que veremos a seguir. Ao empregarmos os termos *imposto*, *taxa*, *contribuição de melhoria*, *contribuição* ou *empréstimo compulsório*, estaremos nos referindo, especificamente, às modalidades tributárias, que são as formas utilizadas para a cobrança do tributo.

Quanto ao conceito de tributo, parece mais adequado o trazido pelo CTN:

> Art. 3º Tributo é toda prestação pecuniária compulsória, em moeda ou cujo valor nela se possa exprimir, que não constitua sanção de ato ilícito, instituída em lei e cobrada mediante atividade administrativa plenamente vinculada. (Brasil, 1966)

Há, nesse trecho do CTN, alguns elementos importantes. Vamos separá-los para melhor análise.

12.1.1 Toda prestação pecuniária [...] em moeda ou cujo valor nela se possa exprimir

O tributo corresponde a uma prestação em dinheiro do contribuinte, ou seja, é um valor que deve ser pago por ele ao Estado.

Não se admitem tributos cobrados em bens ou trabalho.

Por exemplo, não pode existir um tributo cobrado e pago em sacos de arroz.

O tributo, então, é uma obrigação de entregar dinheiro ao fisco.

12.1.2 Compulsória

Significa que o tributo deve ser pago pelo contribuinte independentemente de sua vontade. Esse ato decorre diretamente da lei que o institui, sendo esta geral, atingindo a todos que ela determina.

Por exemplo, a lei que institui o IR afirma que todos os que auferirem renda no território brasileiro deverão pagar um valor determinado. De tal prestação o contribuinte não pode se escusar, afirmando, por exemplo, que não concorda com as políticas públicas do governo brasileiro e, por isso, não quer pagar o tributo. Da mesma maneira, um estrangeiro que auferir renda no Brasil deverá pagar imposto, ainda que esteja apenas de passagem pelo país*.

A lei institui a obrigação de pagar, independentemente da vontade do contribuinte, e, caso este não pague o tributo, o Estado pode aplicar medidas de coerção, ou seja, pode forçá-lo a pagar, acarretando autuação fiscal, imposição de multa, inscrição do débito em dívida ativa, execução fiscal e, em alguns casos, consequências criminais, dependendo de como e de qual tributo está devendo.

Por outro lado, uma eventual doação de dinheiro ao Estado não é considerada tributo. Nesse caso, existe o elemento "vontade de contribuir para o Estado", então não é uma prestação compulsória, mas sim voluntária, deixando então de ser tributo.

12.1.3 Que não constitua sanção de ato ilícito

Esse elemento diferencia os tributos das multas. O Estado, no exercício de suas atividades, tem o poder de impor penalidades administrativas – multas –, as quais são também expressas em moeda.

---

* Ressalvadas as hipóteses de tratados internacionais de bitributação.

As multas parecem-se com os tributos, pois são prestações pecuniárias compulsórias, expressas em moeda, instituídas por lei e cobradas por atividade administrativa vinculada, no entanto são sanções a atos ilícitos. É aqui que queríamos chegar. O tributo sempre atua no âmbito do lícito, ou seja, os fatos ou os atos praticados pelo contribuinte que ensejam o pagamento do tributo são sempre lícitos, legais, permitidos. A multa, por sua vez, decorre de um ato ilícito. Sempre que o legislador institui uma obrigação na lei, a qual deve ser por todos observada, atribui a ela uma consequência para o caso de a obrigação ser descumprida. Por exemplo, a lei estabelece que "todos devem usar o cinto de segurança quando andarem de carro" e "se alguém andar de carro sem usar o cinto de segurança, deve ser multado em R$ 100,00"*. Esse é o caso da multa, que só incide quando a pessoa infringe a obrigação que a lei colocou.

> *O tributo sempre atua no âmbito do lícito, ou seja, os fatos ou os atos praticados pelo contribuinte que ensejam o pagamento do tributo são sempre lícitos, legais, permitidos. A multa, por sua vez, decorre de um ato ilícito.*

Dessa forma, o tributo criado para penalizar alguém deixa de ser um tributo. É o que se vê em alguns debates mais descuidados sobre tributação ambiental. Alguns ambientalistas geralmente defendem o aumento dos tributos das empresas poluentes, como forma de puni-las pelo mal que provocam. Tal ideia mostra-se equivocada, pois o tributo

---

* Quando uma lei traz apenas uma obrigação sem colocar uma consequência para o caso de descumprimento, ela perde eficácia, já que se torna uma mera recomendação. Uma norma, para ser considerada jurídica, deve trazer uma consequência, sob pena de se tornar uma regra vazia, que impossibilita atitudes do Estado para exigir seu cumprimento.

não pode ser uma punição ao ato ilícito. Se as empresas contrariam a lei ambiental, devem receber multas ou até mesmo ser punidas por crimes ambientais, mas não podem ter seus tributos aumentados. A tributação, nesse caso, só pode ser utilizada para desestimular comportamentos lícitos, como um tributo que incida sobre combustíveis fósseis permitidos, visando estimular o uso de carros elétricos (quando forem mais acessíveis).

Então, devemos afastar as possibilidades de que o tributo seja utilizado como penalidade, como sanção, pois assim ele desobedece ao conceito e deixa de ser tributo. Devemos ter sempre em mente que ele não pode ter a finalidade de punição.

12.1.4 Instituído em lei

Esse elemento do conceito de tributo aponta para o princípio da legalidade, o qual será visto mais especificamente adiante. De qualquer forma, o tributo só pode existir se estiver previsto em lei. Decreto, resolução, instrução normativa ou qualquer outra forma normativa que não seja a lei não são capazes de criar um tributo.

Lei deve ser entendida como a norma que segue o processo legislativo determinado pela Constituição. O processo legislativo abrange a propositura, a discussão e a votação pela Câmara dos Deputados e pelo Senado Federal e a posterior sanção e publicação pelo presidente da República*.

As normas anteriormente citadas, como os decretos, prestam-se à regulamentação da lei, sendo dela decorrentes. Assim, o Poder Legislativo cria uma lei nova, que depois pode ser regulamentada

---

* O processo aqui descrito refere-se ao processo legislativo federal. Nos estados, a lei é proposta, discutida e votada pelas Assembleias Legislativas e sancionada e publicada pelos governadores de estado. Nos municípios, a votação ocorre nas Câmaras Municipais e é sancionada pelo prefeito municipal.

pelo Poder Executivo por meio de um decreto, descrevendo como ela vai ser cumprida. Podemos notar que o decreto não tem poder de alterar ou de regulamentar assuntos além daquilo de que a lei trata. Essas normas não têm capacidade de criar tributos. Logo, uma cobrança criada por decreto ou outra norma que não seja lei não é tributo.

A lei que institui o tributo geralmente é a lei ordinária, aprovada por maioria simples*. Todavia, a Constituição, em alguns casos específicos, exige lei complementar** para criação de alguns tributos.

Além disso, a lei instituidora do tributo não é aquela que traz normas gerais. Por exemplo, o CTN apresenta as normas gerais para todos os tributos e para o IR, o II (Impostos de Importação), o IE (Imposto de Exportação) e outros impostos. Entretanto, o CTN não é a lei instituidora do tributo, é apenas uma norma geral que dá as diretrizes para a lei instituidora. Com base apenas nas normas gerais, não é possível a cobrança. Essa lei deve trazer elementos específicos do tributo, como hipótese de incidência, base de cálculo, alíquota, sujeitos passivos etc., que são elementos da obrigação tributária, os quais serão vistos especificamente mais adiante, em capítulo próprio.

---

* Maioria simples corresponde à maioria dos parlamentares presentes na sessão de votação. Esta, para ser aberta, precisa da presença da maioria dos membros do Parlamento. Na Câmara dos Deputados, a sessão precisa da presença de pelo menos 257 deputados. Em uma sessão com a presença desse número de deputados, uma lei ordinária precisa do voto de 129 dos 257 deputados presentes para ser aprovada.

** A lei complementar exige maioria absoluta para ser aprovada, isto é, a maioria dos membros do Parlamento que vota a lei. No caso da Câmara dos Deputados, uma lei complementar só é aprovada com o voto de 257 dos 513 deputados.

12.1.5 Cobrada mediante atividade administrativa plenamente vinculada

Esse último elemento do conceito de tributo é proveniente do direito administrativo. Aqui, está estabelecido que a atividade administrativa de cobrança de tributos deve ser vinculada, em oposição à discricionariedade que pode reger alguns atos.

Decorre então desse elemento que, na cobrança de tributos, a autoridade incumbida de tal tarefa não tem liberdade de ação, não podendo fazer juízo de conveniência e oportunidade (próprios do ato discricionário). Não é possível que a autoridade fazendária deixe de cobrar o tributo, ainda que entenda que seja inconveniente ou inoportuno.

A atividade vinculada também aponta para a autoridade a maneira como agir, ou seja, a lei especifica como a autoridade deve agir. Esta deve apurar se ocorreu o fato jurídico tributário, qual a base de cálculo, a alíquota etc. dentro dos critérios da lei. Não lhe é facultado inovar na cobrança, procedendo como melhor lhe aprouver.

Em resumo, a autoridade fazendária, quando estiver diante de situação que é geradora do tributo, deve proceder ao lançamento e cobrá-lo, não tendo escolha de cobrar ou não. Quando proceder à cobrança, deve agir conforme determina a lei, obedecendo aos seus critérios.

12.2 Finalidades do tributo

Conforme visto, a finalidade do tributo não está contida no seu conceito. Isso significa que todas as cobranças que se encaixem no conceito do art. 3º do CTN são tributos. A finalidade a qual se quer alcançar com eles é irrelevante para se conceituar se são tributos ou não.

Mas o que são as finalidades do tributo? Finalidade é o que se quer alcançar com a cobrança e o efeito que se quer obter.

Ainda que a legislação praticamente não discipline tais fins, a doutrina entende que os tributos têm duas finalidades: a fiscal e a extrafiscal. A primeira é a finalidade clássica dos tributos, e a que geralmente se encontra. É a finalidade "normal" dos tributos.

A finalidade **fiscal** é aquela em que o tributo tem a função de arrecadar recursos para a manutenção do Estado. O tributo, nesse caso, presta-se a arrecadar valores dos contribuintes como forma de dividir entre todos o custo estatal, os quais vão para o caixa do Estado e são aplicados no pagamento do funcionalismo, na manutenção dos poderes e dos órgãos da Administração Pública e nas obras públicas, ou seja, destinam-se ao pagamento de despesas correntes e contínuas.

Dentre as modalidades tributárias que serão estudadas mais adiante, as que mais denotam tal finalidade são os impostos, como IPVA, IPTU, IR, ISS etc., que têm a função de retirar riqueza do contribuinte para custear o Estado.

Já os tributos com finalidade **extrafiscal** são aqueles que se destinam a realizar algum fim que não seja a mera arrecadação de valores para o Erário. Eles se destinam à realização de uma finalidade política que o Estado pretende alcançar. Essas finalidades podem ser variadas – por exemplo, proteção do meio ambiente, proteção do mercado interno (barreira alfandegária), saúde pública etc.

Os tributos extrafiscais no Brasil são geralmente maltratados pelo Governo, que utiliza essa finalidade como forma de aumentar a arrecadação, sob o pretexto de alcançar uma finalidade qualquer. Vemos no país, por exemplo, a grande alíquota que incide sobre o cigarro, com a finalidade de aumentar seu preço e supostamente desestimular o consumo. Outro caso de extrafiscalidade é a Contribuição de Intervenção no Domínio Econômico Incidente sobre Combustíveis (Cide-Combustíveis), que incide sobre os combustíveis fósseis e deve ter o valor arrecadado inteiramente destinado para a recuperação de estradas e projetos de preservação do meio ambiente.

O problema dos tributos extrafiscais no Brasil é que não se controlam as finalidades. Não existe um estudo que informe se as pessoas deixaram ou não de fumar por causa do aumento do IPI sobre os cigarros ou se as rodovias estão mesmo sendo recuperadas com o dinheiro arrecadado pela Cide-Combustíveis. Em países da Europa, por exemplo, os tributos extrafiscais vêm sendo utilizados com sucesso na proteção do meio ambiente.

É importante ressaltar, entretanto, que todos os tributos têm as duas finalidades presentes sempre. Um tributo fiscal, por exemplo, destina-se apenas à arrecadação de valores para a manutenção do Estado, mas sua mera cobrança pode gerar um efeito extrafiscal. Ou seja, se for cobrado IR, as pessoas terão menos renda para gastar, diminuindo o consumo. A cobrança do IPTU pode influir para que uma pessoa compre uma casa em uma área mais barata do que em uma mais cara.

> *O mais correto é falarmos em tributo com finalidade preponderantemente fiscal ou extrafiscal. No momento de criação do tributo, uma das finalidades prevalece como sua justificativa, mas a outra finalidade sempre estará presente, ainda que sob a forma de um efeito colateral, às vezes até indesejado.*

Por outro lado, os tributos extrafiscais não se destinam apenas a realizar uma finalidade política, pois o conceito de tributo, como já visto, pressupõe uma cobrança em dinheiro do contribuinte para o Estado – isto é, onde há tributo, há arrecadação, seja qual for a finalidade a que se destine. Então, se o Estado cobra o IPI mais alto sobre o cigarro sob a justificativa de diminuir o fumo, certamente isso gerará um aumento de arrecadação, ainda que esse aumento não seja o efeito inicialmente desejado.

Dessa forma, o mais correto é falarmos em tributo com finalidade preponderantemente fiscal ou extrafiscal. No momento de criação do tributo, uma das finalidades prevalece como sua justificativa, mas a outra finalidade sempre estará presente, ainda que sob a forma de um efeito colateral, às vezes até indesejado.

12.3 Princípios tributários e limitações ao poder de tributar

O direito tributário apresenta diversos princípios e regras que regem e limitam sua incidência, os quais são, geralmente, explícitos na Constituição Federal. Alguns são implícitos ou encontram-se fora dos capítulos da Constituição reservados ao direito tributário.

Esses princípios geralmente têm formulação abstrata, representando valores que devem ser obedecidos pela tributação. Quando estamos, por exemplo, diante do princípio da capacidade contributiva, verificamos que o tributo não pode incidir sobre o mínimo vital necessário à subsistência do contribuinte, mas também não pode incidir de maneira excessiva, tomando dele valores de forma a acabar com seu patrimônio. Todavia, em alguns casos, o princípio não incide por completo ou incide de maneira diferente em cada tributo do nosso sistema. São valores que devem ser observados na aplicação da tributação.

Algumas vezes, a Constituição traz regras que limitam a incidência do tributo, ou seja, são proposições certas e determinadas que apontam quando e como ele incide, além de estabelecer suas exceções. Têm um conteúdo determinado, devendo ser observadas pelo legislador quando da elaboração da lei tributária, bem como por quem vai posteriormente aplicá-la.

O que vemos é um conjunto de princípios e regras o qual limita a tributação, protegendo o contribuinte do poder do Estado. A tributação, para ser válida, deve obedecer a diversos elementos que a limitam e que determinam como ela deve ser criada e aplicada.

Geralmente, essas limitações são chamadas de *limitações do poder de tributar*, que é a denominação que recebe a seção II, capítulo I, título VI, da Constituição Federal.

Veremos agora os princípios e as regras mais importantes, apontando-se onde se encontram na Constituição e de que maneira influem na tributação.

12.3.1 Princípio da legalidade

Entre os diversos princípios enumerados pelos doutrinadores, o princípio da legalidade é certamente o mais conhecido de todos – quase uma unanimidade, pois está sempre presente nas obras de direito tributário.

Também não é para menos, pois, expressamente colocado na Constituição Federal, traz uma das maiores garantias ao contribuinte, que é a não exigência de um tributo sem lei (anterior) que o crie e defina seus elementos.

O princípio é exposto genericamente, na Constituição, no art. 5º:

> Art. 5º [...]
> II – ninguém será obrigado a fazer ou deixar de fazer alguma coisa senão em virtude de lei; [...]. (Brasil, 1988)

Aqui ele está formulado para reger todo o sistema, ou seja, em qualquer situação, qualquer pessoa só será obrigada a alguma coisa se uma lei assim dispuser.

Já no art. 150, inciso I, o princípio está formulado especificamente para o sistema tributário:

> Art. 150. Sem prejuízo de outras garantias asseguradas ao contribuinte, é vedado à União, aos Estados, ao Distrito Federal e aos Municípios:
> I – exigir ou aumentar tributo sem lei que o estabeleça; [...].
> (Brasil, 1988)

> *O tributo é cobrado para a manutenção do Estado, que existe para realizar políticas e garantir a liberdade do povo. Ainda que o pagamento de tributos nunca seja agradável, é necessário, sendo um dever cívico do cidadão concorrer para a manutenção do Estado.*

As formulações deixam pouca dúvida, pois são bem explícitas. Não é possível a exigência de tributo sem uma lei que o estabeleça. Como já vimos no conceito de tributo, a lei deve estabelecer como este incide, determinando quem são os contribuintes, os fatos que geram o tributo, a alíquota, a base de cálculo etc.

Tal princípio se contrapõe à maneira como o tributo era antigamente cobrado. O rei absolutista decidia cobrar tributos do povo sem qualquer consulta prévia e com pouco critério. Em um Estado democrático, isso não é possível, pois o poder emana do povo, e dele deve vir a aprovação para a cobrança dos tributos.

O tributo é cobrado para a manutenção do Estado, que existe para realizar políticas e garantir a liberdade do povo. Ainda que o pagamento de tributos nunca seja agradável, é necessário, sendo um dever cívico do cidadão concorrer para a manutenção do Estado. O que ocorre é que a arrecadação de recursos deve obedecer aos critérios determinados em lei, discutida e aprovada pelos representantes do povo brasileiro legitimamente eleitos. A própria criação do tributo deve passar pelo crivo dos representantes do povo, os quais podem entender que o Estado, ao invés de criar um novo tributo, deve cortar despesas.

O que não se admite, em decorrência do princípio da legalidade, é que um tributo seja criado e exigido sem uma lei, ou seja, por meio de um ato não discutido pelos parlamentares. Seria uma arbitrariedade que remeteria aos tempos do rei absolutista, que decidia cobrar o tributo de acordo com sua conveniência.

O mesmo ocorre com a majoração do tributo sem lei, isto é, não pode a autoridade administrativa livremente dispor dos elementos do tributo, de forma que ele se torne mais oneroso, sem que a lei assim determine.

Vemos também na Constituição o chamado ***princípio da irretroatividade***:

> Art. 150. Sem prejuízo de outras garantias asseguradas ao contribuinte, é vedado à União, aos Estados, ao Distrito Federal e aos Municípios:
> [...]
> III – cobrar tributos:
> a) em relação a fatos geradores ocorridos antes do início da vigência da lei que os houver instituído ou aumentado; [...].
> (Brasil, 1988)

Então, como não é possível a exigência de tributo sem lei que o estabeleça, não se pode determinar sua incidência para fatos ocorridos anteriormente a ela. Se a lei não existia, então não pode ser exigido tributo. Uma lei que instituísse tributo e determinasse que ele deveria ser cobrado, por exemplo, sobre fatos ocorridos um ano antes da sua vigência, seria inconstitucional pela desobediência a esse princípio.

12.3.2 Princípio da capacidade contributiva

Esse princípio é absolutamente vital para todos os tributos, sendo reconhecido como o realizador do **princípio genérico da igualdade** no direito tributário, sendo diretamente derivado deste.

O princípio genérico da igualdade é trazido pelo art. 5º, *caput*, da Constituição Federal:

> Art. 5º Todos são iguais perante a lei, sem distinção de qualquer natureza, garantindo-se aos brasileiros e aos estrangeiros residentes no País a inviolabilidade do direito à vida, à liberdade, à igualdade, à segurança e à propriedade [...].
> (Brasil, 1988)

Como vimos, os tributos destinam-se principalmente a arrecadar valores para a manutenção do Estado, de forma que este possa realizar suas obras, suas políticas e prestar serviço público, visando ao bem-estar social.

Após uma leitura rápida do artigo dado, poderíamos pensar, inicialmente, que o custo da manutenção do Estado deve ser dividido igualmente entre todos. Ou seja, se a manutenção do Estado custasse por mês R$ 100.000,00 e o Estado tivesse 100 habitantes, cada um deveria contribuir com R$ 1.000,00.

Aparentemente, essa conta realiza a igualdade que quer a Constituição. Entretanto, não é assim que a igualdade aparece no direito tributário. Imaginemos novamente, no exemplo anterior, que entre esses 100 habitantes do Estado, um deles é extremamente rico, possuindo uma enorme fortuna e incontáveis bens, e outro é extremamente pobre, não possuindo sequer o mínimo necessário para alimentar-se. É correto afirmar que a cobrança de R$ 1.000,00 por mês de cada um deles realiza a igualdade? O rico pagará esse valor com o dinheiro que tem no bolso, e o pobre só poderá pagar parte do tributo se deixar de comer e ainda ficará devendo.

Há mais um problema que ocorreria se o ônus fosse idêntico para todos. Retomando o exemplo anterior, imaginemos que uma pessoa tem uma renda mensal de R$ 100.000,00, enquanto outra tem uma renda de R$ 3.000,00. O impacto da cobrança de R$ 1.000,00 sobre a renda da primeira é muito menor que sobre a renda da segunda. Ou vamos supor que, ainda no mesmo exemplo, o cidadão devesse contribuir com 20% de sua renda: o Estado cobraria R$ 20.000,00 de uma renda de R$ 100.000,00 e ainda teria um impacto muito menor que a cobrança de R$ 600,00 sobre uma renda de R$ 3.000,00.

O ônus tributário deve então ser repartido de acordo com a capacidade de pagamento de cada um. O impacto da cobrança do tributo no patrimônio de cada contribuinte deve ser semelhante, de maneira que o valor cobrado não atinja o mínimo indispensável à sobrevivência das pessoas e também não destrua o patrimônio do contribuinte.

Por essa razão, **a tributação observa o princípio da capacidade contributiva,** ou seja, paga mais quem pode mais, e quem pode menos paga menos ou não paga. Nossa Constituição traz o princípio explicitamente:

> Art. 145 [...]
> §1º Sempre que possível, os impostos terão caráter pessoal e serão graduados segundo a capacidade econômica do contribuinte, facultado à administração tributária, especialmente para conferir efetividade a esses objetivos, identificar, respeitados os direitos individuais e nos termos da lei, o patrimônio, os rendimentos e as atividades econômicas do contribuinte. (Brasil, 1988)

A expressão *sempre que possível* revela que o princípio da capacidade contributiva nem sempre poderá ser aplicado em sua totalidade. Em cada tributo, o princípio aparece de uma maneira diferente, em decorrência das características de cada modalidade.

O caráter pessoal, que também deve estar presente sempre que possível, é a possibilidade de um tributo incidir diferentemente para contribuintes que, por exemplo, tenham a mesma renda, mas não sejam iguais.

Assim, imaginemos que duas pessoas trabalham em uma mesma empresa, com o mesmo cargo e ganham o mesmo salário. Aparentemente deveriam contribuir com o mesmo valor de tributo. Entretanto, um deles é casado, tem três filhos e ajuda os pais idosos, enquanto o outro é solteiro e não tem ninguém que dele dependa.

Nesse caso, o tributo pode ter um caráter pessoal, ou seja, para o que tem família e dependentes, o tributo deve incidir de maneira mais suave, enquanto que, para o solteiro, deve incidir mais gravosamente, pois se parte da premissa de que o solteiro tem maior disponibilidade financeira e, portanto, mais capacidade contributiva.

12.3.3 Princípio da vedação do confisco, princípio da preservação do mínimo vital, progressividade das alíquotas e critério da seletividade

Em decorrência da capacidade contributiva, surgem dois limites para a tributação e dois critérios que lhe dão medida para igualdade. São tratados separadamente da capacidade contributiva, porque a Constituição assim o faz, ou seja, consagra a vedação de confisco e a progressividade das alíquotas como garantias do contribuinte. A preservação do mínimo vital não está explícita na Constituição, mas decorre diretamente da capacidade contributiva. A seletividade é colocada junto com o IPI e o ICMS, impostos sobre o consumo.

Como visto quando tratamos do princípio da capacidade contributiva, não é possível impor ônus tributário igual a pessoas com riquezas diferentes. Da mesma maneira, não se pode prejudicar a subsistência do contribuinte nem tomar seu patrimônio por meio do tributo.

Dessa forma, da capacidade contributiva surgem dois limites aos tributos: a preservação do mínimo vital e a vedação do confisco.

A **preservação do mínimo vital** refere-se à impossibilidade de se cobrar tributo sobre os valores necessários à sobrevivência da pessoa. Assim, alguém que ganha um salário mínimo não pode pagar IR, pois não possui renda suficiente ou disponibilidade econômica para pagar o tributo. Aquele que ganha um salário mínimo tem dificuldades até para se alimentar; se ainda tiver que pagar IR, agravará a situação.

No caso específico do IR, considera-se atualmente que não possuem renda tributável os contribuintes que ganham menos que R$ 1.903,98 mensais*. Quem ganha menos que esse valor, para o Estado brasileiro, não tem disponibilidade financeira e capacidade contributiva para pagar esse imposto. Nesse caso, o mínimo vital é o valor de R$ 1.903,98. Se considerarmos que o mínimo vital é o valor necessário à satisfação das necessidades básicas da pessoa, logo vemos que o próprio Estado admite que o salário mínimo deveria ser maior, já que deveria justamente ser pago em valor suficiente para possibilitar pelo menos a satisfação das necessidades básicas da pessoa, ou seja, igual ao valor do mínimo vital.

Acima do mínimo vital, inicia-se a tributação, pois se considera que existe capacidade contributiva. Entretanto, quem ganha um pouco acima do valor mínimo tributado deve ser menos tributado do que quem ganha muito mais que o mínimo vital. Dessa forma, surge o critério de igualdade dos tributos, que é a **progressividade** das alíquotas ligada à base de cálculo. A progressividade impõe que aos contribuintes com maior riqueza sejam estabelecidas alíquotas maiores, que vão aumentando em razão do aumento da riqueza. Esse critério possibilita que se cobre uma pequena alíquota de uma pessoa

---

* Tabela do IR, ano de 2016.

> *A progressividade impõe que aos contribuintes com maior riqueza sejam estabelecidas alíquotas maiores, que vão aumentando em razão do aumento da riqueza.*

que ganhe um pouco acima do mínimo vital e uma grande alíquota daquela que ganhe bem acima do mínimo vital. A garantia disso se deve ao princípio da capacidade contributiva, que obriga a distribuição do ônus tributário de acordo com o quanto o contribuinte pode pagar.

O exemplo mais conhecido de progressividade no Brasil é o das alíquotas do IR. Como vimos, quem ganha até determinada soma é isento de IR. Rendimentos superiores vão sendo tributados em alíquotas que aumentam de acordo com o valor tributado, iniciando em 7,5%, passando por 15% e 22,5% e chegando na alíquota máxima de 27,5%.

Em outros países, especialmente na Europa, existem mais faixas de progressividade de alíquotas, sendo que, em alguns lugares, chega-se a faixas mais altas – 50% ou mais. Essa alíquota aplica-se apenas a rendimentos muito grandes, de forma que o impacto da cobrança de 50% da renda será semelhante ao impacto da cobrança de 15% sobre uma renda menor.

Então, a progressividade é tida como um critério de aplicação da capacidade contributiva, fazendo com que quem pode mais pague mais em razão da riqueza que possui. Observamos que a progressividade nem sempre se aplica a todos os tributos, sendo geralmente mais utilizada em impostos sobre renda e patrimônio. No Brasil, esse critério é pouco usado, sendo adstrito quase apenas ao IR.

O que ocorre quando uma alíquota é muito alta, de forma que o Estado passa a tomar o patrimônio do contribuinte por meio de cobrança do tributo? Trata-se de **confisco**, ou seja, o tributo é tão alto que empobrece muito o contribuinte, fazendo, inclusive, com que a própria fonte do tributo diminua.

O confisco é vedado pela Constituição Federal:

> Art. 150. Sem prejuízo de outras garantias asseguradas ao contribuinte, é vedado à União, aos Estados, ao Distrito Federal e aos Municípios:
> [...]
> IV – utilizar tributo com efeito de confisco; [...].
> (Brasil, 1988)

Ou seja, o tributo deve ser utilizado para a manutenção do Estado, mas não pode levar à falência o contribuinte, tomando-lhe os bens.

Imaginemos que o IPTU de uma casa seja de 50% do valor venal do imóvel. É muito provável que o contribuinte não tenha o valor e fique em dívida com o tributo. A casa tributada será penhorada na execução fiscal, levando o contribuinte a perder o bem que deu origem ao próprio tributo. Da mesma maneira, uma alíquota de 90% de IR seria um confisco, pois o contribuinte estaria praticamente trabalhando para o Estado.

No caso do confisco, o grande problema é mensurar o valor considerado confiscatório. Não existe consenso sobre o assunto, até porque, nesse caso, seria necessária a análise do tributo em si para se determinar o que é ou não é confisco. Essa medida também pode decorrer da cultura da sociedade, pois, como no exemplo dado anteriormente, na Europa, considera-se normal uma alíquota de 50% sobre a renda, mas, aqui no Brasil, com certeza seria tida por muitos como confiscatória.

Assim, vemos que os critérios e limites aqui tratados decorrem da capacidade contributiva e dão-lhe medida para que se realize. O mínimo vital é o limite mínimo, pois se trata da riqueza mínima, que, se for tributada, põe em risco a subsistência do contribuinte. Se este está na faixa de riqueza do mínimo vital, considera-se que ele não tem capacidade contributiva para pagar tributos.

Já o contribuinte que ganha um pouco acima do mínimo vital tem capacidade contributiva e deve pagar tributos. Mas deve pagar pouco, pois sua capacidade é menor. Outrossim, os que são mais ricos devem pagar mais que aquele que ganha pouco acima do mínimo, sendo que a alíquota deve aumentar à medida que aumenta sua renda, como forma de possibilitar que quem tem mais condições contribua mais para o Estado. Aqui vemos a progressividade das alíquotas em razão da riqueza do contribuinte, a qual dá a medida de cobrança para alguns tributos.

As alíquotas progridem em razão da riqueza do contribuinte até que se constate que a alíquota é tão alta que toma do contribuinte sua riqueza, o que o leva à bancarrota. Tal situação encaixa-se na **vedação de confisco**, que é o limite máximo para a incidência do tributo. Quando se verifica que a tributação atingiu o confisco, não é possível ir além, ainda que a renda do contribuinte seja enorme.

Por último, além desses limites e critérios quanto a maior ou menor incidência do tributo em função da riqueza do contribuinte, encontramos a chamada *seletividade* em função da essencialidade do produto. Esse critério aplica-se especialmente ao IPI e ao ICMS, que são tributos que incidem sobre o consumo. Pela seletividade, determina-se que o tributo incidirá mais pesadamente sobre os bens menos essenciais e mais suavemente sobre os bens mais essenciais. Dessa forma, artigos de luxo, supérfluos, devem ser tributados em alíquotas maiores que aqueles gêneros de primeira necessidade. Esse critério destina-se a cobrar o tributo mais pesadamente do contribuinte quando este demonstrar uma maior capacidade de gastar com a aquisição de produtos não essenciais. Aliado aos demais critérios, trata-se de um critério também da capacidade contributiva, que acaba colocando o ônus tributário igualitariamente entre todos os contribuintes, inclusive quando a arrecadação se dá mediante a tributação do consumo, na qual geralmente encontramos a seletividade.

12.3.4 Anterioridade

A anterioridade está prevista no art. 150, inciso III, alíneas "b" e "c", da Constituição Federal:

> Art. 150. Sem prejuízo de outras garantias asseguradas ao contribuinte, é vedado à União, aos Estados, ao Distrito Federal e aos Municípios:
> [...]
> III – cobrar tributos:
> [...]
> b) no mesmo exercício financeiro em que haja sido publicada a lei que os instituiu ou aumentou;
> c) antes de decorridos noventa dias da data em que haja sido publicada a lei que os instituiu ou aumentou, observado o disposto na alínea b; [...]. (Brasil, 1988)

Ainda que chamado comumente de *princípio da anterioridade*, parece que se trata de verdadeira regra, pois é uma escolha concreta e determinada do texto constitucional.

Tal regra informa que um tributo não pode ser cobrado no mesmo exercício em que foi publicada a lei que o instituiu ou aumentou. *Exercício*, para fins fiscais, corresponde ao ano civil, ou seja, o período entre 1º de janeiro e 31 de dezembro de um mesmo ano. Assim, se uma lei criando um novo tributo for publicada no dia 10 de julho de 2010, tal tributo só poderá ser cobrado a partir de 1º de janeiro de 2011.

O que ocorria com a regra original era o seguinte, utilizando o mesmo exemplo anterior: a norma que institui o tributo era publicada no dia 31 de dezembro de 2010 e iniciava-se a sua cobrança já no dia 1º de janeiro de 2011. Geralmente, o *Diário Oficial*, que trazia tal legislação, tinha uma tiragem pequena e circulava apenas no Distrito Federal, então os contribuintes eram pegos de surpresa com um novo tributo ou com algum aumento de tributo já existente. Tal situação, naturalmente, gerava protestos, pois dava a clara noção de que o governo tentava induzir o contribuinte ao erro, aprovando novas leis na surdina e publicando-as quando todos estavam desatentos.

Como forma de sanar tal problema, a Emenda Constitucional (EC) n. 42, de 19 de dezembro de 2003 (Brasil, 2003), acrescentou a alínea "c" ao inciso III do art. 150 da Constituição. Tal alínea traz a seguinte regra: em qualquer caso, haverá um intervalo de noventa dias entre a data da publicação da lei instituidora e o início da cobrança do tributo. Ou seja, nesse mesmo exemplo, o novo tributo instituído por lei publicada em 31 de dezembro de 2010 só poderá ser cobrado a partir de 31 de março de 2011, e não já a partir de 1º de janeiro de 2011, como permitia a regra anterior.

No caso de a lei ser publicada no dia 10 de julho de 2010, permanece como era, pois os noventa dias se esgotarão antes do início do exercício seguinte. Como consta na parte final da alínea "c", deve ser observada a alínea "b", que é a regra do exercício seguinte. Logo, o tributo criado por lei publicada em 10 de julho de 2010 poderá ser cobrado a partir do dia 1º de janeiro de 2011. Então, como podemos verificar, a regra nova se destina apenas a evitar que sejam criados ou aumentados tributos de surpresa, com a publicação da lei em um dia e o início de sua cobrança no dia seguinte.

A anterioridade apresenta algumas exceções justificadas principalmente pela extrafiscalidade de alguns tributos. Assim, uma alteração do II destinada a criar uma barreira alfandegária para proteger a indústria nacional não pode esperar o exercício seguinte, ou mesmo noventa dias, sob pena de se tornar sem efeito. A regra geral é a descrita anteriormente, todavia, existem exceções que devem ser observadas em alguns casos.

A regra da anterioridade ainda tem um caráter peculiar quanto às contribuições sociais. Estas são destinadas a arrecadar recursos para a seguridade social (INSS, SUS) e serão vistas mais especificamente adiante. São tributos que ganharam mais importância nos últimos anos, em decorrência do maior uso dessa modalidade pelo Governo Federal (contribuições ao INSS do empregado e do empregador, Cofins, CSLL etc.). A essas contribuições aplica-se a anterioridade, conforme coloca o art. 195, parágrafo 6º, da Constituição:

> Art. 195. A seguridade social será financiada por toda a sociedade, de forma direta e indireta, nos termos da lei, mediante recursos provenientes dos orçamentos da União, dos Estados, do Distrito Federal e dos Municípios, e das seguintes contribuições sociais:
> [...]
> §6º As contribuições sociais de que trata este artigo só poderão ser exigidas após decorridos noventa dias da data da publicação da lei que as houver instituído ou modificado, não se lhes aplicando o disposto no art. 150, III, "b".
> (Brasil, 1988)

Observemos que a regra do art. 150, inciso III, "b", da Constituição é excetuada novamente, então as contribuições precisam apenas aguardar noventa dias para serem exigidas. Essa anterioridade específica das contribuições tem sido chamada de *anterioridade nonagesimal* ou *noventena*. Tomando novamente o exemplo já colocado, se uma contribuição social for criada ou modificada e a lei publicada em 10 de julho de 2010, a cobrança pela nova lei poderá se iniciar já em 8 de outubro de 2011, não havendo a necessidade de se aguardar o exercício seguinte.

Importante ressaltar que, quando se trata de anterioridade, não devemos confundi-la com o chamado *princípio da anualidade*, pois este refere-se à obrigatoriedade de que a Lei Orçamentária Anual (LOA) preveja a cobrança do tributo como parte das receitas do Estado (Machado 2006). A Lei Orçamentária, além de autorizar a despesa, deve prever a receita, especificando quais tributos serão cobrados. O princípio da anualidade, todavia, não se encontra previsto expressamente na Constituição Federal de 1988. Entretanto, muitas vezes, ocorre confusão entre esse princípio e a anterioridade. Não é possível confundi-los, já que a anterioridade deriva diretamente do direito tributário, enquanto que a anualidade vem do direito financeiro, ramo que estuda o orçamento, as receitas e as despesas do Estado.

Síntese

Tratamos, neste capítulo, dos seguintes conceitos:
- » Tributo – Toda prestação pecuniária compulsória que não constitua sanção de ato ilícito, instituída em lei, cobrada, em regra, pelo Estado através de um procedimento administrativo determinado pela legislação tributária.
- » Princípios tributários – Regras gerais que regulamentam a forma como o tributo deve ser cobrado e os limites a serem observados pelo Estado.
- » Princípio da legalidade – De vital importância no direito tributário, determina que o tributo só pode ser cobrado em decorrência de lei que determine seus elementos.
- » Princípio da capacidade contributiva – Princípio que determina quem pode ser tributado e quais valores podem ser cobrados de cada pessoa. Parte da premissa que pessoas com maior capacidade contributiva, ou seja, com maior disponibilidade financeira, devem ser tributadas mais pesadamente que aquelas com menor capacidade.

Consultando a legislação

a) Constituição Federal

> Art. 5º Todos são iguais perante a lei, sem distinção de qualquer natureza, garantindo-se aos brasileiros e aos estrangeiros residentes no País a inviolabilidade do direito à vida, à liberdade, à igualdade, à segurança e à propriedade, nos termos seguintes:
> [...]
> II – ninguém será obrigado a fazer ou deixar de fazer alguma coisa senão em virtude de lei;
> [...]
> Art. 145 [...]
> §1º Sempre que possível, os impostos terão caráter pessoal e serão graduados segundo a capacidade econômica do contribuinte, facultado à administração tributária, especialmente para conferir efetividade a esses objetivos, identificar, respeitados os direitos individuais e nos termos da lei, o patrimônio, os rendimentos e as atividades econômicas do contribuinte.
> [...]
> Art. 148. A União, mediante lei complementar, poderá instituir empréstimos compulsórios:
> I – para atender a despesas extraordinárias, decorrentes de calamidade pública, de guerra externa ou sua iminência;
> [...]
> Art. 150. Sem prejuízo de outras garantias asseguradas ao contribuinte, é vedado à União, aos Estados, ao Distrito Federal e aos Municípios:
> I – exigir ou aumentar tributo sem lei que o estabeleça;
> [...]
> III – cobrar tributos:
> a) em relação a fatos geradores ocorridos antes do início da vigência da lei que os houver instituído ou aumentado;

b) no mesmo exercício financeiro em que haja sido publicada a lei que os instituiu ou aumentou;

c) antes de decorridos noventa dias da data em que haja sido publicada a lei que os instituiu ou aumentou, observado o disposto na alínea b;

IV – utilizar tributo com efeito de confisco;

[...]

§1º A vedação do inciso III, b, não se aplica aos tributos previstos nos arts. 148, I, 153, I, II, IV e V; e 154, II; e a vedação do inciso III, c, não se aplica aos tributos previstos nos arts. 148, I, 153, I, II, III e V; e 154, II, nem à fixação da base de cálculo dos impostos previstos nos arts. 155, III, e 156, I.

[...]

Art. 153. Compete à União instituir impostos sobre:

I – importação de produtos estrangeiros;

II – exportação, para o exterior, de produtos nacionais ou nacionalizados;

III – renda e proventos de qualquer natureza;

IV – produtos industrializados;

V – operações de crédito, câmbio e seguro, ou relativas a títulos ou valores mobiliários;

[...]

Art. 154. A União poderá instituir:

[...]

II – na iminência ou no caso de guerra externa, impostos extraordinários, compreendidos ou não em sua competência tributária, os quais serão suprimidos, gradativamente, cessadas as causas de sua criação.

[...]

Art. 155. Compete aos Estados e ao Distrito Federal instituir impostos sobre:

[...]

II – operações relativas à circulação de mercadorias e sobre prestações de serviços de transporte interestadual e intermunicipal e de comunicação, ainda que as operações e as prestações se iniciem no exterior;

> III – propriedade de veículos automotores.
> [...]
> Art. 156. Compete aos Municípios instituir impostos sobre:
> I – propriedade predial e territorial urbana;
> [...]
> Art. 177 [...]
> §4º A lei que instituir contribuição de intervenção no domínio econômico relativa às atividades de importação ou comercialização de petróleo e seus derivados, gás natural e seus derivados e álcool combustível deverá atender aos seguintes requisitos:
> I – a alíquota da contribuição poderá ser:
> [...]
> b) reduzida e restabelecida por ato do Poder Executivo, não se lhe aplicando o disposto no art. 150, III, b;
> [...]
> Art. 195. A seguridade social será financiada por toda a sociedade, de forma direta e indireta, nos termos da lei, mediante recursos provenientes dos orçamentos da União, dos Estados, do Distrito Federal e dos Municípios, e das seguintes contribuições sociais:
> [...]
> §6º As contribuições sociais de que trata este artigo só poderão ser exigidas após decorridos noventa dias da data da publicação da lei que as houver instituído ou modificado, não se lhes aplicando o disposto no art. 150, III, "b".
> (Brasil, 1988)

b) Código Tributário Nacional

> Art. 3º Tributo é toda prestação pecuniária compulsória, em moeda ou cujo valor nela se possa exprimir, que não constitua sanção de ato ilícito, instituída em lei e cobrada mediante atividade administrativa plenamente vinculada.
> (Brasil, 1966)

Questão para revisão

1. O poder do Estado tributar é ilimitado? Justifique.

Questão para reflexão

1. É justificável que o Estado viole a propriedade particular a fim de obter recursos? Mesmo que estes recursos se destinem a financiar obras e serviços que trarão um grande bem à sociedade? Reflita sobre essas questões e faça suas observações sobre o assunto.

XIII

Obrigação tributária e crédito tributário

Conteúdos do capítulo:

» Vínculo entre o contribuinte e o Estado.
» Tributo – implicâncias jurídicas de natureza obrigacional.
» Regras que determinam o surgimento e o desaparecimento da obrigação.

Com a incidência da norma tributária, surge a obrigação tributária, que, em resumo, constitui a obrigação do devedor (contribuinte do tributo) de pagar determinada quantia ao credor (Estado). Tal obrigação surge quando o contribuinte pratica algum ato qualificado pela lei que cria o tributo.

Com o nascimento da obrigação tributária, tem origem um vínculo de obrigação entre o Estado e o contribuinte. Entretanto, não pode ainda o Estado exigir o tributo, pois, para isso, ele deve constituir o crédito tributário. Com a obrigação tributária, então, surge para o Estado o direito de constituir o crédito, que, através de um ato chamado *lançamento*, determina quem é o devedor do tributo, sobre o que deve e quanto deve. A partir daí, o Estado pode exigir o valor.

Neste capítulo, trataremos da regra-matriz de incidência, a qual estuda os elementos do tributo que fazem nascer a obrigação tributária, assim como o lançamento, que é o ato que individua o crédito tributário e possibilita sua cobrança. Também veremos as hipóteses de extinção, exclusão e suspensão do crédito tributário.

A chamada *regra-matriz de incidência* é entendida como a estrutura do tributo que determina como, quando e em que condições ele irá incidir, bem como sobre o que irá incidir, qual o valor que terá e quem terá que pagar para quem. Dentro da regra-matriz de incidência temos os elementos da previsão legal (hipótese de incidência) e o consequente (sujeitos ativo e passivo, base de cálculo e alíquota). Tais elementos compõem a obrigação tributária e serão vistos individualmente adiante.

13.1 Hipótese de incidência e fato jurídico tributário

Como vimos antes, o tributo necessariamente decorre de lei para existir e ser cobrado. Agora, devemos analisar qual o conteúdo dessa lei que possibilita saber quando ocorrem a obrigação tributária e o crédito tributário, ou seja, quando surge para o contribuinte o dever de pagar o tributo e para o Estado, o direito de cobrar.

No direito, as normas geralmente trazem a descrição hipotética, geral e futura de um determinado fato que, se ocorre no mundo real, torna o fato relevante juridicamente. Logo, tal fato recebe a denominação de ***fato jurídico***, gerando uma determinada consequência prevista pela lei.

Vários fatos são absolutamente irrelevantes para o direito, como pode ser, por exemplo, a leitura deste texto. Os fatos só se tornam jurídicos quando uma lei assim dispuser. Então, se uma lei estabelecer que "é proibida a leitura de textos sobre direito tributário sob pena de prisão", a leitura deste texto se torna contrária à lei e, portanto, ganha relevância jurídica. A prática do ato (leitura do texto) enseja uma sanção, ou seja, prisão, que é a consequência jurídica de tal norma.

Exemplo assim encontramos no direito penal. O art. 121 do Código Penal (CP) – Decreto-Lei n. 2.848, de 7 de dezembro de 1940 (Brasil, 1940) – determina que o fato "matar alguém" será punido com a pena de "reclusão, de seis a vinte anos". Ou seja, se alguém praticar o ato "matar alguém", tal ato ganha relevância jurídica e tem como consequência a pena de reclusão de seis a vinte anos.

E assim também ocorre com o direito tributário.

Vejamos o IPVA (Imposto sobre a Propriedade de Veículos Automotores). A norma nesse caso determina que, caso alguém seja proprietário de veículo automotor durante o ano, deve pagar o imposto correspondente. Assim, quando alguém pratica tal ato, imediatamente torna-se devedor do tributo, incidindo a alíquota sobre a base de cálculo indicada.

Atentemos para o fato de que, caso não existisse o IPVA, o ato de "ser proprietário de veículo automotor" não teria relevância para o direito tributário. O que a lei que instituiu o IPVA fez foi apontar um determinado ato e dar a ele relevância jurídica, de forma que, quando tal ato for praticado, surgirá uma consequência jurídica, que, no caso em questão, é a obrigação de o contribuinte pagar o tributo IPVA.

Segundo a terminologia de Paulo de Barros Carvalho (1999), essa descrição que a lei faz de um determinado ato chama-se *hipótese de incidência*, a qual define os fatos e os atos que fazem surgir a obrigação tributária. A hipótese de incidência do IPTU (Imposto Predial e Territorial Urbano) é "ser proprietário de imóvel ou terreno durante determinado ano em determinado município" e do IPVA é "ser proprietário de veículo automotor no estado durante o ano".

A hipótese de incidência é, pois, o elemento da lei que estabelece quais fatos ou atos têm relevância para o direito tributário, sobre os quais incidem os tributos.

Existem, então, os atos ou fatos que preenchem a descrição realizada pela hipótese de incidência, ou seja, aqueles atos ou fatos que ocorrem no mundo real e, por estarem previstos na lei, geram a obrigação tributária. Tais fatos ou atos do mundo real são chamados de *fatos jurídicos tributários*, ou seja, eles são fatos ou atos que têm relevância jurídica, porque a lei os previu e lhes atribuiu uma consequência.

Devemos ter em mente que a hipótese de incidência é abstrata, só existe na lei como a previsão de um fato que enseja o tributo. O fato jurídico tributário é um fato do mundo real que corresponde à descrição realizada pela hipótese de incidência. Por isso, tal fato ganha relevância jurídica, surtindo uma consequência prevista pela lei.

Voltando ao exemplo do IPVA: a hipótese de incidência é "ser proprietário de veículo automotor". O ato do mundo real de "ser proprietário de veículo automotor" se encaixa na descrição hipotética trazida pela lei, portanto, torna-se um fato jurídico tributário. Logo, tendo sido praticado o fato jurídico tributário, surge uma consequência, que é o pagamento de valor determinado na lei para o estado. Os elementos da consequência (sujeitos, alíquota e base de cálculo) serão vistos logo a seguir.

13.2 Questão de terminologia

A terminologia utilizada neste texto segue a da chamada *escola da PUCSP de direito tributário*. Tal escola, iniciada por Geraldo Ataliba, abriga hoje boa parte dos autores mais conhecidos desse ramo do direito, como Paulo de Barros Carvalho e Roque Antonio Carrazza, cujos livros foram amplamente consultados para a produção deste texto.

Essa escola, especialmente Paulo de Barros Carvalho, firmou a regra-matriz de incidência, a qual constitui a norma que define a incidência do tributo, descrevendo os elementos que permitem identificar quando esta ocorre. Em decorrência de tal conceito, surgem a **hipótese de incidência**, que é a descrição abstrata, contida na lei, dos atos e fatos que fazem incidir o tributo, e o **fato jurídico tributário**, que é o ato ou fato do mundo real que se encaixa na hipótese de incidência e dá origem à obrigação tributária. Observemos a diferença: a hipótese de incidência é uma previsão da lei abstrata. Pode acontecer que o ato ou fato previsto pela hipótese de incidência nunca ocorra, portanto, nesse caso, não ocorrerá a incidência do tributo.

Com o fato jurídico tributário é diferente; este é um fato real, uma ação humana do mundo real que ganha relevância jurídica por ser descrito em lei na hipótese de incidência. Um fato pode não ter relevância jurídica se não for descrito pela lei, e só se torna jurídico tributário na medida em que gera uma obrigação tributária.

É provável que o leitor se pergunte agora: E o termo *fato gerador* utilizado pela legislação tributária e pelo Código Tributário Nacional (CTN)?

A escola da PUCSP critica esse termo porque ele é empregado pela lei e por alguns autores para denominar tanto a hipótese de incidência quanto o fato jurídico tributário. Ele é, então, geralmente utilizado como a previsão legal, mas também para denominar os atos e os fatos do mundo real que, pela previsão legal, desencadeiam as consequências tributárias. A crítica surge em virtude de que a utilização do mesmo termo para denominar coisas diferentes traria uma imprecisão metodológica, causando confusão nos estudos tributários.

Logo, quando realizamos a leitura da legislação tributária, devemos ter em mente que a expressão *fato gerador* pode significar tanto a hipótese de incidência quanto o fato jurídico tributário.

Nesta obra, escolhemos o emprego dos termos *hipótese de incidência* e *fato jurídico tributário*, primeiramente por ser essa uma nomenclatura mais precisa, que não deixa dúvidas quanto ao que está sendo tratado e, depois, por ser a terminologia utilizada pela maioria dos autores de renome do direito tributário.

Observamos, no entanto, que o uso do termo *fato gerador* não nos parece errado, tanto que é empregado pela legislação brasileira e também por vários autores sem maiores problemas.

13.3 Consequente: sujeitos, base de cálculo e alíquota

Conforme vimos, a norma jurídica tem uma previsão legal de um ato ou fato que, se ocorrer no mundo real, gerará uma consequência apontada pela lei. A prática do fato jurídico tributário gera a obrigação tributária e o crédito tributário correspondente.

De nada adianta, entretanto, uma obrigação sem que se saiba quem são o credor e o devedor e quanto se deve pagar. Aqui, vemos a consequência da norma jurídica tributária, ou seja, realizado o fato jurídico tributário, é preciso descobrir quem deve pagar o tributo e quanto deve pagar.

13.3.1 Critério pessoal do consequente: sujeito ativo e sujeito passivo

Capacidade tributária é a capacidade que uma pessoa, física ou jurídica, tem de ser sujeito na relação tributária, seja como credor, seja como devedor do tributo.

O **sujeito ativo** é o titular do direito de exigir o tributo. Pode ser uma pessoa jurídica de direito público ou privado. A lei institui o tributo e determina quem irá arrecadá-lo, sendo que geralmente quem cobra o tributo é a pessoa jurídica de direito público, ou seja, União, estados, Distrito Federal e municípios. Em alguns casos, a entidade privada, para realizar fins públicos, pode cobrar tributo.

Observemos que o conceito de sujeito ativo não se confunde com o de competência tributária, que é a competência atribuída pela Constituição Federal aos entes da federação para criar as leis e instituir os tributos ou modificá-los. A competência só pode ser exercida por União, estados, Distrito Federal e municípios, que são os entes com capacidade para legislar e criar os tributos. O conceito de sujeito ativo refere-se à pessoa que tem o direito de cobrar os tributos. A lei instituidora pode ter sido criada pela União, por exemplo, que pode atribuir a uma entidade privada ou pública com personalidade distinta o direito de cobrar aquele tributo. A competência tributária de cada um dos entes será melhor analisada adiante.

Já o **sujeito passivo** da obrigação tributária é aquele que tem o dever de pagar o tributo, de adimplir a obrigação tributária. É dele que se exige a prestação pecuniária. Segundo o CTN – Lei n. 5.172, de 25 de outubro de 1966:

> Art. 121. Sujeito passivo da obrigação principal é a pessoa obrigada ao pagamento de tributo ou penalidade pecuniária.
> Parágrafo único. O sujeito passivo da obrigação principal diz se:
> I – contribuinte, quando tenha relação pessoal e direta com a situação que constitua o respectivo fato gerador;
> II – responsável, quando, sem revestir a condição de contribuinte, sua obrigação decorra de disposição expressa de lei.
> (Brasil, 1966)

Encontramos na lei, então, duas categorias de sujeitos passivos: o **contribuinte** – aquele que praticou o fato jurídico tributário ou está relacionado à situação que o constituiu – e o **responsável** – aquele que deve fazer o pagamento do tributo porque a lei lhe atribui essa condição. Exemplo trazido por Hugo de Brito Machado (2006, p. 161):

> no IR, o empregado assalariado recebe o seu pagamento com o desconto do valor do imposto. Nesse caso, o contribuinte do IR é o empregado, que é o sujeito que aufere renda, ou seja, está diretamente envolvido com a prática do fato jurídico tributário, pois foi ele quem auferiu a renda que ensejou o imposto. Já o empregador, o qual por lei tem obrigação de descontar e recolher o valor do imposto, é o responsável, pois a lei expressamente o determina. Ambos são sujeitos passivos da obrigação, mas um como contribuinte e outro como responsável. De outra forma, no mesmo exemplo, o empregado receberia seu pagamento sem qualquer desconto e estaria obrigado a recolher o IR, enquanto que o empregador não teria qualquer responsabilidade quanto ao pagamento do tributo.

13.3.2 Critério quantitativo do consequente: base de cálculo e alíquota

Como vimos, é próprio do conceito de tributo o pagamento de um determinado valor. Com o surgimento da obrigação tributária, deve ela ser quantificada, fixando-se o valor devido.

A quantificação do valor a ser pago em decorrência da incidência do tributo se dá pela base de cálculo e pela alíquota. A base de cálculo é o valor sobre o qual incide o tributo, ou seja, é o valor sobre o qual se aplica uma determinada alíquota e se obtém o valor do tributo.

A base de cálculo tem de ser determinada pela lei e geralmente está relacionada com a hipótese de incidência do tributo. No caso, por exemplo, do IPTU, é o valor venal do imóvel; do IPVA é o valor do veículo; do IR é a renda.

Obtida, então, a base de cálculo, aplica-se a alíquota determinada pela lei.

Por exemplo, o IPVA, no Estado do Paraná, tem alíquota de 2,5% para carros de passeio particulares movidos a álcool e gasolina. Logo, se um veículo é avaliado em R$ 20.000,00, o imposto a pagar é de R$ 500,00.

Aqui, reencontramos a noção de *progressividade das alíquotas*, analisada quando tratamos dos princípios tributários. A progressividade se dá em razão da base de cálculo, ou seja, nos tributos progressivos é considerado que o contribuinte que tenha uma base de cálculo maior tem mais riqueza e disponibilidade e, por isso, pode contribuir com uma proporção maior. Logo, quanto maior a base de cálculo, maior a alíquota a ser aplicada.

Existem, entretanto, tributos fixos, que não necessitam de base de cálculo e alíquota para se determinar o valor a ser pago. É o que ocorre com a maioria das taxas e alguns impostos, como o ISS (Imposto Sobre Serviço) fixo, que geralmente beneficia os profissionais liberais. Nesses tributos, a lei que os institui já traz o valor a ser cobrado, ou seja, uma vez praticado o fato jurídico tributário, o contribuinte sabe que terá de pagar um valor determinado, sem a necessidade de apuração da base de cálculo e da aplicação de alíquota.

Vejamos, por exemplo, a taxa para emissão de passaporte. Quando o contribuinte vai ao órgão responsável pela emissão, deve recolher uma taxa que é igual para todas as pessoas, independentemente de sua riqueza. As taxas em especial serão estudadas mais adiante, mas o que verificamos aqui é que, para se adimplir o tributo, basta pagar o valor estipulado, sem maiores problemas para determinação do valor. Então, existe a hipótese de incidência "requerer passaporte", e, quando o contribuinte pratica o fato jurídico tributário requerendo o passaporte, fica obrigado a recolher um valor fixo* (consequência).

---

* No ano corrente, esse valor corresponde a R$ 156,07.

13.4 Obrigação tributária principal e acessória

Segundo o CTN, a obrigação pode ser principal ou acessória:

> Art. 113. A obrigação tributária é principal ou acessória.
> §1º A obrigação principal surge com a ocorrência do fato gerador, tem por objeto o pagamento de tributo ou penalidade pecuniária e extingue-se juntamente com o crédito dela decorrente.
> §2º A obrigação acessória decorre da legislação tributária e tem por objeto as prestações, positivas ou negativas, nela previstas no interesse da arrecadação ou da fiscalização dos tributos.
> §3º A obrigação acessória, pelo simples fato da sua inobservância, converte-se em obrigação principal relativamente à penalidade pecuniária. (Brasil, 1966)

A obrigação tributária **principal** é o dever do contribuinte de pagar o valor do tributo e o direito do sujeito ativo de cobrá-lo, conforme visto anteriormente. As obrigações **acessórias** são deveres do contribuinte necessários à fiscalização e ao controle dos tributos. O preenchimento de guias e declarações e a correta escrituração contábil são exemplos de obrigações acessórias, as quais devem ser observadas inclusive por quem é isento do tributo, como ocorre com a Declaração de Isento, exigida dos contribuintes que não declaram o IR por não serem obrigados.

A inobservância das obrigações acessórias normalmente enseja multa, sendo que elas têm natureza idêntica à da obrigação principal e podem com ela ser cobradas conjuntamente.

13.5 Crédito tributário, lançamento e suas modalidades

O crédito tributário corresponde ao direito do sujeito ativo de exigir determinada importância em dinheiro do sujeito passivo em decorrência da obrigação tributária. As obrigações, em geral, constituem-se em um crédito do sujeito ativo (credor) que exige um débito do sujeito passivo (devedor). Logo, o crédito existe sempre que exista obrigação. Ocorrendo a obrigação tributária, existe também o crédito tributário, que é quantificado e cobrado do sujeito passivo. Segundo o CTN, "Art. 139. o crédito tributário decorre da obrigação principal e tem a mesma natureza desta" (Brasil, 1966).

Ou seja, o crédito tributário se constitui juntamente com a obrigação tributária, que surge no momento em que ocorre o fato jurídico tributário.

13.5.1 Lançamento

Com a prática do fato jurídico tributário, surgem a obrigação e o crédito tributários, havendo a obrigação de o contribuinte recolher o tributo. Todavia, é necessário que a autoridade administrativa incumbida de cobrar o tributo declare os elementos necessários à cobrança, definindo o devedor, qual o fato jurídico tributário, a base de cálculo, a alíquota e o valor a ser pago. Tal declaração ocorre por meio de um ato administrativo denominado *lançamento*, que é assim conceituado por Carvalho (1999, p. 264-265):

> Lançamento é o ato jurídico administrativo, da categoria dos simples, modificativos ou assecuratórios e vinculados, mediante o qual se declara o acontecimento do fato jurídico tributário, se identifica o sujeito passivo da obrigação correspondente, se determina a base de cálculo e a alíquota aplicável, formalizando o crédito e estipulando os termos de sua exigibilidade.

Pelo lançamento é que ocorre a formalização do crédito tributário, ou seja, é por ele que o contribuinte toma ciência de que deve, de quanto deve e de como e quando precisa pagar o valor do tributo.

O CTN também conceitua o lançamento:

> Art. 142. Compete privativamente à autoridade administrativa constituir o crédito tributário pelo lançamento, assim entendido o procedimento administrativo tendente a verificar a ocorrência do fato gerador da obrigação correspondente, determinar a matéria tributável, calcular o montante do tributo devido, identificar o sujeito passivo e, sendo caso, propor a aplicação da penalidade cabível. (Brasil, 1966)

13.5.2 Modalidades de lançamento

Pela leitura do CTN, constatamos que existem três modalidades de lançamento no direito brasileiro: direto ou de ofício, por declaração ou misto e por homologação. Tal divisão ocorre de acordo com o grau de participação do contribuinte no processo de lançamento do tributo, sendo o de ofício aquele que pede menos participação do contribuinte e o por homologação o que mais exige participação do contribuinte.

Vejamos, a seguir, as três modalidades de lançamento.

■ Lançamento direto ou de ofício

O lançamento direto ou de ofício é aquele realizado diretamente pela autoridade administrativa, sem a participação do contribuinte no processo.

É o sistema geralmente utilizado para o lançamento do IPTU, em que a autoridade administrativa avalia o imóvel, obtendo o valor venal, e aplica a alíquota, obtendo o valor a ser pago. O contribuinte recebe a guia para pagamento pronta, com o valor do tributo a ser pago já definido pela autoridade administrativa.

O mesmo ocorre geralmente com o IPVA. O Estado, através dos registros do Departamento de Trânsito (Detran), obtém informações acerca da marca, modelo e ano do veículo e, com base em tabelas de avaliação de veículos de órgãos especializados, arbitra o seu valor, o qual é utilizado como base de cálculo sobre a qual se aplica a alíquota cabível. O contribuinte recebe a guia para pagamento com o valor já determinado, devendo apenas quitá-la no prazo estabelecido.

Segundo o CTN, o lançamento de ofício é realizado quando a lei assim determina. Contudo, nos tributos sujeitos aos demais lançamentos pode também ser realizado o lançamento de ofício pela autoridade administrativa, quando não tiver sido lançado corretamente na modalidade estabelecida pela lei. Nos casos, então, em que deve o contribuinte fornecer os dados para o lançamento, se assim não proceder, pode a autoridade administrativa, de ofício, arbitrar valor ao objeto sujeito ao tributo, cobrando o valor devido (arts. 148 e 149, CTN).

▪ Lançamento misto ou por declaração

O lançamento por declaração é assim conceituado pelo CTN:

> Art. 147. O lançamento é efetuado com base na declaração do sujeito passivo ou de terceiro, quando um ou outro, na forma da legislação tributária, presta à autoridade administrativa informações sobre matéria de fato, indispensáveis à sua efetivação. (Brasil, 1966)

Nesse sentido, o contribuinte ou terceiro, obrigado por lei, deve fornecer informação de fato necessária ao lançamento. *Informação de fato* é a informação sobre a realidade, sobre a matéria factual sobre a qual incide o tributo e se determinam seus elementos. É o caso, por exemplo, de um tributo que exija do contribuinte que cadastre o bem e suas peculiaridades, para o fisco, com base nessas informações, estimar o valor da base de cálculo e o montante do tributo devido. Atualmente, essa forma de lançamento é muito pouco usada no Brasil, sendo a maioria dos tributos lançado de ofício ou por homologação.

▌ Lançamento por homologação

O lançamento por homologação é a modalidade mais utilizada hoje no Brasil. O CTN assim o define:

> Art. 150. O lançamento por homologação, que ocorre quanto aos tributos cuja legislação atribua ao sujeito passivo o dever de antecipar o pagamento sem prévio exame da autoridade administrativa, opera-se pelo ato em que a referida autoridade, tomando conhecimento da atividade assim exercida pelo obrigado, expressamente a homologa.
> (Brasil, 1966)

Nessa modalidade, o trabalho é todo do contribuinte, pois é ele quem apura a base de cálculo, a alíquota aplicável e, com base nessas informações, recolhe o tributo sem que haja qualquer interferência da autoridade administrativa.

É o que ocorre, por exemplo, com a Cofins (Contribuição para o Financiamento da Seguridade Social). Imaginemos que um contribuinte fature, por exemplo, R$ 10.000,00 em um determinado mês. Sendo tributado pelo lucro presumido, verifica que a alíquota a ele aplicável é a de 3%, não sujeita ao novo regime de não cumulatividade. Com base nessas informações, preenche a guia de recolhimento com o valor de R$ 300,00 (3% de R$ 10.000,00) e paga-a no banco, na data de vencimento estabelecida na lei. A guia, paga, é guardada pelo contribuinte. É aí que entra a homologação. Quando o fisco decidir fiscalizar essa empresa, após a conferência dos dados contábeis desta, caso estejam regulares, homologa o lançamento realizado pelo contribuinte.

Vejamos o que dispõem o parágrafo 1º e o parágrafo 4º do art. 150 do CTN:

> §1º O pagamento antecipado pelo obrigado nos termos deste artigo extingue o crédito, sob condição resolutória da ulterior homologação ao lançamento.
> [...]
> §4º Se a lei não fixar prazo à homologação, será ele de cinco anos, a contar da ocorrência do fato gerador; expirado esse prazo sem que a Fazenda Pública se tenha pronunciado, considera-se homologado o lançamento e definitivamente extinto o crédito, salvo se comprovada a ocorrência de dolo, fraude ou simulação. (Brasil, 1966)

O contribuinte, então, efetua o pagamento considerando o crédito tributário extinto. Entretanto, dentro do prazo de cinco anos, pode a autoridade administrativa fiscalizar o contribuinte e desconstituir o crédito tributário, lançando de ofício o valor que entender correto e aplicando a penalidade cabível. Dentro do mesmo prazo, na fiscalização, pode ocorrer a situação já descrita, ou seja, a autoridade constata que o lançamento realizado pelo contribuinte é correto e o homologa. E, por último, caso a autoridade não fiscalize nem questione o lançamento realizado, após cinco anos, considera-se homologado o lançamento realizado. É a chamada *homologação tácita*, prevista pelo art. 150, parágrafo 4º, do CTN, anteriormente transcrito.

Essa modalidade também é conhecida como *autolançamento* e é utilizada por grande parte dos tributos cobrados atualmente. Podemos citar como os principais tributos sujeitos a essa sistemática IPI, ICMS, Cofins, PIS, CSLL, IR (pessoa física, jurídica e fonte), contribuições sociais do empregado e do empregador e ISS.

13.6 Extinção, exclusão e suspensão do crédito tributário: hipóteses

Vimos que, com o surgimento da obrigação tributária, tem origem o respectivo crédito tributário, como o direito de o Estado cobrar do contribuinte uma determinada quantia.

Quanto à extinção, à suspensão ou à exclusão do crédito tributário, o CTN é taxativo:

> Art. 141. O crédito tributário regularmente constituído somente se modifica ou extingue, ou tem sua exigibilidade suspensa ou excluída, nos casos previstos nesta Lei, fora dos quais não podem ser dispensadas, sob pena de responsabilidade funcional na forma da lei, a sua efetivação ou as respectivas garantias. (Brasil, 1966)

Assim, só se ocorrer uma das hipóteses previstas no CTN é que o crédito será extinto, suspenso ou excluído.

A relação tributária inicia-se com o fato jurídico tributário, que enseja a obrigação tributária e o crédito tributário e obriga o contribuinte a pagar um determinado valor, encerrando essa cadeia. À primeira vista, o pagamento é a única forma de extinguir a obrigação. Contudo, como veremos a seguir, o pagamento é só uma das formas de extinção do crédito tributário e adimplemento da obrigação tributária.

Em uma situação ideal, o Estado cobraria de cada um o montante de tributo que fosse possível pagar e os contribuintes teriam a consciência de que devem pagar o tributo. Todavia, não estamos no mundo ideal. Em diversas hipóteses, os contribuintes não conseguem adimplir com sua obrigação, deixando de pagar os tributos. Em alguns casos, o não pagamento é derivado de má-fé do contribuinte, que prefere ficar com o dinheiro a pagar o tributo.

De qualquer forma, como vimos já no começo deste texto, todo tributo tem um efeito econômico, mesmo que não o queira. Em algumas situações, o mero pagamento do tributo não pode ser encarado como a única forma de extinguir o crédito tributário, sob pena de criar crise econômica. O Estado, por outro lado, não pode deixar de arrecadar, então, devem existir instrumentos que possibilitem a extinção, a suspensão e a exclusão do crédito tributário, podendo ser utilizados como forma de aliviar a incidência de tributos, incrementar a arrecadação ou corrigir injustiças na cobrança.

A seguir, veremos o que significam a suspensão da exigibilidade do crédito tributário, a extinção e a exclusão do crédito tributário, bem como as hipóteses em que esses casos acontecem.

13.6.1 Suspensão da exigibilidade do crédito tributário

Em algumas hipóteses previstas na lei, pode a exigibilidade do crédito tributário ser suspensa. Isso significa que o crédito continua a existir, porém considera-se regular a situação do contribuinte perante o fisco. O crédito fica apenas suspenso enquanto perdura a situação prevista na lei, voltando sua exigibilidade posteriormente.

A suspensão da exigibilidade do crédito possibilita ao contribuinte a obtenção de certidão positiva com efeitos de negativa. Ou seja, a certidão aponta a existência da dívida, mas comprova a regularidade da situação do contribuinte (arts. 205 e 206, CTN). A certidão positiva com os efeitos de negativa tem os mesmos efeitos da certidão negativa (em que se comprova a inexistência de dívida tributária).

Por outro lado, a suspensão do crédito não desobriga o contribuinte das obrigações acessórias decorrentes do crédito suspenso. Também, geralmente a prescrição do direito da Fazenda de cobrar os débitos fica suspensa enquanto perdurar a suspensão da exigibilidade do crédito.

O CTN assim dispõe:

> Art. 151. Suspendem a exigibilidade do crédito tributário:
> I – moratória;
> II – o depósito do seu montante integral;
> III – as reclamações e os recursos, nos termos das leis reguladoras do processo tributário administrativo;
> IV – a concessão de medida liminar em mandado de segurança;
> V – a concessão de medida liminar ou de tutela antecipada, em outras espécies de ação judicial;
> VI – o parcelamento.
> Parágrafo único. O disposto neste artigo não dispensa o cumprimento das obrigações acessórias dependentes da obrigação principal cujo crédito seja suspenso, ou dela consequentes. (Brasil, 1966)

Vejamos cada uma das hipóteses enumeradas pelo art. 151 do CTN.

Moratória

A moratória é a prorrogação do prazo de pagamento concedida pelo credor ao devedor. Com a concessão da moratória, estende-se o prazo para o pagamento do tributo, como uma forma de conceder ao contribuinte uma carência para iniciar o pagamento ou maior prazo na dívida. Pode ocorrer, por exemplo, caso uma região sofra uma grande calamidade natural, que devaste sua economia; poder-se-ia conceder uma moratória dos tributos para que o pagamento ocorresse após o restabelecimento das finanças do local. Ou, ainda, seria possível a concessão de uma moratória para novas empresas que abrissem novos postos de trabalho, permitindo que pagassem seus tributos com prazo maior como forma de estímulo à atividade.

A concessão de moratória deve ocorrer por lei e pode ter caráter geral ou específico. Quando a moratória tem caráter geral, abrange todos os contribuintes, podendo a lei prever que ela se aplica apenas a determinado local, classe de contribuinte ou tributo. Quando é de caráter específico, ela se refere apenas a um ou a alguns contribuintes, contudo, deve haver em lei a previsão para que a autoridade administrativa possa conceder a moratória em favor de alguns contribuintes, devendo ser estabelecidas condições a serem obedecidas pelo contribuinte para que ele goze do benefício.

■ Depósito

O depósito do montante integral do crédito suspende o crédito tributário. Entende-se por *montante integral* o valor pretendido pela Fazenda Pública, ou seja, o valor que o fisco entende devido.

O depósito tem a finalidade de suspender o crédito para posterior discussão, sendo uma faculdade do contribuinte, o qual pode então depositar o valor integral para suspender a exigibilidade enquanto perdurar a ação judicial que se destina a discutir o crédito. Se o contribuinte ganha a ação, demonstrando que o fisco cobra valor errôneo ou que não tem qualquer direito de cobrar, o valor do depósito é restituído. Caso a Fazenda ganhe a ação, o valor é convertido em renda em seu favor, considerando-se o crédito quitado e a obrigação extinta.

O depósito impede a incidência de juros e correção a partir da data em que é efetuado. Assim, caso o fisco ganhe a ação, o valor depositado quitará a obrigação, sem ter o contribuinte que arcar com os valores de juros e correção posteriores.

■ Reclamações e recursos

As reclamações e os recursos administrativos regulados por lei também suspendem a exigibilidade do crédito. Atentemos para o fato de que são apenas os recursos previstos por lei, ou seja, mera queixa à autoridade não tem o condão de suspender a exigibilidade.

As reclamações e os recursos são dirigidos a órgãos internos do fisco. No caso dos tributos federais, as impugnações a autos de infrações são julgadas em primeira instância pelas Delegacias da Receita de Julgamento (DRJ). A segunda instância é exercida pelo Conselho de Contribuintes, que têm composição dividida entre auditores da Receita Federal e representantes dos contribuintes. Enquanto pendem de julgamento nesses órgãos administrativos, os débitos têm sua exigibilidade suspensa.

■ Medida liminar em mandado de segurança e medida liminar ou tutela antecipada em outras ações

Quando o contribuinte deseja contestar o crédito tributário perante o Poder Judiciário, pode se valer de diversas ações previstas na legislação processual civil.

Com a propositura da ação, o contribuinte tem a possibilidade de requerer uma decisão de urgência para o juiz, que podem ser as liminares ou as tutelas antecipadas. Em ambos os casos, para que sejam concedidas, é necessária a presença de dois requisitos: o *fumus boni iuri*, que é a "fumaça de bom direito", ou seja, o direito da pessoa que pede a medida deve parecer existente e bom ao juiz; e o *periculum in mora*, ou "perigo na demora", isto é, se o juiz; deixar de conceder a medida naquele momento, corre-se o risco de que algum direito do requerente pereça, ou seja, se o direito só for reconhecido na decisão final do processo, pode ele estar perdido, desaparecer, sendo então inútil a decisão judicial.

A **tutela antecipada** é um pedido do autor que visa obter uma decisão imediata igual àquela que pretende obter no final do processo. Assim, se o contribuinte entra com uma ação pedindo que se reconheça sua isenção a um determinado tributo, ele pode requerer que se antecipe a tutela, reconhecendo-se antecipadamente o seu direito.

No caso da **liminar**, trata-se apenas de uma decisão preliminar que garante o direito posterior do contribuinte.

Se um contribuinte, por exemplo, entra com uma ação pedindo que se reconheça a inexistência de um crédito tributário, pode requerer uma medida liminar que determine à autoridade administrativa emitir certidão positiva com efeitos de negativa ou mesmo certidão negativa enquanto perdurar a discussão sobre a existência do crédito. Nesse caso, não se pretende pela ação a emissão da certidão, mas a extinção do crédito.

A liminar é, pois, só uma medida para preservar o direito do autor.

Assim, quando se concedem liminar e tutela antecipada, ocorre a suspensão do crédito tributário. Tal determinação é judicial e obtida nas ações geralmente logo na sua propositura, antes da citação do fisco para que se integre à ação.

■ Parcelamento

O parcelamento ocorre quando o contribuinte, devedor do fisco, efetua o pagamento do débito em parcelas sucessivas, de maneira que cada pagamento abata parte da dívida, até o momento que esta deixe de existir.*

O parcelamento segue subsidiariamente as normas da moratória e não acarreta a exclusão de juros e multa, a não ser que a lei assim preveja (art. 155-A, § 1º, CTN). Além disso, deve ser concedido em lei específica, conforme as condições escolhidas pelo fisco. Dessa forma, os prazos e as condições para que o parcelamento seja concedido devem necessariamente estar previstos em lei.

O CTN prevê a possibilidade do parcelamento em condições especiais para empresas em recuperação judicial (novo nome da concordata).

---

* Sobre o assunto, ver obra de nossa autoria: HACK, E.; DALLAZEM, D. L. **Parcelamento do crédito tributário**. Curitiba: Juruá, 2008.

Enquanto o contribuinte estiver em dia com o parcelamento, fica suspensa a exigibilidade do crédito ainda não pago, sendo emitida certidão positiva com efeito de negativa, comprovando a regularidade da situação do contribuinte com o fisco em função do parcelamento.

13.6.2 Extinção do crédito tributário

A extinção do crédito tributário é o seu desaparecimento. São as hipóteses em que o crédito deixa de existir, ou por seu adimplemento, ou por escolha da Fazenda Pública, ou por inércia desta.

Ressaltemos que o crédito só pode ser extinto nas hipóteses previstas por lei. O CTN assim dispõe:

> Art. 156. Extinguem o crédito tributário:
> I – o pagamento;
> II – a compensação;
> III – a transação;
> IV – remissão;
> V – a prescrição e a decadência;
> VI – a conversão de depósito em renda;
> VII – o pagamento antecipado e a homologação do lançamento nos termos do disposto no artigo 150 e seus §§ 1º e 4º;
> VIII – a consignação em pagamento, nos termos do disposto no §2º do artigo 164;
> IX – a decisão administrativa irreformável, assim entendida a definitiva na órbita administrativa, que não mais possa ser objeto de ação anulatória;
> X – a decisão judicial passada em julgado;
> XI – a dação em pagamento em bens imóveis, na forma e condições estabelecidas em lei.
> Parágrafo único. A lei disporá quanto aos efeitos da extinção total ou parcial do crédito sobre a ulterior verificação da irregularidade da sua constituição, observado o disposto nos artigos 144 e 149. (Brasil, 1966)

Vejamos agora cada uma das formas de extinção do crédito previstas no CTN.

■ Pagamento

O pagamento é a forma ordinária de extinção do crédito tributário e significa a entrega de dinheiro pelo devedor ao credor no montante da dívida.

Quando for imposta penalidade ao contribuinte, esta se soma ao valor a ser pago, não ocorrendo a substituição da dívida pela penalidade imposta.

Caso ocorra pagamento indevido, pode o contribuinte requerer a restituição. A Fazenda, verificando a ocorrência de pagamento indevido, deve restituir o valor cobrado, independente de requerimento do contribuinte (art. 165, CTN).

■ Compensação

A compensação ocorre quando o credor de uma dívida é, ao mesmo tempo, devedor de outra dívida em que o devedor da primeira é o credor.

Por exemplo: João é eletricista e presta um serviço no açougue de Pedro. O serviço custou R$ 100,00, valor que Pedro prometeu pagar no final do mês. Ocorre que, ao longo do mês, João comprou fiado carne no açougue de Pedro. João, então, deve a Pedro R$ 80,00. Ambas as dívidas vencem no mesmo dia e, assim, ocorre a compensação, ou seja, Pedro deve R$ 100,00 a João, que deve R$ 80,00 a Pedro. Dessa forma, compensam-se as dívidas, devendo Pedro pagar a João apenas R$ 20,00, já que a dívida compensou-se em R$ 80,00.

Nas dívidas tributárias também pode ocorrer o mesmo. Ressalvemos que, nas dívidas privadas, a compensação rege-se pelo Código Civil, logo ocorre automaticamente, não havendo necessidade de que credor ou devedor aceitem ou acordem a compensação. Havendo o encontro de dívidas e créditos vencidos e exigíveis de credor e devedor, a compensação ocorre obrigatoriamente, sem a necessidade de maiores formalidades.

Já quando a dívida tem natureza tributária, é preciso que o Estado crie uma lei regulamentando a compensação. Desse modo, mesmo que o contribuinte tenha um crédito vencido a receber do Estado, não pode compensar enquanto não houver lei que possibilite e discipline a compensação. Acrescentemos que o Estado pode ainda limitar a compensação a apenas uma parte da dívida, estabelecendo também condições, prazos e limites para tanto.

Assim, compensação como forma de extinção do crédito tributário só ocorre quando e na forma que o Estado quiser.

■ Transação

A transação é o acordo realizado entre as partes para pôr fim a um litígio. Ocorrem concessões mútuas do contribuinte e da Fazenda Pública, com as quais concordem as partes, extinguindo-se o crédito tributário mediante um acordo.

É necessário que exista uma lei possibilitando a transação, e essa lei trará as condições em que esta pode ser realizada e indicará a autoridade competente para isso.

■ Remissão

Remissão é o perdão concedido pela Fazenda Pública ao contribuinte, extinguindo o crédito tributário. Quando há o lançamento, o crédito é exigível, mas a autoridade administrativa, autorizada por lei e obedecendo a alguns requisitos do CTN, perdoa a dívida, dispensando seu pagamento. A remissão pode ser total ou parcial.

As hipóteses de remissão estão previstas no art. 172 do CTN:

> Art. 172 [...]
> I – à situação econômica do sujeito passivo;
> II – ao erro ou ignorância excusáveis do sujeito passivo, quanto à matéria de fato;

> III – à diminuta importância do crédito tributário;
> IV – a considerações de equidade, em relação com as características pessoais ou materiais do caso;
> V – a condições peculiares a determinada região do território da entidade tributante. (Brasil, 1988)

Não devemos confundir remissão com anistia, esta que é a última hipótese de exclusão do crédito tributário, conforme veremos adiante.

Frisemos que a autoridade sempre deve ser autorizada por lei para realizar a remissão, e o despacho, quando concedido, deve ser fundamentado, indicando-se as razões que o justificam.

▌Decadência

Decadência é a extinção do direito da Fazenda de constituir o crédito tributário após determinado prazo. As dívidas tributárias não podem durar para sempre, então, a Fazenda deve constituir o crédito dentro de um determinado tempo, sob pena de decadência do seu direito com a extinção do crédito. Se o contribuinte não pagou nada ou pagou errado, considera-se regular perante o fisco, pois sua dívida desapareceu em decorrência da inércia da Fazenda.

O CTN (art. 173) estipula o prazo de cinco anos para que a Fazenda constitua o crédito. Esse período começa a contar do primeiro dia do exercício seguinte àquele em que o lançamento deveria ter sido efetuado ou na data em que se torne definitiva a decisão anulatória de lançamento por vício formal.

Por exemplo: o contribuinte pratica determinado fato jurídico tributário em julho de 2010. A Fazenda, nesse caso, tem o direito de cobrar o tributo, efetuando o lançamento e apontando o crédito tributário. Ocorre que a Fazenda, por um lapso qualquer, deixa de proceder ao lançamento que era sua obrigação. O prazo decadencial de cinco anos para constituir o crédito começa a contar em 1º de janeiro de 2011. Caso a Fazenda não realize o lançamento e não constitua o crédito até 1º de janeiro de 2016, decai seu direito de cobrar o tributo, estando extinta a obrigação tributária.

Na segunda hipótese, caso o lançamento tenha sido anulável por vício formal, ou seja, pela falta de formalidade necessária ao ato, o prazo inicia a contagem quando a decisão da anulação se tornar definitiva.

Outro caso de prazo decadencial é para desconstituição do lançamento por homologação efetuado pelo contribuinte. O prazo é de cinco anos para que o contribuinte seja fiscalizado, contado do fato jurídico tributário. Se após esse prazo o lançamento não por desconstituído e o tributo que se entende devido, lançado, ocorre a decadência do fisco lançar o débito.

O prazo decadencial não se suspende, logo, quando se inicia, só é interrompido com o lançamento tributário ou com o termo final do prazo.

▪ Prescrição

Prescrição é a perda do direito de ação da Fazenda contra o contribuinte para cobrar o crédito tributário em decorrência do decurso de um prazo. A diferença entre *decadência* e *prescrição* é de difícil definição. Aparentemente, trata-se da mesma coisa, mas a semelhança é só aparente. A decadência incide sobre o direito do Estado de constituir o crédito tributário. Quando surge a obrigação tributária, surge para o Estado, que é o sujeito ativo da relação, o direito de apurar o montante devido e constituir o crédito tributário, tornando o valor do tributo exigível. Esse é um direito material do Estado, que, após determinado lapso de tempo, desaparece. A extinção desse direito material é a decadência. A prescrição, por seu turno, refere-se ao direito do Estado de entrar com uma ação para cobrar o valor devido. Ou seja, é um direito processual, um direito de recorrer ao Judiciário para cobrar o valor.

A todo direito corresponde uma ação (processo judicial) que o protege. Então, o direito de posse tem a ação de reintegração de posse e outras; o cheque é um direito de crédito que pode ser exercido via execução etc. O crédito tributário é o direito da Fazenda, que pode exercê-lo por meio da execução fiscal. A decadência refere-se à perda do próprio direito, isto é, a Fazenda Pública perde o próprio direito de receber aqueles valores do contribuinte. Já a prescrição é a perda da ação que protege o direito da Fazenda. Quando ocorre a prescrição, o direito da Fazenda ao valor do tributo permanece, mas não há mais uma ação que o tutele, ou seja, a Fazenda Pública não pode mais ir a juízo para coibir o contribuinte a pagar.

> *O CTN prevê que o prazo de prescrição é de cinco anos, contados a partir da data da constituição definitiva do crédito (art. 174, CTN).*

O CTN prevê que o prazo de prescrição é de cinco anos, contados a partir da data da constituição definitiva do crédito (art. 174, CTN). A constituição definitiva ocorre quando não cabe mais recurso ou reclamação ao contribuinte na esfera administrativa, estando o crédito constituído sem qualquer possibilidade de alteração.

Exemplo

O contribuinte pratica o fato jurídico tributário e a Fazenda lança o tributo. O contribuinte não concorda com o lançamento, interpondo, no prazo legal, reclamação ou recurso administrativo, que suspende a exigibilidade do crédito e o prazo prescricional. O recurso é negado pelo órgão administrativo em decisão definitiva datada de julho de 2010. Com isso, o crédito volta a ser exigível, cabendo à Fazenda Pública cobrá-lo. O prazo prescricional para propor a execução fiscal se inicia. Por um lapso, a Fazenda só propõe a execução fiscal em dezembro de 2015, depois de transcorridos mais de cinco anos da constituição do crédito. Assim, o direito de ação para cobrá-lo prescreveu, extinguindo-se o crédito.

O CTN ainda elenca as hipóteses de interrupção do prazo prescricional. A primeira hipótese é o **despacho** que ordena a citação do devedor na execução fiscal. Tal redação foi dada pela Lei Complementar n. 118, de 9 de fevereiro de 2005 (Brasil, 2005), pois anteriormente a prescrição só se interrompia com a efetiva citação pessoal do devedor. Muitos créditos prescreviam porque não se encontrava o devedor, fazendo com que não se conseguisse citá-lo e chamá-lo ao processo de execução.

Pela atual redação, a Fazenda propõe a execução fiscal, que é analisada pelo juiz. Caso este entenda que a execução atende a todos os requisitos processuais, prolata um despacho recebendo a execução e mandando citar o devedor. É esse despacho que interrompe a prescrição. Pela redação anterior, era necessário que o juiz despachasse mandando citar o devedor, sendo então necessária a emissão de mandado de citação para que o oficial de Justiça o encontrasse e cumprisse o mandado.

As demais hipóteses são o **protesto judicial** e **qualquer ato judicial** que constitua o devedor em mora. São atos judiciais em que efetivamente o devedor conhece a dívida e dela toma ciência. O mesmo ocorre com a última hipótese, que corresponde a qualquer ato inequívoco, ainda que extrajudicial, do devedor em que ele reconheça o débito.

É de se notar que a prescrição, ao contrário da decadência, comporta suspensão do prazo. Ou seja, se o crédito estiver com a exigibilidade suspensa, suspende-se também o curso da prescrição. Volta o prazo a correr quando a exigibilidade retorna. O prazo retorna pelo restante, ou seja, se antes da suspensão transcorreram três anos do prazo, quando a causa suspensiva cessar, restarão dois anos do prazo até a prescrição.

A interrupção da prescrição significa que o prazo se interrompe e volta a correr do início. O prazo prescricional, então, já transcorreu por três anos até ocorrer uma causa interruptiva, a partir da qual o prazo torna a contar do zero, voltando a ser de cinco anos.

■ Conversão de depósito em renda

Essa hipótese de extinção é a sucessora da causa suspensiva de depósito do montante da dívida.

Conforme visto, como forma de suspensão do crédito tributário, pode-se depositar o montante integral da dívida enquanto esta é discutida. O mesmo ocorre, por exemplo, com ações em que se contesta um determinado tributo que está sendo pago.

Por exemplo, uma empresa entende que é isenta de Cofins e paga R$ 100,00 mensalmente. Ela entra com uma ação requerendo que seja reconhecida a isenção e devolvido o que ela já pagou. Requer uma liminar para suspender o crédito, que é negada. O que ela pode fazer é depositar mensalmente o valor da Cofins mensal apurado em conta judicial ligada ao processo. Ou seja, enquanto dura a ação, ao invés de pagar o tributo diretamente ao cofre público, ela deposita o valor em conta judicial, suspendendo o crédito tributário e obtendo certidões que comprovem sua regularidade. Caso a empresa ganhe a ação, tem o direito de levantar os valores depositados mensalmente. Caso perca, ocorre a conversão do depósito em renda.

Nessa hipótese, a conversão dos depósitos realizados mensalmente em renda quita o tributo devido. O valor depositado é transferido aos cofres públicos, que os recebe como se fosse o tributo. A empresa não pagará qualquer encargo sobre os valores, já que o depósito suspendeu a exigibilidade.

O mesmo ocorre no caso do depósito do montante integral. Se a ação do contribuinte não obtém êxito, o valor depositado é convertido em renda, quitando o tributo que era discutido e extinguindo o crédito tributário referente aos valores depositados.

Homologação do lançamento e pagamento antecipado

Nos tributos sujeitos a lançamento por homologação, conforme vimos, o contribuinte paga o tributo apurado por ele mesmo, sendo que o lançamento depois é homologado pela autoridade administrativa.

O pagamento realizado no lançamento por homologação é chamado de pagamento antecipado, pois o contribuinte paga o tributo antes de o lançamento estar concluído.

Quando ocorre a homologação do lançamento, constatando-se que o contribuinte apurou corretamente o tributo, verifica-se se o pagamento está de acordo com o lançamento. Em caso positivo, este é homologado, extinguindo-se o crédito tributário. Como vimos, a homologação pode ser tácita pelo decurso do prazo, então, só aí é que o crédito é considerado extinto em definitivo.

Consignação em pagamento

A consignação refere-se a hipóteses em que o contribuinte quer pagar o tributo, mas a autoridade administrativa não quer receber o pagamento (art. 164, CTN). Trata-se de uma ação judicial em que o contribuinte deposita o valor que pretende pagar. Caso o contribuinte esteja correto, o valor é convertido em renda em favor do ente. Caso a Fazenda esteja correta, é cobrado o valor acrescido das penalidades.

Decisão administrativa irreformável

Como visto anteriormente, o contribuinte pode se insurgir contra o lançamento realizado, apresentando reclamação ou recurso administrativo para a própria Fazenda Pública. Caso a Fazenda Pública reconheça que o contribuinte está correto, ocorre a extinção do crédito tributário, sendo que contra a decisão favorável ao contribuinte não pode pender mais recurso.

O art. 156, inciso IX, do CTN, que trata dessa hipótese, faz referência ao caso de não cabimento de ação anulatória, que seria uma ação da própria Fazenda Pública contra ato praticado por ela mesma. Seria um caso surpreendente de autor e réu da ação serem a mesma pessoa. Logo, parece que a menção não tem razão de ser pela impossibilidade da hipótese (ainda que existam defensores dela).

▪ Decisão judicial transitada em julgado

São os casos em que o contribuinte obtém êxito em juízo contra a Fazenda Pública. A decisão judicial determina que o contribuinte não precisa pagar um certo tributo, e, se tal decisão transita em julgado, ocorre a extinção do crédito tributário.

O trânsito em julgado de uma decisão ocorre quando contra ela não cabe mais recurso ou quando o prazo se escoa sem que o recurso cabível tenha sido interposto. Ela então se torna definitiva, não podendo mais ser alterada.

▪ Dação em pagamento

Como já vimos, o tributo enseja o pagamento de um valor em dinheiro do contribuinte ao Estado.

A dação em pagamento é uma forma de extinção das obrigações em que o devedor entrega para o credor coisa diversa daquela que havia sido estipulada.

Assim, se João deve a Pedro R$ 100,00, pode Pedro aceitar de João um bem, por exemplo, uma bicicleta ou um televisor. A dívida original determinava a entrega de R$ 100,00 do devedor ao credor, mas, por acordo das partes, determinou-se a entrega de outro tipo de bem no lugar.

Aqui, admite-se que, por lei, a Fazenda Pública aceite do contribuinte uma prestação diversa do pagamento em dinheiro do tributo, com a condição de que seja em bens imóveis, não cabendo a dação de outras formas de bens. As condições para a dação devem estar previstas na lei.

13.6.3 Exclusão do crédito tributário

O CTN traz ainda duas modalidades de exclusão do crédito tributário. *Excluir o crédito* significa não deixar que ele surja, ou seja, retirar dele um de seus elementos, de forma que a obrigação e o crédito tributário não nasçam nem produzam seus efeitos jurídicos.

É diferente do que ocorre com a extinção do crédito. Para esta ocorrer, é necessário que o crédito exista e esteja regularmente constituído. Desse modo, as causas extintivas encerram o crédito e a obrigação tributária, havendo um momento de nascimento do crédito, com a prática do fato jurídico tributário, e um momento de sua morte, com a ocorrência de uma das causas extintivas. Ocorrendo uma causa de exclusão do crédito, este não é constituído.

O CTN assim dispõe sobre a **exclusão**:

> Art. 175. Excluem o crédito tributário:
> I – a isenção;
> II – a anistia.
> Parágrafo único. A exclusão do crédito tributário não dispensa o cumprimento das obrigações acessórias dependentes da obrigação principal cujo crédito seja excluído, ou dela consequente. (Brasil, 1966)

Atentemos para o fato de que a exclusão do crédito tributário não dispensa o cumprimento, pelo contribuinte, das obrigações acessórias. Assim, se um determinado contribuinte goza de isenção de um tributo, ele deve, por exemplo, emitir nota fiscal e preencher declarações exigidas pelo fisco sobre aquele tributo.

Vejamos as hipóteses de exclusão do crédito tributário enumeradas pelo CTN.

Anistia

A anistia é o perdão de infrações cometidas pelos contribuintes, com exclusão da respectiva penalidade. Deve ser concedida apenas por lei e só pode perdoar as infrações cometidas antes da vigência da lei que a concedeu. Portanto, a anistia não pode ser futura, ou seja, não pode perdoar infrações cometidas depois da sua entrada em vigência.

Tomemos como exemplo uma empresa que deixa de pagar um tributo no valor de R$ 500,00 e por isso é multada em R$ 100,00. A dívida tributária será, então, de R$ 600,00. Entretanto, uma lei concede anistia da infração a todos os contribuintes que quitarem o valor do tributo devido. Então, a referida empresa paga os R$ 500,00 do tributo e tem a multa de R$ 100,00 excluída em decorrência da anistia da infração cometida. Esse exemplo demonstra também que a anistia pode ser concedida em caráter geral ou pode ser limitada ou condicionada.

Como vimos, a anistia é o perdão concedido à infração. Em decorrência desse perdão, a multa, que é consequência da infração, é excluída, deixando de ser exigida. Não se concede, assim, anistia da multa, mas da infração cometida. A exclusão da multa é só uma consequência da anistia concedida.

À primeira vista, pode parecer que a anistia é causa da extinção do crédito, pois ocorreria após sua constituição. Todavia, o que verificamos é que a anistia exclui o crédito tributário retroativamente, ou seja, ela perdoa a infração depois de esta ter ocorrido e depois de a respectiva multa já ter sido aplicada. Concedida a anistia, é como se a infração não tivesse existido. O mesmo ocorre com a multa, que deixa de integrar o crédito tributário.

A anistia também se assemelha à remissão, estudada anteriormente. Há, porém, várias diferenças entre elas. A remissão pode abranger o valor do principal, enquanto a anistia se refere apenas ao valor da multa. Quando ocorre a remissão, o crédito tributário

> *A anistia é o perdão concedido à infração. Em decorrência desse perdão, a multa, que é consequência da infração, é excluída, deixando de ser exigida. Não se concede, assim, anistia da multa, mas da infração cometida. A exclusão da multa é só uma consequência da anistia concedida.*

está perfeitamente constituído, não havendo a desconstituição do fato jurídico tributário que deu origem a ele. O fato jurídico tributário ocorreu e continua tendo essa natureza, no entanto o crédito do fisco é extinto pela remissão concedida. Como vimos, isso é diferente do que ocorre com a anistia, em que a infração que deu origem à multa é perdoada, como se não tivesse acontecido. O fato de o contribuinte não mais precisar pagar a multa é apenas uma consequência da anistia.

■ Isenção

A isenção é um dos institutos mais conhecidos do direito tributário e também um dos mais discutidos. É muito utilizada como instrumento de extrafiscalidade nos famosos incentivos fiscais, os quais desoneram o tributo de determinadas situações que se entende que devam ser incentivadas.

A isenção é uma previsão legal que altera um ou mais elementos da regra-matriz de incidência para algumas situações, pessoas ou objetos, de forma que estes não estarão sujeitos a determinado tributo. Se não fosse pela regra de isenção, tais situações, pessoas ou objetos estariam sujeitos ao tributo.

Vejamos um exemplo. O IPVA deve ser pago anualmente por todos os proprietários de veículos automotores do Estado do Paraná. A alíquota de 2,5% incide sobre o valor do veículo, quando de propriedade particular e movido a álcool e gasolina. Colocado assim, o tributo é devido por todos os proprietários de veículos do estado, o que significa que o fato jurídico tributário ocorre com a mera propriedade do veículo em determinado ano registrado no Estado do Paraná.

Entretanto, o Paraná editou uma lei que isenta do pagamento do IPVA todos os proprietários de veículo que são deficientes físicos e comprovem essa condição. Ou seja, a lei da isenção excluiu a incidência do tributo para os proprietários de veículos que sejam deficientes físicos. Ela alterou um critério da hipótese de incidência, já que esta estabelecia que "todo proprietário de veículo deve pagar IPVA". Após a lei de isenção, a hipótese de incidência fica assim: "todo proprietário de veículo deve pagar IPVA, a não ser que seja deficiente físico".

A isenção mutilou parte da hipótese de incidência, de forma que o tributo deixa de incidir para algumas pessoas

> *A isenção é uma previsão legal que altera um ou mais elementos da regra-matriz de incidência para algumas situações, pessoas ou objetos, de forma que estes não estarão sujeitos a determinado tributo.*

que o legislador entendeu que não devem ser tributadas. Nesse caso, temos uma isenção que prevê uma situação especial do contribuinte, sendo que, para que ele goze da isenção, não importa qual carro possua ou onde tenha sido adquirido, basta que seja deficiente físico.

A isenção pode ocorrer de várias maneiras, alterando-se critérios da hipótese de incidência. Pode abranger apenas determinadas pessoas que o legislador entenda que não devem pagar tributos ou, então, incluir indústrias instaladas em alguns lugares.

Exemplo dessa última possibilidade são os incentivos concedidos às empresas da Zona Franca de Manaus. O legislador entendeu que os produtos lá fabricados devem ser isentos de alguns tributos como forma de atrair empresas para aquela cidade. Vemos aqui que o critério da isenção é também espacial, pois isenta os produtos gerados em uma determinada região.

Deve ser concedida por lei, que determinará em que casos é aplicável e as suas condições. Pode ter prazo certo e, quando não tiver, pode ser revogada a qualquer tempo por lei. No caso de revogação, volta o tributo a incidir sobre as situações anteriormente isentas.

13.6.4 Isenção, imunidade e suas diferenças

É comum a confusão entre as situações de imunidade e isenção, já que ambas têm o efeito de excluir a incidência do tributo de situações que aparentemente deveriam ser tributadas.

Vejamos, inicialmente, a imunidade. A Constituição concede aos entes da federação (União, estados, Distrito Federal e município) a competência legislativa de elaborar as leis para exigir tributos dos contribuintes. Isso significa que a Constituição Federal permite a cada um desses entes instituir tributos sobre determinados fatos, de maneira a obter recursos para sua manutenção. Isso é chamado de *competência tributária*, ou seja, a possibilidade de os entes da federação criarem leis que instituem tributos.

A Constituição aponta sobre quais fatos cada ente da federação tem a competência de legislar. Assim, o município é competente para criar um tributo sobre propriedade predial e territorial urbana. Ele pode criar uma lei instituindo tal tributo, e a lei será validada pela Constituição, que deu ao município a competência de instituí-lo. Os estados, por exemplo, têm competência para criar imposto sobre propriedade de veículos automotores. Mas, se o estado, suponhamos, decidir fazer uma lei que institua um tributo sobre propriedade predial e territorial urbana, tal lei será inconstitucional, porque o estado não tem competência para criar tal lei, uma vez que é incompetente para legislar sobre o assunto. Diz-se, então, que ele invade a competência tributária e legislativa do município, padecendo tal lei de inconstitucionalidade.

Ocorre que a Constituição traz algumas situações, pessoas ou objetos que não estão sujeitos à competência tributária dos entes da federação. Estes não podem instituir tributos porque são absolutamente incompetentes, não tendo o poder necessário para criar uma lei tributária que atinja esses casos. Essa incompetência tributária dos entes para determinadas situações chama-se **imunidade tributária**.

Vejamos quais são as imunidades trazidas pela Constituição Federal:

> Art. 150. Sem prejuízo de outras garantias asseguradas ao contribuinte, é vedado à União, aos Estados, ao Distrito Federal e aos Municípios:
> [...]
> VI – instituir impostos sobre:
> a) patrimônio, renda ou serviços, uns dos outros;
> b) templos de qualquer culto;
> c) patrimônio, renda ou serviços dos partidos políticos, inclusive suas fundações, das entidades sindicais dos trabalhadores, das instituições de educação e de assistência social, sem fins lucrativos, atendidos os requisitos da lei;
> d) livros, jornais, periódicos e o papel destinado à sua impressão;
> e) fonogramas e videofonogramas musicais produzidos no Brasil contendo obras musicais ou literomusicais de autores brasileiros e/ou obras em geral interpretadas por artistas brasileiros bem como os suportes materiais ou arquivos digitais que os contenham, salvo na etapa de replicação industrial de mídias ópticas de leitura a laser. (Brasil, 1988)

Os entes da federação não têm competência para tributar as situações e as pessoas citadas. Então, imaginemos que a União decida colocar na legislação do imposto sobre a renda que os partidos políticos devem pagar uma alíquota de 10% sobre o valor das doações realizadas. A norma será inválida, pois a União não tem competência para instituir tal lei.

Não há a necessidade de a lei que institui um tributo explicitar as situações de imunidade. Pelo fato da incompetência tributária, as situações previstas pela Constituição nunca serão atingidas pela lei, porque esta não pode tratar da tributação daquela situação.

Dessa forma, vemos aqui a primeira diferença entre imunidade e isenção. A imunidade deve estar sempre prevista na Constituição Federal, já que estabelece situações de incompetência tributária dos entes da federação. A isenção deve ser prevista em lei, pois trata de situações em que o ente da federação poderia tributar, mas escolheu isentar o contribuinte, afastando a incidência do tributo.

No caso do exemplo dado nas isenções, se a Constituição determinasse que os deficientes físicos são imunes ao IPVA, não haveria necessidade de uma lei explicitar esse fato. A lei do IPVA não poderia atingir os deficientes físicos, porque o Estado do Paraná não tem competência legislativa para estabelecer uma lei que cubra o IPVA dessas pessoas. Como os deficientes físicos não são imunes ao IPVA, o legislador do estado deve isentá-los por lei, se desejar que o imposto não incida para essas pessoas. Caso o legislador fique em silêncio sobre a situação, o IPVA será cobrado dos deficientes físicos como é cobrado de todos os proprietários de veículos automotores.

Em uma comparação, a imunidade é semelhante ao que ocorre com algumas pessoas que, em decorrência de fatores genéticos, são imunes a algumas doenças. Caso fiquem em contato com a doença, esta não as atingirá e não precisarão de vacina ou remédio para livrar-se dela. Elas têm essa imunidade sem que ninguém tenha que fazer nada. Já a isenção é o caso em que a pessoa necessita tomar uma vacina contra uma doença. Se não a tivesse tomado e fosse exposta à doença, seria infectada e teria que tomar remédio. Caso não o tomasse, continuaria a sofrer da doença.

Síntese

Os seguintes conceitos foram tratados neste capítulo:

» **Obrigação tributária** – Surge no momento da ocorrência do fato gerador do tributo, que é o evento previsto pela lei tributária como desencadeante da obrigação. A partir do fato gerador surge o direito do Estado cobrar o tributo e o dever do contribuinte de pagá-lo.

» **Lançamento** – É o procedimento administrativo que constata a ocorrência do fato gerador e o consequente surgimento da obrigação tributária. No lançamento também determina-se qual a base de cálculo e a alíquota aplicáveis, apurando-se o valor do tributo devido. Diz-se que o lançamento formaliza a existência da obrigação tributária, fazendo surgir o crédito tributário.

» **Crédito tributário** – Surge com o lançamento, quando o contribuinte é notificado do valor e do prazo para pagamento do tributo. É quando o tributo adquire exigibilidade, ou seja, adquire a característica de poder ser cobrado pelo Estado, podendo este tomar medidas coercitivas contra o contribuinte para cobrar o valor.

» **Extinção do crédito tributário** – Hipóteses trazidas pelo CTN em que o crédito tributário deixa de existir. Uma vez formalizado, o crédito só se extingue nas hipóteses de extinção previstas no Código.

» **Suspensao da exigibilidade do crédito tributário** – A exigibilidade do crédito só se suspende nas hipóteses previstas pelo CTN. Nesses casos, o crédito continua existindo, mas sua exigibilidade permanece suspensa, ou seja, o crédito não pode ser cobrado pelo Estado.

» **Exclusão do crédito tributário** – São as hipóteses em que o crédito tributário não chega a existir, ou seja, antes da sua constituição, tais hipóteses não permitem o seu surgimento.

Consultando a legislação

a) Código Tributário Nacional

> Art. 113. A obrigação tributária é principal ou acessória.
> §1º A obrigação principal surge com a ocorrência do fato gerador, tem por objeto o pagamento de tributo ou penalidade pecuniária e extingue-se juntamente com o crédito dela decorrente.
> §2º A obrigação acessória decorre da legislação tributária e tem por objeto as prestações, positivas ou negativas, nela previstas no interesse da arrecadação ou da fiscalização dos tributos.
> §3º A obrigação acessória, pelo simples fato da sua inobservância, converte-se em obrigação principal relativamente à penalidade pecuniária.
> [...]
> Art. 121. Sujeito passivo da obrigação principal é a pessoa obrigada ao pagamento de tributo ou penalidade pecuniária.
> Parágrafo único. O sujeito passivo da obrigação principal diz-se:
> I – contribuinte, quando tenha relação pessoal e direta com a situação que constitua o respectivo fato gerador;
> II – responsável, quando, sem revestir a condição de contribuinte, sua obrigação decorra de disposição expressa de lei.
> [...]

Art. 139. O crédito tributário decorre da obrigação principal e tem a mesma natureza desta.

Art. 140. As circunstâncias que modificam o crédito tributário, sua extensão ou seus efeitos, ou as garantias ou os privilégios a ele atribuídos, ou que excluem sua exigibilidade não afetam a obrigação tributária que lhe deu origem.

Art. 141. O crédito tributário regularmente constituído somente se modifica ou extingue, ou tem sua exigibilidade suspensa ou excluída, nos casos previstos nesta Lei, fora dos quais não podem ser dispensadas, sob pena de responsabilidade funcional na forma da lei, a sua efetivação ou as respectivas garantias.

[...]

Art. 142. Compete privativamente à autoridade administrativa constituir o crédito tributário pelo lançamento, assim entendido o procedimento administrativo tendente a verificar a ocorrência do fato gerador da obrigação correspondente, determinar a matéria tributável, calcular o montante do tributo devido, identificar o sujeito passivo e, sendo caso, propor a aplicação da penalidade cabível.

Parágrafo único. A atividade administrativa de lançamento é vinculada e obrigatória, sob pena de responsabilidade funcional.

[...]

Art. 147. O lançamento é efetuado com base na declaração do sujeito passivo ou de terceiro, quando um ou outro, na forma da legislação tributária, presta à autoridade administrativa informações sobre matéria de fato, indispensáveis à sua efetivação.

[...]

Art. 150. O lançamento por homologação, que ocorre quanto aos tributos cuja legislação atribua ao sujeito passivo o dever de antecipar o pagamento sem prévio exame da autoridade administrativa, opera-se pelo ato em que a referida autoridade, tomando conhecimento da atividade assim exercida pelo obrigado, expressamente a homologa.

§1º O pagamento antecipado pelo obrigado nos termos deste artigo extingue o crédito, sob condição resolutória da ulterior homologação ao lançamento.

[...]

§4º Se a lei não fixar prazo à homologação, será ele de cinco anos, a contar da ocorrência do fato gerador; expirado esse prazo sem que a Fazenda Pública se tenha pronunciado, considera-se homologado o lançamento e definitivamente extinto o crédito, salvo se comprovada a ocorrência de dolo, fraude ou simulação.

[...]

Art. 151. Suspendem a exigibilidade do crédito tributário:

I – moratória;

II – o depósito do seu montante integral;

III – as reclamações e os recursos, nos termos das leis reguladoras do processo tributário administrativo;

IV – a concessão de medida liminar em mandado de segurança;

V – a concessão de medida liminar ou de tutela antecipada, em outras espécies de ação judicial;

VI – o parcelamento.

Parágrafo único. O disposto neste artigo não dispensa o cumprimento das obrigações acessórias dependentes da obrigação principal cujo crédito seja suspenso, ou dela consequentes.

[...]

Art. 155-A. O parcelamento será concedido na forma e condição estabelecidas em lei específica.

§1º Salvo disposição de lei em contrário, o parcelamento do crédito tributário não exclui a incidência de juros e multas.

[...]

Art. 156. Extinguem o crédito tributário:

I – o pagamento;

II – a compensação;

III – a transação;

IV – remissão;

V – a prescrição e a decadência;

VI – a conversão de depósito em renda;

VII – o pagamento antecipado e a homologação do lançamento nos termos do disposto no artigo 150 e seus §§ 1º e 4º;

VIII – a consignação em pagamento, nos termos do disposto no §2º do artigo 164;

IX – a decisão administrativa irreformável, assim entendida a definitiva na órbita administrativa, que não mais possa ser objeto de ação anulatória;

X – a decisão judicial passada em julgado;

XI – a dação em pagamento em bens imóveis, na forma e condições estabelecidas em lei.

Parágrafo único. A lei disporá quanto aos efeitos da extinção total ou parcial do crédito sobre a ulterior verificação da irregularidade da sua constituição, observado o disposto nos artigos 144 e 149.

[...]

Art. 164. A importância de crédito tributário pode ser consignada judicialmente pelo sujeito passivo, nos casos:
I – de recusa de recebimento, ou subordinação deste ao pagamento de outro tributo ou de penalidade, ou ao cumprimento de obrigação acessória;
II – de subordinação do recebimento ao cumprimento de exigências administrativas sem fundamento legal;
III – de exigência, por mais de uma pessoa jurídica de direito público, de tributo idêntico sobre um mesmo fato gerador.
§1º A consignação só pode versar sobre o crédito que o consignante se propõe pagar.
§2º Julgada procedente a consignação, o pagamento se reputa efetuado e a importância consignada é convertida em renda; julgada improcedente a consignação no todo ou em parte, cobra-se o crédito acrescido de juros de mora, sem prejuízo das penalidades cabíveis.
Art. 165. O sujeito passivo tem direito, independentemente de prévio protesto, à restituição total ou parcial do tributo, seja qual for a modalidade do seu pagamento, ressalvado o disposto no §4º do artigo 162, nos seguintes casos:
I – cobrança ou pagamento espontâneo de tributo indevido ou maior que o devido em face da legislação tributária aplicável, ou da natureza ou circunstâncias materiais do fato gerador efetivamente ocorrido;
II – erro na edificação do sujeito passivo, na determinação da alíquota aplicável, no cálculo do montante do débito ou na elaboração ou conferência de qualquer documento relativo ao pagamento;
III – reforma, anulação, revogação ou rescisão de decisão condenatória.
[...]
Art. 172. A lei pode autorizar a autoridade administrativa a conceder, por despacho fundamentado, remissão total ou parcial do crédito tributário, atendendo:

I – à situação econômica do sujeito passivo;
II – ao erro ou ignorância excusáveis do sujeito passivo, quanto à matéria de fato;
III – à diminuta importância do crédito tributário;
IV – a considerações de equidade, em relação com as características pessoais ou materiais do caso;
V – a condições peculiares a determinada região do território da entidade tributante.
Parágrafo único. O despacho referido neste artigo não gera direito adquirido, aplicando-se, quando cabível, o disposto no artigo 155.
Art. 173. O direito de a Fazenda Pública constituir o crédito tributário extingue-se após 5 (cinco) anos, contados:
I – do primeiro dia do exercício seguinte àquele em que o lançamento poderia ter sido efetuado;
II – da data em que se tornar definitiva a decisão que houver anulado, por vício formal, o lançamento anteriormente efetuado.
Parágrafo único. O direito a que se refere este artigo extingue-se definitivamente com o decurso do prazo nele previsto, contado da data em que tenha sido iniciada a constituição do crédito tributário pela notificação, ao sujeito passivo, de qualquer medida preparatória indispensável ao lançamento.
Art. 174. A ação para a cobrança do crédito tributário prescreve em cinco anos, contados da data da sua constituição definitiva.
Parágrafo único. A prescrição se interrompe:
I – pelo despacho do juiz que ordenar a citação em execução fiscal;
II – pelo protesto judicial;
III – por qualquer ato judicial que constitua em mora o devedor;
IV – por qualquer ato inequívoco ainda que extrajudicial, que importe em reconhecimento do débito pelo devedor.
[...]

> Art. 175. Excluem o crédito tributário:
> I – a isenção;
> II – a anistia.
> Parágrafo único. A exclusão do crédito tributário não dispensa o cumprimento das obrigações acessórias dependentes da obrigação principal cujo crédito seja excluído, ou dela consequente. (Brasil, 1966)

b) Código Penal

> **Homicídio simples**
> Art. 121. Matar alguém:
> Pena – reclusão, de seis a vinte anos. (Brasil, 1940, grifo do original)

Questão para revisão

1. O que é o fato gerador?

Questão para reflexão

1. É lícito que a administração fazendária atrase o pagamento de restituição de tributo sob a justificativa da necessidade de ficar com aqueles valores para o pagamento de despesas da administração? Reflita sobre essa questão e faça suas considerações sobre ela.

XIV

Modalidades tributárias: imposto, taxa, contribuição de melhoria, empréstimo compulsório e contribuição

Conteúdos do capítulo:

» Modalidades tributárias.
» Instituição dos tributos por formas previstas na Constituição.
» Efeito desejado pelo tributo.

Como já visto neste livro, existe o tributo, conceituado pelo art. 3º do Código Tributário Nacional (CTN) – Lei n. 5.172, de 25 de outubro de 1966 (Brasil, 1966). O tributo é o gênero e dele derivam cinco espécies, a que chamaremos de *modalidades tributárias*, as quais são prestações pecuniárias exigidas pelo Estado que se encaixam no conceito do art. 3º do CTN.

As modalidades se diferem por diversas características. Cada uma existe em decorrência de uma necessidade do Estado de efetuar uma cobrança em dinheiro, sendo as diferenças devidas à hipótese de incidência, à finalidade ou à destinação do valor arrecadado. Entre as modalidades, podem existir diversos pontos em comum, sendo que todas se encaixam no conceito de tributo do CTN.

No Brasil, existem cinco modalidades tributárias: imposto, taxa, contribuição de melhoria, empréstimo compulsório e contribuição. A seguir, veremos cada uma delas e suas principais características.

14.1 Imposto

O imposto é a modalidade mais comum e mais conhecida de tributo. Como vimos, muitas vezes, chama-se *tributo* de *imposto*.
O imposto é assim conceituado pelo CTN:

> Art. 16. Imposto é o tributo cuja obrigação tem por fato gerador uma situação independente de qualquer atividade estatal específica, relativa ao contribuinte. (Brasil, 1966)

Assim, a hipótese de incidência do imposto deve ser uma situação lícita qualquer que não tenha relação com uma atividade estatal específica. Esse conceito é contrário ao de taxa, o qual exige na sua hipótese de incidência uma atuação estatal relacionada ao contribuinte, conforme veremos a seguir.

O imposto, desse modo, não pode ter como hipótese de incidência, por exemplo, a emissão de passaporte ou de alvará de funcionamento, pois tal hipótese deve sempre ser um fato não relacionado à atuação estatal, como auferir renda ou ser proprietário de veículo automotor. A renda auferida ou a propriedade do veículo não tem nada a ver com uma atuação do Estado voltada especialmente ao contribuinte.

Os impostos não têm uma finalidade específica senão a de arrecadação de valores aos cofres públicos para o pagamento de despesas gerais do Estado. São tributos fiscais, arrecadatórios por natureza, em que se deseja apenas prover o Estado com os meios financeiros, para que ele desempenhe suas atividades normais. A Constituição, então, elegeu alguns fatos econômicos que são passíveis de serem tributados, como "auferir renda" ou "prestação de serviços", e distribuiu tais fatos entre os entes da federação, de modo que estes podem instituir tributos sobre tais fatos e arrecadar os valores.

Tanto é assim que a Constituição Federal de 1988 (Brasil, 1988) veda expressamente a destinação do produto arrecadado por imposto a órgão, fundo ou despesa específica, ainda que existam algumas exceções (art. 167, IV, CF). O valor do imposto, quando arrecadado, segue para o caixa geral do Estado e pode ser utilizado para todas as despesas e obras, sendo sua aplicação decidida pela legislação orçamentária. Quando se fala em *imposto*, não há a obrigação de se aplicar o dinheiro em alguma finalidade específica.

Dessa forma, o IPVA arrecadado não precisa ser utilizado para a manutenção das estradas, podendo ser usado para qualquer despesa que o Estado entenda necessária. A eleição da propriedade de veículos automotores como hipótese de incidência é apenas a escolha da Constituição de um fato que demonstre capacidade contributiva do contribuinte. O indivíduo que possui um automóvel pode contribuir para as despesas do Estado, não havendo ligação entre a cobrança do IPVA e a utilização desse imposto em ações relacionadas a veículos.

14.2 Taxa

Como vimos, o imposto tem uma formulação contrária à da taxa, pois se nele a hipótese de incidência não pode ter relação com atividade estatal, na **taxa** essa relação é a sua própria essência.

Vejamos o conceito da Constituição Federal:

> Art. 145. A União, os Estados, o Distrito Federal e os Municípios poderão instituir os seguintes tributos:
> [...]
> II – taxas, em razão do exercício do poder de polícia ou pela utilização, efetiva ou potencial, de serviços públicos específicos e divisíveis, prestados ao contribuinte ou postos à sua disposição; [...]. (Brasil, 1988)

Ou seja, a hipótese de incidência aqui é o exercício do poder de polícia do Estado e a utilização potencial ou efetiva de serviço público específico e divisível.

O poder de polícia é conceito emprestado diretamente do direito administrativo e está relacionado ao poder de fiscalização do Estado. Pode haver então uma taxa de fiscalização aos contribuintes que devam ser fiscalizados. Existe, por exemplo, taxa do Instituto Brasileiro do Meio Ambiente e dos Recursos Naturais Renováveis (Ibama), a qual as empresas devem pagar sobre suas atividades. Quando um contribuinte solicita o alvará de funcionamento de um estabelecimento, é necessária a vistoria dos órgãos competentes, e essa fiscalização enseja a cobrança de uma taxa como forma de remunerar o serviço. O mesmo ocorre quando um contribuinte solicita um serviço público determinado — por exemplo, a emissão de passaporte. Dele é cobrada uma taxa para emissão do documento.

Observemos que o pagamento da taxa pode ocorrer mesmo que o serviço público esteja só à disposição. A taxa sobre poder de polícia é exigida de todos os contribuintes que podem estar sujeitos à fiscalização, mesmo que o contribuinte nunca seja fiscalizado.

O serviço público, para possibilitar a cobrança de taxa, deve ser também específico ao contribuinte e divisível. A prestação genérica de um serviço público que beneficia várias pessoas não enseja a taxa. É o caso da taxa de iluminação pública cobrada pelos municípios, declarada inconstitucional quando cobrada por taxa justamente porque se trata de um serviço público indivisível e não específico a um contribuinte determinado.

O fundamento da taxa é que se deve cobrar a despesa extraordinária realizada pelo Estado do contribuinte que lhe deu causa. Na hipótese de taxa, o contribuinte que pratica o fato jurídico tributário e fica obrigado ao seu pagamento causa para o Estado um gravame maior que os demais contribuintes. Não seria correto, então, partilhar a despesa causada especificamente por um entre todos.

Vejamos novamente a taxa de emissão de passaporte. Milhões de brasileiros certamente nunca necessitarão do documento. Como as pessoas que solicitam um passaporte podem ser individualizadas e o serviço público a elas prestado é específico e divisível, deve delas ser cobrada a taxa. De outra forma, seriam necessárias verbas do caixa geral do Estado arrecadadas de todos os contribuintes, inclusive daqueles que nunca solicitarão esse documento. O mesmo ocorre com a taxa de fiscalização, em que o tributo é utilizado como forma de financiamento da fiscalização realizada em alguns contribuintes. A atividade de uns não pode criar para todos uma despesa de fiscalização.

A taxa pode ser instituída por qualquer um dos entes da federação, e a Constituição aponta que não poderá ter base de cálculo de imposto (art. 145, § 2º, CF). O valor arrecadado, ainda que seja relacionado a uma atividade específica, não é destinado a um órgão, fundo ou despesa, mas ao caixa geral do estado.

14.3 Contribuição de melhoria

A contribuição de melhoria é um tributo que tem como hipótese de incidência a **valorização de imóvel decorrente de obra pública**.

O art. 81 do CTN assim a define:

> Art. 81. A contribuição de melhoria cobrada pela União, pelos Estados, pelo Distrito Federal ou pelos Municípios, no âmbito de suas respectivas atribuições, é instituída para fazer face ao custo de obras públicas de que decorra valorização imobiliária, tendo como limite total a despesa realizada e como limite individual o acréscimo de valor que da obra resultar para cada imóvel beneficiado. (Brasil, 1966)

Assim, quando uma obra pública provoca em imóveis aumento de seu valor, pode o ente que a realizou cobrar a contribuição de melhoria, como forma de custear total ou parcialmente o valor da obra.

Vejamos um exemplo. Uma pessoa possui um terreno de frente para uma área florestal nativa abandonada, frequentada por delinquentes, usuários de drogas e outros que se aproveitam da escuridão e do mato como esconderijo para praticar atividades ilícitas. Por certo, o terreno tem um valor pequeno, já que ninguém deseja morar de frente para um local desses. Entretanto, o município decide revitalizar a área, construindo no local um parque, com iluminação e vigilância. Logo, o ambiente se torna excelente para moradia e, certamente, o terreno se valorizará enormemente em decorrência da obra realizada.

Nesse caso, o município pode cobrar a contribuição de melhoria do proprietário do terreno até o máximo da valorização experimentada pelo terreno. Há também um limite para a contribuição de melhoria, que só pode arrecadar, no total, o valor global da obra.

Essa modalidade tem como objetivo recuperar para o Estado parte do valor da obra realizada, cobrando justamente daqueles que tiveram benefício com ela.

É uma forma interessante de os entes da federação – pode ser cobrada por qualquer um deles – obterem recursos para realização de obras públicas, mas requer a observância de requisitos, como a prévia publicação do plano da obra. É uma modalidade pouco utilizada, talvez justamente pelas formalidades exigidas para sua instituição.

Ainda que tenha a finalidade de custear a obra, não exige, necessariamente, que os recursos sejam direcionados a algum fim específico. Todavia, geralmente as obras públicas são financiadas pelo caixa geral do Estado e, assim, o retorno dos valores arrecadados com a contribuição de melhoria serve como forma de repor os valores despendidos.

14.4 Empréstimo compulsório

O empréstimo compulsório é uma modalidade tributária cabível em alguns casos específicos previstos na Constituição. Trata-se de um tributo que só pode ser instituído pela União Federal. Uma vez cobrado, deve, após certo tempo, ser restituído aos contribuintes.

No passado, o empréstimo compulsório não era considerado tributo, pois se entendia que, como deveria ser devolvido ao contribuinte, não passava a integrar o patrimônio do Estado. Com a doutrina mais moderna e o conceito de tributo do art. 3º do CTN, dissiparam-se as dúvidas, entendendo-se o empréstimo compulsório como um verdadeiro tributo, já que se encaixa no conceito legal. O fato de ser depois devolvido ao contribuinte não lhe retira a natureza de tributo, conforme dispõe o art. 4º, inciso II, do CTN.

A Constituição Federal assim disciplina o empréstimo compulsório:

> Art. 148. A União, mediante lei complementar, poderá instituir empréstimos compulsórios:
> I – para atender a despesas extraordinárias, decorrentes de calamidade pública, de guerra externa ou sua iminência;
> II – no caso de investimento público de caráter urgente e de relevante interesse nacional, observado o disposto no art. 150, III, "b".
> Parágrafo único. A aplicação dos recursos provenientes de empréstimo compulsório será vinculada à despesa que fundamentou sua instituição. (Brasil, 1988)

Existem formalidades para sua instituição. Conforme mencionamos, só a União Federal pode institui-lo, e isso deve ocorrer mediante lei complementar. Justifica-se geralmente pela urgência de se cobrirem despesas extraordinárias.

É cabível na hipótese de guerra externa que esteja ocorrendo ou em vias de ocorrer. Deve ser um conflito com país estrangeiro, pois a guerra interna não enseja o tributo. Cabe também em caso de calamidade pública que gere *despesa extraordinária*, não definindo a Constituição qual o significado desses termos.

O empréstimo compulsório pode ser utilizado para investimentos urgentes de interesse nacional, novamente não se definindo o que seja "urgente" e o que seja "interesse nacional". Mesmo com esse caráter de urgência, deve o empréstimo compulsório, nesse caso, observar a anterioridade, só podendo ser cobrado no exercício seguinte ao da publicação da lei.

Aqui, encontramos uma modalidade que obrigatoriamente deve ter a receita arrecadada vinculada à despesa que lhe deu causa. Não seria correto que o valor cobrado por um tributo que tem uma justificativa específica seja destinado às despesas gerais do Estado.

O imposto, a taxa e a contribuição de melhoria se caracterizam pela hipótese de incidência. Assim, para diferenciar essas modalidades tributárias, basta olhar sobre o que elas incidem. Já no empréstimo compulsório é diferente, sendo caracterizado pela finalidade que ele deve atender, ou seja, ele se destina ao financiamento de guerra externa, investimento urgente ou calamidade pública.

14.5 Contribuição

A contribuição é uma modalidade tributária muito utilizada nos últimos anos. Normalmente, só a União pode instituí-la, não precisando, em regra, repartir a receita com os demais entes da federação, tornando-se, então, uma fonte de receita atrativa.

As contribuições também são conhecidas como *contribuições especiais*, *parafiscais* ou *sociais*. Utilizamos apenas o nome *contribuição* porque é a nomenclatura que a Constituição utiliza.

A contribuição tem como fundamento constitucional uma finalidade que deve ser por ela atendida. É cobrada como forma de financiar determinadas finalidades que devem ser concretizadas.
Vejamos o que dispõe a Constituição:

> Art. 149. Compete exclusivamente à União instituir contribuições sociais, de intervenção no domínio econômico e de interesse das categorias profissionais ou econômicas, como instrumento de sua atuação nas respectivas áreas, observado o disposto nos arts. 146, III, e 150, I e III, e sem prejuízo do previsto no art. 195, §6º, relativamente às contribuições a que alude o dispositivo. (Brasil, 1988)

A Constituição elege, desse modo, três finalidades que podem justificar a cobrança de contribuição: financiamento da seguridade social, intervenção no domínio econômico e interesse de categorias profissionais como instrumento de sua atuação nas respectivas áreas.

A finalidade de financiamento da seguridade social justifica as contribuições sociais. A seguridade social compreende a previdência social (aposentadorias e pensões do Instituto Nacional do Seguro Social – INSS), saúde (Sistema Único de Saúde – SUS) e assistência social (benefícios aos mais pobres). Essas contribuições são as mais numerosas. São exemplos de contribuições sociais: CSLL, Cofins, PIS, contribuição do empregado e do empregador.

As contribuições de intervenção no domínio econômico (Cides), também chamadas de **contribuições interventivas***, destinam-se a realizar a intervenção do Estado no âmbito privado, ou seja, havendo um desequilíbrio econômico ou um abuso do domínio

---

* Sobre esse assunto, ver nossa dissertação de mestrado publicada em forma de livro: HACK, E. **Cide – Contribuição de intervenção no domínio econômico**: destinação do produto arrecadado e finalidade como requisitos de validade. Curitiba: Juruá, 2008.

econômico pelos particulares, pode se instituir uma Cide como forma ou de financiar a intervenção do Estado, ou como sendo a própria intervenção, utilizada para induzir comportamentos do contribuinte por meio do aumento de preço e, em decorrência, do tributo. Eram pouco usadas até recentemente e têm como principal exemplo a Cide-Combustíveis, que há pouco tempo teve o produto de sua arrecadação repartido com os estados e os municípios por determinação constitucional.

Por último, as contribuições no interesse de categorias profissionais ou **contribuições corporativas** são cobradas de categorias profissionais e destinam-se à atuação e à fiscalização dessas categorias. Como exemplo, temos as contribuições às entidades que regulamentam classes: contribuição à OAB (Ordem dos Advogados do Brasil), ao Crea (Conselho Regional de Engenharia e Agronomia), ao CRC (Conselho Regional de Contabilidade), ao CRM (Conselho Reginal de Medicina) etc.

As contribuições, então, para serem válidas, devem se destinar a atender uma dessas finalidades. São tributos que também não se caracterizam pela hipótese de incidência, devendo-se analisar a finalidade para se obter a natureza do tributo e sua validade. Ao instituidor da contribuição há certa liberdade para a escolha da hipótese de incidência, ainda que, no caso das contribuições sociais, a Constituição as aponte.

O produto de sua arrecadação deve ser destinado à finalidade que a justificou. Então, se um valor cobrado em uma contribuição social for para o caixa geral do Estado, ocorre o desvirtuamento da contribuição e sua inconstitucionalidade.

Como são grandes fontes de receita, as contribuições vêm sofrendo mudanças na Constituição. Assim, em alguns casos, possibilita-se a partilha dos valores com os estados e os municípios (Cide-Combustíveis).

Existe também a possibilidade de se cobrar contribuição social dos funcionários públicos da ativa e dos aposentados dos estados e municípios. Ainda, devemos lembrar que, com a inconstitucionalidade da taxa de iluminação pública, foi inserido na Constituição o art. 149-A, que possibilita aos municípios e ao Distrito Federal cobrar contribuição de iluminação pública.

Síntese

Neste capítulo, analisamos os conceitos a seguir:
» Modalidade tributária – É a forma como o tributo será cobrado, sendo determinada no momento da instituição. De acordo com a modalidade escolhida, surgem consequências da cobrança e destinação do tributo.
» Imposto – Modalidade mais antiga e mais comum, tem como característica principal o fato gerador que não tenha vinculação estatal e que demonstre a capacidade contributiva do contribuinte.
» Taxa – Modalidade oposta ao imposto, tem como característica principal a cobrança em função de uma atividade estatal específica relacionada com o contribuinte.
» Contribuição de melhoria – Tributo cobrado em função de valorização de imóvel ocasionada por obra pública. Cobrado do proprietário do imóvel beneficiado pela obra, vincula seu valor a essa valorização.
» Contribuições – Tributo cobrado em função de uma finalidade que pretende se financiar ou alcançar. No nosso sistema, as contribuições só podem ser cobradas para financiamento da seguridade social, para intervenção do Estado no domínio econômico e no interesse de categorias profissionais. Em qualquer

dos casos, o valor arrecadado deve ser destinado à finalidade que justificou sua criação.
» Empréstimo compulsório – Modalidade de tributo que só pode ser instituída em função de calamidade pública ou investimento público relevante. Caracteriza-se pela restituição do valor cobrado ao contribuinte após determinado lapso de tempo. A exemplo da contribuição, o valor cobrado deve ser integralmente destinado à finalidade que o justificou.

Consultando a legislação

a) Constituição Federal

> Art. 145. A União, os Estados, o Distrito Federal e os Municípios poderão instituir os seguintes tributos:
> [...]
> II – taxas, em razão do exercício do poder de polícia ou pela utilização, efetiva ou potencial, de serviços públicos específicos e divisíveis, prestados ao contribuinte ou postos à sua disposição;
> [...]
> §2º – As taxas não poderão ter base de cálculo própria de impostos.
> [...]
> Art. 148. A União, mediante lei complementar, poderá instituir empréstimos compulsórios:
> I – para atender a despesas extraordinárias, decorrentes de calamidade pública, de guerra externa ou sua iminência;
> II – no caso de investimento público de caráter urgente e de relevante interesse nacional, observado o disposto no art. 150, III, "b".
> Parágrafo único. A aplicação dos recursos provenientes de empréstimo compulsório será vinculada à despesa que fundamentou sua instituição.

> Art. 149. Compete exclusivamente à União instituir contribuições sociais, de intervenção no domínio econômico e de interesse das categorias profissionais ou econômicas, como instrumento de sua atuação nas respectivas áreas, observado o disposto nos arts. 146, III, e 150, I e III, e sem prejuízo do previsto no art. 195, §6º, relativamente às contribuições a que alude o dispositivo.
> [...]
> Art. 167. São vedados:
> [...]
> IV – a vinculação de receita de impostos a órgão, fundo ou despesa, ressalvadas a repartição do produto da arrecadação dos impostos a que se referem os arts. 158 e 159, a destinação de recursos para as ações e serviços públicos de saúde, para manutenção e desenvolvimento do ensino e para realização de atividades da administração tributária, como determinado, respectivamente, pelos arts. 198, §2º, 212 e 37, XXII, e a prestação de garantias às operações de crédito por antecipação de receita, previstas no art. 165, §8º, bem como o disposto no §4º deste artigo; [...]. (Brasil, 1988)

b) Código Tributário Nacional

> Art. 4º A natureza jurídica específica do tributo é determinada pelo fato gerador da respectiva obrigação, sendo irrelevantes para qualificá-la:
> I – a denominação e demais características formais adotadas pela lei;
> II – a destinação legal do produto da sua arrecadação.
> [...]
> Art. 16. Imposto é o tributo cuja obrigação tem por fato gerador uma situação independente de qualquer atividade estatal específica, relativa ao contribuinte.

> [...]
> Art. 81. A contribuição de melhoria cobrada pela União, pelos Estados, pelo Distrito Federal ou pelos Municípios, no âmbito de suas respectivas atribuições, é instituída para fazer face ao custo de obras públicas de que decorra valorização imobiliária, tendo como limite total a despesa realizada e como limite individual o acréscimo de valor que da obra resultar para cada imóvel beneficiado.
> (Brasil, 1966)

Questão para revisão

1. O que diferencia o imposto da taxa?

Questão para reflexão

1. A contribuição de melhoria é um tributo que pode ser cobrado dos proprietários de imóvel que teve valorização em decorrência de obra pública. Esse tributo é pouco cobrado no Brasil, e argumenta-se que a realização de obras públicas é obrigação do Estado, não devendo o proprietário ter de arcar com tributos só porque houve uma obra que de qualquer forma seria realizada e beneficiaria toda a coletividade. Por outro lado, argumenta-se que não pode um particular ter um benefício no seu patrimônio às custas de uma obra pública, devendo parte do valor despendido com a obra ser arrecadado daqueles que tiveram proveito com ela. Reflita sobre essas posições.

XV

Competência tributária da União, estados, municípios e Distrito Federal

Conteúdos do capítulo:

» Competência tributária.
» Impostos de competência da União.
» Impostos de competência dos estados.
» Impostos de competência dos municípios e Distrito Federal.

A cada um dos entes da federação corresponde uma determinada competência para instituir tributos. Isso significa que a Constituição Federal de 1988 (Brasil, 1988) autoriza a cada um deles a elaboração de leis que instituam a cobrança de tributos que incidam sobre determinados fatos por ela previstos.

A condição de validade das leis que instituem tributos é a previsão constante na Constituição Federal para que o ente cobre tributos sobre aquele determinado fato. Se a lei aponta como hipótese de incidência do tributo fato diverso daquele que autoriza a Constituição, a lei é inconstitucional, pois falta ao ente competência para criá-la.

Vejamos um exemplo: a Constituição Federal confere ao ente da federação *município* a competência para criar lei que institua tributo que incida sobre a propriedade predial e territorial urbana. Então, a lei municipal, para ser válida, deve ter como hipótese de incidência a propriedade predial e territorial urbana. Caso o município resolva aumentar a incidência da lei, estabelecendo que o IPTU (Imposto Predial e Territorial Urbano) deve também ter como hipótese de incidência a propriedade territorial rural, estará invadindo a competência tributária da União, que é o ente apontado pela Constituição como competente para instituir tributo sobre propriedade de imóveis rurais.

A Constituição, assim, distribui entre os entes da federação o poder de criar tributos, que, se tiverem hipótese de incidência diversa daquela prevista pela Constituição, ensejam a inconstitucionalidade da lei, pois a Constituição não dá poderes para que os entes instituam tributos sobre o que bem entenderem.

É o caso, por exemplo, do IPVA (Imposto sobre a Propriedade de Veículos Automotores). A Constituição Federal autoriza que os estados instituam tributo sobre a propriedade de veículos automotores. Por alguma razão, suponhamos que um estado entenda que isso lhe dá poder de criar um imposto sobre propriedade de bicicleta. Bicicleta não se encaixa no conceito de veículo automotor, logo, não existe competência na Constituição para que o estado institua tal tributo. Nesse caso, há a incompetência absoluta do estado para criar o imposto, uma vez que não tem poder nenhum para isso.

Como vimos, podem ocorrer casos de invasão de competência, quando um ente da federação institui tributo com hipótese de incidência que pertence a outro. Também pode um ente criar um tributo com hipótese de incidência não prevista na Constituição, a qual caracteriza, nesse caso, a incompetência absoluta para criar o tributo. Em ambas as situações, ocorre a inconstitucionalidade da lei instituidora.

A Constituição repartiu entre os entes da federação as possíveis hipóteses de incidência, conferindo a cada um a possibilidade de instituir impostos sobre tais fatos como forma de garantir recursos para sua manutenção. A distribuição das hipóteses de incidência parece ser de acordo com a melhor forma de cobrança e fiscalização de cada ente com relação ao tributo. Então, parece-nos lógico que o IPTU seja de competência do município, porque esse ente tem melhores condições de cobrar e fiscalizar tal tributo. Se o IPTU fosse de competência do estado, certamente seriam mais difíceis a cobrança e a fiscalização.

Esse exemplo denota que pode haver certa lógica na distribuição das competências, entretanto, nada impediria que a repartição fosse diferente: o IR (Imposto de Renda), que é de competência da União, poderia ser do estado ou do município, assim como o IPVA ou o ICMS (Imposto sobre Circulação de Mercadorias e Serviços) poderiam ser de competência da União. A repartição não precisa obedecer à ordem preestabelecida, sendo necessário, porém, que os tributos de cada ente possam gerar recursos suficientes para sua manutenção.

A seguir, identificaremos e explicaremos brevemente quais são os impostos de cada ente. Devemos lembrar sempre que o empréstimo compulsório só pode ser cobrado pela União. As taxas e as contribuições de melhoria podem ser cobradas por qualquer ente, pois todos eles prestam serviço público, exercem poder de polícia ou realizam obras públicas que geram valorização de imóveis. As contribuições, via de regra, são de competência da União Federal, mas devemos lembrar que existem contribuições dos

Podem ocorrer casos de invasão de competência, quando um ente da federação institui tributo com hipótese de incidência que pertence a outro. Também pode um ente criar um tributo com hipótese de incidência não prevista na Constituição, a qual caracteriza, nesse caso, a incompetência absoluta para criar o tributo. Em ambas as situações, ocorre a inconstitucionalidade da lei instituidora.

servidores públicos dos estados e dos municípios e a nova contribuição sobre iluminação pública, cobrada pelos municípios.

Ressaltamos, ainda, que a Constituição Federal não cria os tributos, ela apenas dá aos entes da federação a competência para instituí-los. O mesmo ocorre com o Código Tributário Nacional (CTN)– Lei n. 5.172, de 25 de outubro de 1966 (Brasil, 1966) –, que não cria os tributos lá regulados, mas apenas estabelece normas gerais que devem ser observadas quando da instituição e cobrança dos tributos.

15.1 Impostos de competência da União Federal

A União é o ente que tem o maior número de competências tributárias. Vejamos cada uma delas brevemente.

O imposto mais conhecido e o que mais arrecada é o que recai sobre a renda e os proventos de qualquer natureza: o **Imposto de Renda** (IR). É um tributo com função preponderante fiscal, ou seja, destina-se a arrecadar valor aos cofres públicos da União. Tem como hipótese de incidência a obtenção de *renda*, entendida esta como disponibilidade financeira decorrente do capital, trabalho ou ambos. Também incide quando o contribuinte obtém proventos de qualquer natureza, sendo estes acréscimos patrimoniais diversos da renda.

O **Imposto de Importação** (II) tem como hipótese de incidência a entrada, em território nacional, de mercadoria estrangeira. Tem função preponderante extrafiscal, sendo utilizado como barreira alfandegária, protegendo a indústria nacional da entrada de produtos que possam pôr em risco sua manutenção. Suas alíquotas podem ser bastante elevadas quando se pretende desestimular ou barrar a importação de determinados produtos.

O **Imposto de Exportação** (IE) tem como hipótese de incidência a exportação de produtos nacionais, ou seja, a sua saída do território nacional. Tem também função extrafiscal, utilizado para políticas monetárias e públicas.

O **Imposto sobre Produtos Industrializados** (IPI) incide sobre a industrialização de produtos, entendida esta como a alteração de função ou natureza de um produto em razão do processo industrial. Tem aparente função extrafiscal, sendo um imposto seletivo em razão da essencialidade do produto. Incide mais fortemente sobre os produtos considerados supérfluos, de luxo, e não incide ou incide pouco sobre aqueles considerados essenciais. Sua função extrafiscal não é tão evidente quanto no II e no IE, sendo grande fonte de arrecadação de recursos da União Federal. Às vezes, a suposta função extrafiscal do IPI serve, na verdade, para aumentar a arrecadação através de alíquotas altas ou conceder privilégios tributários.

Aqui, devemos fazer uma observação sobre a não cumulatividade do IPI e de outros tributos. Um tributo não cumulativo é aquele em que o valor do imposto pago na operação anterior é utilizado como crédito para o pagamento do imposto na operação seguinte.

Vejamos: um tributo tem alíquota de 10% sobre o valor de venda do produto. Um fabricante de pneus vende seus produtos para uma montadora de automóveis para a montagem de um carro. O valor que a montadora paga pelos pneus para um carro é de R$ 1.000,00. Logo, terá que pagar de tributo 10%, ou seja, R$ 100,00. O custo do pneu, então, é de R$ 1.100,00. A montadora reúne as peças e monta o carro, que será vendido ao consumidor por R$ 10.000,00. A montadora teria que pagar de tributo mais R$ 1.000,00. Entretanto, em decorrência da não cumulatividade, ela pode se creditar do valor do tributo pago sobre o pneu e abater do valor do imposto a pagar na venda do carro. Então, no valor do tributo sobre o carro de

R$ 1.000,00, aplica-se o crédito de R$ 100,00 da operação anterior, sendo o IPI devido de apenas R$ 900,00. Se a não cumulatividade não existisse, esse carro de R$ 10.000,00 seria tributado, no total, em R$ 1.100,00 (R$ 1.000 do carro mais R$ 100,00 do pneu).

A não cumulatividade visa evitar que o tributo seja cobrado "em cascata", ou seja, que o tributo da operação final tenha por base de cálculo o valor do próprio tributo nas operações anteriores, que são incorporadas ao custo do produto final sobre o qual incide o tributo.

O Imposto sobre Operações de Crédito, Câmbio e Seguro, ou Relativas a Títulos e Valores Mobiliários, ou **Imposto sobre Operações Financeiras** (IOF) incide sobre operações financeiras em geral, como operações de crédito (empréstimos bancários, por exemplo), câmbio (compra e venda de moedas estrangeiras), seguros (contrato de seguro) e títulos e valores mobiliários (compra e venda de ações, opções, derivativos etc.). Pode ter função extrafiscal, pois atua na política econômica. Entretanto, é grande fonte de receita para a União, já que incide em milhares de operações.

O **Imposto sobre a Propriedade Territorial Rural** (ITR) incide sobre imóveis rurais, ou seja, situados fora da área urbana. Tem forte caráter extrafiscal, pois pode ter alíquotas maiores sobre propriedades improdutivas como forma de desestimulá-las. Presta-se, então, à realização da função social da propriedade prevista na Constituição Federal. Pode ser cobrado e fiscalizado pelos municípios, mediante convênio com a União.

O único imposto previsto expressamente na Constituição é o **Imposto sobre Grandes Fortunas**, que também é o único não instituído pela União Federal. Isso porque sua instituição parece trazer dificuldades, como a definição de quanto é uma grande fortuna. Outro problema que seria enfrentado é que os titulares de grandes fortunas, devido à sua grande disponibilidade financeira, poderiam transferir seu domicílio tributário para outro país como forma de escapar do imposto. Haveria, assim, uma grande saída de capital do Brasil, o que poderia ser prejudicial ao país. Há ainda o temor de que a União, quando fosse instituir esse imposto, para lhe dar maior efetividade e arrecadar mais, poderia qualificar como *grande fortuna* patrimônios menores, pertencentes à classe média. É fato, todavia, que o referido tributo não existe, então, toda e qualquer ideia sobre ele fica no campo da mera suposição.

Os impostos extraordinários poderiam ser cobrados sobre qualquer hipótese de incidência, prevista na Constituição ou não. Seriam justificados pela possibilidade de guerra externa ou sua iminência. Devem ser suprimidos quando a guerra cessar, sendo cabíveis somente nessa hipótese.

Os impostos de competência residual podem ser instituídos pela União mediante lei complementar. A hipótese de incidência ou a base de cálculo não podem ser as mesmas das previstas pela Constituição. Ou seja, a União pode criar um imposto sobre qualquer fato, desde que sobre este não incida nenhum outro imposto de qualquer dos entes. Por exemplo, a União não pode criar um imposto sobre serviços, porque esse imposto pode ser instituído e cobrado pelos municípios. Entretanto, a União pode criar um imposto sobre a propriedade de bicicletas, já que a Constituição não prevê que esse fato seja tributado por qualquer dos entes da federação. A competência residual é justamente isso: a União pode criar imposto sobre qualquer coisa, desde que não haja outro imposto que incida sobre tal coisa determinado pela Constituição.

15.2 Impostos de competência dos estados

O **Imposto sobre Circulação de Mercadorias** (ICMS) é certamente o tributo mais complexo do sistema tributário brasileiro.

Cada estado possui a competência para instituí-lo, resultando na existência de 27 diferentes legislações de ICMS no Brasil (26 estados mais o Distrito Federal), além do que dispõem a Constituição Federal e a legislação federal sobre o assunto. Como se já não bastasse a enorme variedade de leis e procedimentos, usualmente o ICMS é utilizado para a chamada "guerra fiscal dos estados", com a concessão de isenções, parcelamentos, moratórias e toda sorte de variações que possamos imaginar.

O ICMS tem como hipótese de incidência "operações relativas à circulação de mercadorias e sobre prestações de serviços de transporte interestadual e intermunicipal e de comunicação, ainda que as operações e as prestações se iniciem no exterior" (art. 155, II, CF). Então, além das operações de circulação de mercadorias (por exemplo, compra e venda mercantil de bens no comércio), o tributo incide sobre serviços de transporte interestadual e intermunicipal e de comunicação (a tributação sobre serviços em geral é dos municípios). É um imposto de caráter fiscal, principal fonte de arrecadação para os estados, ainda que seja utilizado muitas vezes com fins extrafiscais, pelos incentivos.

O **Imposto sobre Heranças e Doações**, também conhecido como *Imposto de Transmissão Causa Mortis e Doações* (ITCMD), tem como hipótese de incidência a transferência da herança e doações efetuadas. *Herança* é o conjunto de bens deixados por uma pessoa falecida aos seus herdeiros, e *doação* é um contrato em que uma pessoa, gratuitamente, transfere bens ou direitos à outra. Tem caráter fiscal, visando à arrecadação de valores aos estados. Em vários países existe uma grande incidência do imposto sobre heranças, o que não ocorre entre nós, representando pouca arrecadação e sendo pouco estudado.

O **Imposto sobre a Propriedade de Veículos Automotores** (IPVA) tem como hipótese de incidência a propriedade de veículo automotor durante o exercício ou parte dele. Tem caráter fiscal, representando grandes receitas para estados e municípios, mas pode ser utilizado para fins extrafiscais, já que em alguns estados a alíquota é mais baixa para estimular os veículos movidos a gás natural, que é considerado menos poluente.

15.3 Impostos de competência dos municípios

O **Imposto sobre Serviços de Qualquer Natureza** (ISS ou ISSQN) tem como hipótese de incidência a prestação de serviços não compreendidos na competência estadual, quando incide o ICMS. Tais serviços são fixados por lei complementar federal, que traz uma lista deles. Esse tributo tem caráter fiscal, sendo importante fonte de renda para os municípios. Considera-se que o imposto deve ser pago no município em que o serviço é prestado, e não onde se localiza a sede da empresa. Procura-se evitar que municípios menores próximos a grandes cidades, onde a alíquota é geralmente 5%, reduzam as alíquotas como forma de atrair mais empresas, que teriam sua sede formal nesses municípios, mas prestariam seus serviços onde quisessem.

O **Imposto sobre a Propriedade Predial e Territorial Urbana** (IPTU) tem como hipótese de incidência a propriedade, a posse ou o domínio útil de bem imóvel localizado em área urbana. Tem função fiscal, mas pode ser utilizado para fim extrafiscal, aumentando-se suas alíquotas para imóveis com aproveitamento inadequado do solo urbano.

O **Imposto de Transmissão Inter Vivos de Bens Imóveis e direitos a eles relacionados** (ITBI) tem como hipótese de incidência a transmissão de bens imóveis a título oneroso. Inserem-se aí os negócios de compra e venda de bens imóveis e a transmissão de direitos de tais bens (exceto de garantia, como hipotecas). Aqui, a transmissão deve ser necessariamente entre pessoas vivas e ser onerosa, envolvendo prestação em dinheiro ou bens no negócio. Havendo doação (transmissão não onerosa) e herança, incide o ITCMD, de competência dos estados.

15.4 Impostos de competência do Distrito Federal

Pela Constituição, o Distrito Federal é um ente da federação, juntamente com a União Federal, os estados e os municípios. Tem regime jurídico próprio, pois tem autonomia federativa, com Executivo e Legislativo próprios, mas segue um regime jurídico diverso daqueles aplicados a estados ou municípios.

Parece que muitas vezes há uma mistura entre os regimes dos municípios e dos estados quando se trata do Distrito Federal. O seu chefe do Executivo é o governador. Os estados têm o parlamento estadual, que é a Assembleia Legislativa, e os municípios, as Câmaras Municipais. No Distrito Federal ocorre a fusão dessas denominações, sendo o parlamento chamado de *Câmara Legislativa* e os parlamentares de *deputados distritais*.

O Distrito Federal tem representação no Congresso Nacional equiparada a estados, com senadores e deputados federais próprios. Entretanto, não pode ser dividido em municípios, como são os estados. Trata-se, certamente, de uma figura diversa de estados e municípios, apresentando características próprias.

No âmbito das competências tributárias, o Distrito Federal soma as competências dos estados e dos municípios. Assim, todos os impostos descritos anteriormente para estados e municípios podem ser instituídos e cobrados pelo Distrito Federal.

Síntese

Neste capítulo, tratamos da competência tributária, que é o poder que a Constituição confere a cada um dos entes da federação de criar tributos sobre determinados fatos geradores. A Constituição reparte entre os entes os fatos geradores, de maneira que cada um deles pode instituir e cobrar tributos apenas sobre os fatos sobre os quais detém competência.

Consultando a legislação

a) Constituição Federal

> Art. 153. Compete à União instituir impostos sobre:
> I – importação de produtos estrangeiros;
> II – exportação, para o exterior, de produtos nacionais ou nacionalizados;
> III – renda e proventos de qualquer natureza;
> IV – produtos industrializados;
> V – operações de crédito, câmbio e seguro, ou relativas a títulos ou valores mobiliários;
> VI – propriedade territorial rural;
> VII – grandes fortunas, nos termos de lei complementar.
> [...]
> Art. 155. Compete aos Estados e ao Distrito Federal instituir impostos sobre:
> I – transmissão causa mortis e doação, de quaisquer bens ou direitos;
> II – operações relativas à circulação de mercadorias e sobre prestações de serviços de transporte interestadual e intermunicipal e de comunicação, ainda que as operações e as prestações se iniciem no exterior;
> III – propriedade de veículos automotores.

> [...]
> Art. 156. Compete aos Municípios instituir impostos sobre:
> I – propriedade predial e territorial urbana;
> II – transmissão "inter vivos", a qualquer título, por ato oneroso, de bens imóveis, por natureza ou acessão física, e de direitos reais sobre imóveis, exceto os de garantia, bem como cessão de direitos à sua aquisição;
> III – serviços de qualquer natureza, não compreendidos no art. 155, II, definidos em lei complementar. (Brasil, 1988)

Questão para revisão

1. É possível que um ente da federação institua tributo sobre o fato de competência de outro ente?

Questão para reflexão

1. É assunto corrente na pauta nacional a chamada *guerra fiscal*, em que os estados concedem incentivos fiscais para atraírem investimento para seus territórios, disputando entre si as empresas. Reflita sobre essa situação, analisando se não seria melhor um tributo único arrecadado apenas pela União e depois repartido pelos estados, ou se estes têm o direito de, cada um, individualmente, arrecadar o ICMS e conceder incentivos sobre esse tributo.

BECKER, A. A. **Carnaval tributário**. 2. ed. São Paulo: Lejus, 1999.

BRASIL. Constituição (1988). **Diário Oficial da União**, Brasília, DF, 5 out. 1988. Disponível em: <http://www.planalto.gov.br/ccivil_03/Constituicao/Constituicao.htm>. Acesso em: 24 out. 2017.

_____. Constituição (1988). Emenda Constitucional n. 42, de 19 de dezembro de 2003. **Diário Oficial da União**, Poder Legislativo, Brasília, DF, 31 dez. 2003. Disponível em: <https://www.planalto.gov.br/ccivil_03/Constituicao/Emendas/Emc/emc42.htm>. Acesso em: 24 out. 2017.

_____. Decreto-Lei n. 2.848, de 7 de dezembro de 1940. **Diário Oficial da União**, Poder Executivo, Brasília, DF, 31 dez. 1940. Disponível em: <https://www.planalto.gov.br/ccivil_03/decreto-lei/del2848.htm>. Acesso em: 24 out. 2017.

_____. Lei n. 5.172, de 25 de outubro de 1966. **Diário Oficial da União**, Poder Legislativo, Brasília, DF, 27 out. 1966. Disponível em: <https://www.planalto.gov.br/ccivil_03/leis/l5172.htm>. Acesso em: 24 out. 2017.

_____. Lei n. 6.830, de 22 de setembro de 1980. **Diário Oficial da União**, Poder Legislativo. Brasília, DF, 24 set. 1980. Disponível em: <https://www.planalto.gov.br/ccivil_03/leis/l6830.htm>. Acesso em: 24 out. 2017.

BRASIL. Lei n. 11.311, de 13 de junho de 2006. **Diário Oficial da União**, Poder Legislativo, Brasília, DF, 14 jun. 2006. Disponível em: <https://www.planalto.gov.br/ccivil_03/_Ato2004-2006/2006/Lei/L11311.htm>. Acesso em: 24 out. 2017.

_____. Lei Complementar n. 118, de 9 de fevereiro de 2005. **Diário Oficial da União**, Poder Legislativo, Brasília, DF, 9 fev. 2005. Disponível em: <https://www.planalto.gov.br/ccivil_03/Leis/LCP/Lcp118.htm>. Acesso em: 24 out. 2017.

CARRAZZA, R. A. **Curso de direito constitucional tributário**. 22. ed. São Paulo: Malheiros, 2006.

CARVALHO, P. de B. **Curso de direito tributário**. 11. ed. São Paulo: Saraiva, 1999.

HACK, É. **Cide – Contribuição de intervenção no domínio econômico**: destinação do produto arrecadado e finalidade como requisitos de validade. Curitiba: Juruá, 2008.

HACK, É.; DALLAZEM, D. L. **Parcelamento do crédito tributário**. Curitiba: Juruá, 2008.

MACHADO, H. de B. **Curso de direito tributário**. 27. ed. rev., atual. e ampl. São Paulo: Malheiros, 2006.

Concluímos este livro apontando que as disciplinas do Direito Administrativo e do Direito Tributário são extremamente extensas. Seu estudo encontra-se dentre os mais complexos do direito brasileiro.

Isso ocorre porque as normas dessas disciplinas estão em constante mutação, além de serem bastante numerosas. Outros ramos do direito têm como fonte legal apenas um código e alguns textos de lei esparsos, enquanto nos ramos estudados nesta obra temos códigos, leis esparsas numerosas e decretos, além de infindáveis instruções normativas e outros atos regulamentares expedidos por órgãos públicos encarregados da Administração Pública e da tributação. Tudo isso faz com que a obtenção de um conhecimento nessas áreas, ainda que básico, seja uma tarefa bastante árdua.

É provável que ninguém tenha um conhecimento completo dessas matérias. Certamente existem especialistas em áreas dessas disciplinas, como advogados especializados em atender servidores públicos ou auditores fiscais da Receita especializados na cobrança de PIS e Cofins. Todavia, alguém especializado em todos os assuntos dessas disciplinas é alguém que dificilmente existe.

Isso tudo não serve para desanimar você, leitor, que utiliza esta obra como ponto de partida para o estudo dessas disciplinas. Pelo

para concluir...

contrário, o que pretendemos dizer aqui é que mesmo pessoas com muito mais tempo de estudo dessas matérias dificilmente chegam a dominá-las completamente. Você que estudou este livro encontrou aqui as primeiras letras das disciplinas estudadas, podendo partir agora para o aprofundamento naquilo que lhe for necessário.

O aprofundamento vem apenas com o estudo metódico e intensivo do assunto que você pretende conhecer. E esse estudo nunca acaba; sempre existirá algo novo a aprender ou atualizações a serem feitas. A Administração Pública e a tributação em nosso país encontram-se em constante mutação, principalmente pelas necessidades de modernização e melhora da eficiência desses campos de atuação do Estado.

Nas referências deste livro, você encontrará obras utilizadas na elaboração dos textos, as quais recomendamos para o aprofundamento dos assuntos estudados. Todos são livros conceituados, de maneira que qualquer deles será de grande auxílio aos estudos aqui desenvolvidos.

Esperamos que esta obra possa servir de base para os seus futuros estudos, desejando sempre que você alcance seus objetivos acadêmicos com a nossa ajuda.

lista de siglas

ACP – Ação civil pública
ADIn – Ação direta de inconstitucionalidade
Anatel – Agência Nacional de Telecomunicações
Cade – Conselho Administrativo de Defesa Econômica
Carf – Conserlho Administrativo de Recursos Fiscais
CC – Código Civil
CF – Constituição Federal
Cide – Contribuição de Intervenção no Domínio Econômico
Cide-Combustíveis – Contribuição de Intervenção no Domínio Econômico Incidente sobre Combustíveis
CLT – Consolidação das Leis do Trabalho
Cofins – Contribuição para o Financiamento da Seguridade Social
CP – Código Penal
CPI – Comissão Parlamentar de Inquérito
CRC – Conselho Regional de Contabilidade
Crea – Conselho Regional de Engenharia e Arquitetura
CRM – Conselho Regional de Medicina
CSLL – Contribuição Social sobre o Lucro Líquido
CTN – Código Tributário Nacional
Detran – Departamento de Trânsito
DRJ – Delegacias da Receita de Julgamento

EC – Emenda Constitucional
ECT– Empresa Brasileira de Correios e Telégrafos (Correios)
HC – *Habeas corpus*
Ibama – Instituto Brasileiro do Meio Ambiente e dos Recursos Naturais Renováveis
ICMS – Imposto sobre Circulação de Mercadorias e Serviços
IE – Imposto de Exportação
II – Imposto de Importação
INSS – Instituto Nacional do Seguro Social
IOF – Imposto sobre Operações Financeiras
IPI – Imposto sobre Produtos Industrializados
IPTU – Imposto Predial e Territorial Urbano
IPVA – Imposto sobre a Propriedade de Veículos Automotores
IR – Imposto de Renda
ISS/ISSQN – Imposto sobre Serviços de Qualquer Natureza
ITBI – Imposto de Transmissão *Inter Vivos* e Bens Imóveis
ITCMD – Imposto de Transmissão *Causa Mortis* e Doação
ITR – Imposto sobre a Propriedade Territorial Rural
LC – Lei Complementar
LOA – Lei de Diretrizes Orçamentárias
MP – Medida Provisória
MS – Mandado de Segurança
OAB – Ordem dos Advogados do Brasil
Oscip – Organização da Sociedade Civil de Interesse Público
PIB – Produto Interno Bruto
PIS – Contribuição ao Programa de Integração Social
PPP – Parcerias público-privadas
Sicaf – Sistema de Cadastro Unificado de Fornecedores
SPC – Serviço de Proteção ao Crédito
STF – Supremo Tribunal Federal
SUS – Sistema Único de Saúde
TCU – Tribunal de Contas da União

Parte 1

Capítulo 1

Questão para revisão

1. A função administrativa relaciona-se com o Poder Executivo, que dá cumprimento às normas jurídicas executando políticas públicas. A função jurisdicional relaciona-se com o Poder Judiciário, responsável pela solução definitiva de controvérsias. A função legislativa relaciona-se com o Poder Legislativo, que a exerce editando normas jurídicas de observância obrigatória.

Questão para reflexão

1. A discussão deve girar em torno do exercício das funções de Estado por cada um dos poderes. Quando um poder passa a atuar na esfera que seria privativa de outro poder, isso geralmente ocorre pelo enfraquecimento de um poder, que não consegue exercer satisfatoriamente suas tarefas. O vácuo de poder criado acaba permitindo o desequilíbrio. A discussão pode também versar sobre as causas do enfraquecimento do poder, já que a regra deveria ser um equilíbrio.

Capítulo 2

Questão para revisão

1. A principal característica do regime jurídico-administrativo é o regime de prerrogativas e sujeições a que se submete o Estado. As prerrogativas são as vantagens, os poderes especiais que só o Estado tem em função da busca pelo interesse público.

As sujeições são os limites a que o Estado deve se submeter.

Questão para reflexão

1. O debate aqui é sobre a possibilidade de o Estado possuir as prerrogativas que possui, que lhe conferem poderes especiais sobre as demais pessoas. Esses poderes só podem ser justificados pela busca do interesse público e do bem comum, estando seu exercício adstrito a essas finalidades. A sujeição do Estado às leis justifica-se pelos limites que devem ser impostos ao seu poder, já que o abuso no uso das prerrogativas pode ocasionar arbitrariedades.

Capítulo 3

Questão para revisão

1. A Administração Pública direta é composta pelos entes da federação e pelos órgãos contidos na mesma pessoa jurídica. Já a indireta refere-se aos entes com personalidade jurídica própria, externa à estrutura dos entes da federação.

Questão para reflexão

1. A reflexão deve girar em torno da questão da utilidade de um Estado com estrutura complexa ou nas vantagens de um Estado com estrutura menor. Não há consenso sobre qual modelo é melhor, havendo Estados bem-sucedidos que adotam ambas as estruturas.

Capítulo 4

Questão para revisão

1. Sim, é possível. O poder de polícia caracteriza-se, também, pela adoção de medidas preventivas, por meio da autorização prévia para atividades que são controladas pelo Poder Público, por exemplo.

Questão para reflexão

1. Essa discussão está em evidência após a recente crise global, em que os governos foram chamados a socorrer as economias privadas. Muitos apontam que a crise poderia ser evitada com um papel mais ativo dos Estados no controle da economia.

Capítulo 5

Questão para revisão

1. Não, porque os atos administrativos são imperativos e autoexecutáveis, devendo ser cumpridos pelo destinatário sem a necessidade de se recorrer ao Judiciário ou a qualquer outra providência.

Questão para reflexão

1. A discussão aqui gira em torno da liberdade do agente público para a prática de atos administrativos, concedendo-se a ele maiores ou menores poderes para atuar ante situações cotidianas. Se é dado maior poder de atuação discricionária ao agente, agiliza-se a atuação da administração, todavia, facilita-se a prática de atos abusivos ou irregulares. Já o menor poder dificulta a atuação do agente, mas permite um maior controle sobre seus atos.

Capítulo 6

Questão para revisão

1. São duas as principais características: a possibilidade de se selecionar a melhor proposta para a Administração Pública, combinando preço e qualidade; e a transparência e a democracia do processo, em que se permite a participação de qualquer pessoa habilitada e a fiscalização do processo pela sociedade.

Questão para reflexão

1. A discussão refere-se à suficiência ou não do processo de licitação para que o processo de escolha dos contratantes seja isento, moral e transparente. A licitação ajuda muito nesses quesitos, mas só o processo não garante a sua observância, devendo haver fiscalização do procedimento.

Capítulo 7

Questão para revisão

1. Não, o contrato administrativo apresenta uma série de diferenças dos contratos privados, especialmente no que se refere ao Estado exercendo suas prerrogativas e sujeições na elaboração e celebração. Outra diferença é a liberdade do contrato, que entre particulares é a regra, podendo-se pactuar o que melhor aprouver as partes, enquanto que o contrato administrativo está vinculado ao processo licitatório e tem o objeto determinado pelas regras de direito público.

Questão para reflexão

1. A discussão gira em torno da suposta "privatização" dos serviços públicos, que, na realidade, é um termo impróprio, uma vez que se privatiza a prestação do serviço, e não o serviço em si. As vantagens são a maior

agilidade e a maior universalização do serviço (vide a telefonia fixa e celular) que decorre da privatização. Por outro lado as empresas privadas podem cometer abusos em alguns casos, devendo-se manter rígida fiscalização sobre o serviço prestado.

Capítulo 8

Questão para revisão

1. Sim, são agentes públicos todas as pessoas que prestam serviço ao Estado, mesmo que temporariamente e sem remuneração. Esses agentes submetem-se ao regime dos agentes públicos, estando sujeitos a punições destinadas aos agentes públicos.

Questão para reflexão

1. Aqui, deve-se discutir se a estabilidade é uma garantia do servidor, que se presta a preservar sua independência de atuação, ou um mero privilégio, que permite que pessoas ineficientes permaneçam trabalhando sem que se possa demiti-las. Também se pode adotar a posição de que alguns servidores de cargos de maior responsabilidade fossem estáveis, enquanto que servidores de outros cargos não teriam esse benefício.

Capítulo 9

Questão para revisão

1. O ato administrativo é uma atitude isolada, uma única manifestação de vontade, enquanto o processo é composto por uma série de atos praticados com um determinado fim.

Questão para reflexão

1. A discussão gira em torno da necessidade de advogado para se assegurar o direito de defesa pleno do servidor acusado de alguma irregularidade. Existem diversas posições sobre o assunto, que vão desde a necessidade de advogado em todas as fases de todos os processos até aquelas que apontam que não há esta necessidade em qualquer hipótese.

Capítulo 10

Questão para revisão

1. O controle interno é realizado dentro da estrutura do órgão fiscalizado, ou seja, é um controle exercido pelo próprio órgão sobre as suas atividades, visando manter sua regularidade. O controle externo é realizado por órgão ou ente diferente do que está sendo fiscalizado.

Questão para reflexão
1. Não parece haver forma mais efetiva de controle, sendo dever de todos o exercício de tal controle. A Administração só poderá se considerar regular e moral no momento em que toda a sociedade puder participar da sua fiscalização e da sua gestão.

Capítulo 11

Questão para revisão
1. Não, nosso Estado adotou a teoria do risco administrativo, em que a responsabilização ocorre apenas com a comprovação do dano e do nexo causal entre ele e a atuação estatal. O dolo ou culpa só é relevante para efeito de direito de regresso do Estado, quando este pode cobrar o agente pela reparação do dano que teve de prestar.

Questão para reflexão
1. A discussão gira em torno da possibilidade do bem comum, ou seja, se a atuação estatal direcionada à coletividade que causa um dano a uma pessoa apenas pode ocasionar indenização; se essa pessoa deve suportar o dano sozinha, tendo em vista o bem comum a ser alcançado; ou se justamente deve ela ser indenizada, a fim de evitar que uma pessoa apenas suporte o dano ocasionado por uma atuação que a todos beneficiou.

Parte 2

Capítulo 12

Questão para revisão
1. Não, o poder do Estado é limitado aos princípios e às regras trazidos pela Constituição, devendo os tributos observarem esses limites na sua instituição e cobrança.

Questão para reflexão
1. O debate gira em torno do binômio direito do individual *versus* direito do coletivo. Há quem sustente que o Estado pode fazer qualquer coisa para obter receitas para sua manutenção, já que ele tem como finalidade o bem comum. Já outra corrente sustenta que os direitos dos contribuintes são invioláveis, devendo o Estado adequar sua despesa aos valores que consegue arrecadar dentro dos limites legais colocados.

Capítulo 13

Questão para revisão

1. *Fato gerador* é um evento previsto hipoteticamente pela lei tributária que, quando ocorre no mundo real, dá origem à obrigação tributária e ao crédito tributário.

Questão para reflexão

1. Essa questão gira em torno da necessidade de receita pelo Estado e o sacrifício do direito do contribuinte de receber os valores de volta. Debate-se qual prevalece: o suposto direito da coletividade defendido pelo Estado ou o direito do contribuinte.

Capítulo 14

Questão para revisão

1. A taxa é cobrada em razão de uma atividade estatal específica diretamente relacionada ao contribuinte. Já o imposto é o contrário, ou seja, tem como fato gerador um evento que nada se relaciona com qualquer atividade estatal.

Questão para reflexão

1. A discussão gira em torno da adequação ou não de um tributo cobrado sobre obras públicas, que, financiadas com dinheiro público, têm o efeito reflexo de valorizar imóvel de particular. A questão-chave é discutir se é correto deixar a valorização como mero efeito reflexo da obra ou se deve o Estado cobrar do beneficiado o tributo.

Capítulo 15

Questão para revisão

1. Não, porque a competência atribuída a cada ente é exclusiva, devendo apenas por ele ser exercido.

Questão para reflexão

1. Esta questão refere-se à independência entre os estados da federação. Por um lado, essa independência permite que cada estado seja governado por seu povo de maneira diferente. Por outro, essa independência acaba causando disputas dentro de um mesmo país, o que pode gerar maiores despesas, pois é como se existissem vários países dentro de um mesmo país. Discute-se, então, se a situação atual, de federação e separação dos estados, é realmente melhor,

ou se não seria mais adequada uma unificação maior das competências dos estados.

Érico Hack é doutor em Direito pela Pontifícia Universidade Católica do Paraná (PUCPR), tendo obtido os graus de mestre e bacharel em Direito pela mesma instituição. Obteve publicação de sua dissertação de mestrado, intitulada *Contribuição de intervenção no domínio econômico: destinação do produto arrecadado e finalidade como requisitos de validade*, além da obra *Parcelamento do Crédito Tributário*. Pela Editora InterSaberes, tem publicadas as obras *Direito Constitucional* e *Direito Tributário Brasileiro*. Tem também diversos artigos publicados em periódicos especializados. É professor de cursos de graduação e pós-graduação. É membro da Comissão de Educação Jurídica da Ordem dos Advogados do Brasil do Estado do Paraná (OAB-PR) e conselheiro titular do Conselho Municipal de Contribuintes de Curitiba. Atua como advogado e consultor em Curitiba-PR, nas áreas de direito tributário, administrativo e constitucional.

sobre o autor

Os papéis utilizados neste livro, certificados por instituições ambientais competentes, são recicláveis, provenientes de fontes renováveis e, portanto, um meio responsável e natural de informação e conhecimento.

MISTO
Papel produzido
a partir de
fontes responsáveis
FSC® C074432

Impressão: Maxi Gráfica
Julho / 2021